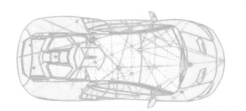

智能网联汽车研究与开发丛书

智能驾驶

产品设计与评价

唐传骏 ◎ 著

U0369026

机 械 工 业 出 版 社

本书基于汽车智能化的大背景，从产品和用户体验的角度，系统地梳理了智能驾驶的技术原理、场景体系、功能体系、人机交互等内容，并提出一套有效的通用化智能驾驶产品设计和评价方法。本书可以指导智能驾驶的从业人员从用户需求和应用场景出发，基于产品化的理念，提升用户对智能驾驶的使用体验；同时，在行业内以及用户群体中，形成对智能驾驶的体系化、统一化、清晰化的认知，从而促进行业交流，推进智能驾驶的进一步发展。

本书面向的读者是：智能驾驶的设计、研发、测试评价的管理人员和技术人员；智能驾驶相关的投资、媒体等行业的从业人员；智能驾驶相关政策制定机构的专业人员；高校师生以及相关科研单位和咨询机构的科技工作者。

图书在版编目（CIP）数据

智能驾驶：产品设计与评价/唐传骏著.—北京：机械工业出版社，2024.2（2024.9重印）

（智能网联汽车研究与开发丛书）

ISBN 978-7-111-75230-1

Ⅰ．①智…　Ⅱ．①唐…　Ⅲ．①汽车驾驶 – 自动驾驶系统 – 研究

Ⅳ．①U463.61

中国国家版本馆 CIP 数据核字（2024）第 049458 号

机械工业出版社（北京市百万庄大街22号　邮政编码100037）
策划编辑：何士娟　　　　　责任编辑：何士娟
责任校对：李可意　陈　越　　责任印制：单爱军
北京虎彩文化传播有限公司印刷
2024年9月第1版第2次印刷
186mm×240mm · 22印张 · 408千字
标准书号：ISBN 978-7-111-75230-1
定价：168.00 元

电话服务　　　　　　　　　网络服务
客服电话：010-88361066　　机 工 官 网：www.cmpbook.com
　　　　　010-88379833　　机 工 官 博：weibo.com/cmp1952
　　　　　010-68326294　　金 书 网：www.golden-book.com
封底无防伪标均为盗版　机工教育服务网：www.cmpedu.com

PREFACE

序

　　智能驾驶作为汽车工业变革的重要方向，已经成为汽车行业的一大主题和趋势，尤其是乘用车的智能驾驶，正在不断影响市场的整体格局，并不断颠覆广大消费者对汽车的认知。

　　智能驾驶是一门综合性很强的新兴学科，涉及人工智能、计算机视觉、车辆动力学、人机工程学等多个学科的知识；同时也是一类直接面对消费者的产品，应能满足消费者在出行场景中的多样化需求，让用户满意、赢得用户的信任。如何把主观性强、难以量化的用户体验，与高标准、严要求的汽车工程开发有效地结合起来，同时满足用户层面与技术层面的要求，打造出优秀的智能驾驶产品，是值得认真思考的课题。

　　本书将互联网行业研究用户体验的思路，与汽车行业的开发流程充分融合，从用户出发，系统性地深入研究了智能驾驶的场景、功能与交互，提出了一套智能驾驶产品设计与评价的方法，把用户体验与工程开发这两项智能驾驶的核心，有效地统一成标准化的体系，走在了行业的前列，其内容具有极大的参考价值。

　　本书对用户体验和出行场景的理解深刻，能够把专业的理论知识和丰富的实践案例结合起来，形成一套体系化的方法论，不仅有利于整车厂提升智能驾驶的用户满意度，也有利于行业内形成统一的智能驾驶产品设计与评价体系，非常值得学习和借鉴。此外，书中还系统性地梳理了智能驾驶的全栈知识，并对行业内的一些名词缩写追根溯源，有利于规范认知，促进行业交流。

　　本书论述严谨、理论扎实，体现出很高的专业度；同时也列举了大量时效性强的实践案例，便于读者理解。作者以系统化的思维模式，认真、细致地深入研究智能驾驶的场景、功能、交互的内容，形成教科书般的全面解读。最难得的是，作者能够基于对智能驾驶产品的认知和思考，结合自己的从业经验，创新地提出一套完善的方法论，从用户角度来设计和评价智能驾驶产品，具有很强的前瞻意义和指导意义。

　　智能驾驶的市场前景广阔，发展潜力巨大。和我一样的研究者与从业者们，都在不断探索与思考智能驾驶的发展路径，各家企业也在致力于推出更优的智能驾驶产品。相信本书能够为大家提供一些思路，也能为智能驾驶行业的进步，起到一定的推动作用。

同济大学特聘教授
中国汽车工程学会汽车智能交通分会主任

PREFACE
前　言

汉车智能化的浪潮已经来临，智能驾驶作为汽车智能化的核心，其市场竞争和技术竞赛也日趋激烈，传统主机厂与一级（Tier 1）供应商、造车新势力、互联网企业、科技公司等，都深度参与到智能驾驶的产品开发中，呈现出"百花齐放"的景象。

一方面，由于参与者众多，并且行业内对智能驾驶的认知不统一，导致出现了各种各样的标准、解读和分类，缺乏统一的知识体系，不仅不利于行业内人员的交流，也给广大用户造成了困扰；另一方面，智能驾驶作为人工智能与汽车工程深度融合的新兴方向，从业者需要基于传统汽车的研发体系，引入人工智能、互联网、大数据等领域的设计思路与开发模式，找准不同领域的优势与特点，充分挖掘，真正做到不同学科的深度交叉、融合，但由于目前智能驾驶在国内发展的时间有限，大部分开发者的做法，还是基于传统汽车的功能开发模式，而少有从市场和用户出发，真正将用户需求导入到智能驾驶的开发过程。

本书将互联网领域的产品开发理念引入到乘用车智能驾驶的开发中，并充分考虑到汽车作为工业产品的特点，基于出行场景和用户需求，系统、全面地论述智能驾驶产品的设计与评价，旨在建立一套体系化的乘用车智能驾驶产品设计与评价方案。本书将回归智能驾驶的本质，即安全、高效地帮助驾驶员缓解驾驶疲劳，帮助智能驾驶的开发者，从出行场景和用户需求出发，打磨出好用、易用、可以放心用的智能驾驶产品，避免陷入单一的工程化思维和无意义的技术竞赛，有利于推进智能驾驶的全面普及，提升用户对智能驾驶的接受度与满意度。

本书内容分为4篇，共13章。第1篇（第1~3章）介绍了智能驾驶的基本原理与模块，并系统、全面地解读智能驾驶各模块的硬件系统与软件系统，包括智能驾驶相关的零部件以及软件、算法实现等内容。

第2篇（第4~6章）对智能驾驶的场景、功能与人机交互进行了系统的梳理和深入的研究，形成完善的场景、功能、交互体系，即人-车-路闭环体系。结合行业内现有对场景的研究和用户日常出行的情况，本书建立了一套系统化的场景体系，并分类解读各类常见的出行场景。在场景体系的基础上，本书分析用户在场景中的真实需求，建立了一套基于出行场景和用户需求的智能驾驶功能体系；该功能体系与场景强相关，并能有效连接用户需求与工程研发，将用户需求合理地转化为产品开发目标。人机交互作为用户体验的重要影响因素，也是本书的重要研究内容，本书将分析智能驾驶的人机交互方式、途径、内容，并介绍人机交互的现状及未来趋势，有利于提升用户使用智能驾驶的直观感受和体验。

第3篇（第7~10章）基于智能驾驶的人-车-路闭环体系，根据第一性原理、从用户出发、从场景出发、跨行业融合等先进的产品设计理念，按照智能驾驶产品设计的一般流程，建立了一套标准化的智能驾驶产品设计方法。在市场调研的基础上，探讨如何做好智能驾驶的产品规划，并通过大量典型的功能实例，说明如何基于功能定义的原则，完成对智能驾驶功能的详细定义，完整、清晰地描述智能驾驶功能的效果、逻辑、场景、交互等核心内容。

第4篇（第11~13章）基于智能驾驶的人-车-路闭环体系，从基于场景、系统全面、量化思维的评价理念出发，参考行业内现有的对智能驾驶测试评价的研究成果，建立了一套标准化的智能驾驶产品评价体系，并将该评价体系应用于真实的产品测评案例，验证该评价体系的通用性与有效性。一方面，这套评价体系可以用于研究市场上同类智能驾驶产品的表现，分析现有产品的优势与不足；另一方面，可以用于智能驾驶产品的交付与验收，评价自家产品的效果，指导产品的改进、优化和迭代方向，持续提升用户体验。

本书综合人工智能、产品设计、交互设计、车辆工程等多个领域的理论知识，结合作者在行业内的经验积累和实际案例，直观地展示智能驾驶产品设计与研发中所涉及的方方面面。本书的内容逻辑严谨、完善，同时也具备前瞻性和开放性，有利于读者形成系统化的认知和发散性的思考；本书包含的知识面广，分享的案例时效性强，是作者从业多年的成果展示，对于行业从业人员，极具参考价值；同时，本书通过图片、表格等多种形式，直观展示作者的观点和论述，易读易懂。

　　为了帮助读者更好地理解书中内容，本书同步配套了数字化资源和视频课程。其中，数字化资源是对本书第3篇和第4篇内容的扩展，提供了更多的智能驾驶产品案例以及产品测评的实拍视频；视频课程与书中的内容对应，直观地讲解了智能驾驶的产品方案与评价体系，并对智能驾驶的市场热点进行了解读。

　　由于智能驾驶的技术与市场发展迅速，本书难免存在信息滞后或不准确之处，恳请读者对本书的内容提出宝贵意见，并对书中存在的错误及不当之处提出批评和修改建议，以便本书再版修订时参考。

　　本书在成书过程中，得到了业内多位前辈、专家、朋友的指导和建议，尤其是本人的师长、同学、领导和同事们，更是耐心地为本书提供了重要的参考意见，让本书的内容更加严谨、完善，在此特别致以感谢！

唐传骏

CONTENTS

目　　录

第 2 篇　智能驾驶的人-车-路体系

第 3 篇　智能驾驶产品设计

第 **1** 篇
智能驾驶基础

本篇讲述智能驾驶的实现原理和系统组成，从智能驾驶的基本模块出发，详细介绍智能驾驶的硬件系统和软件系统。本篇的内容是全书的基础，是读者理解本书后续章节内容的前提。

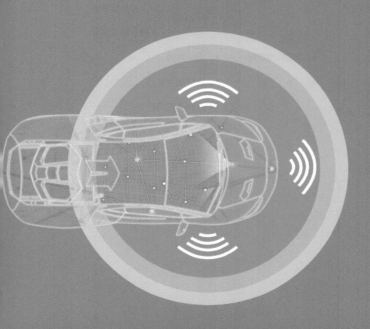

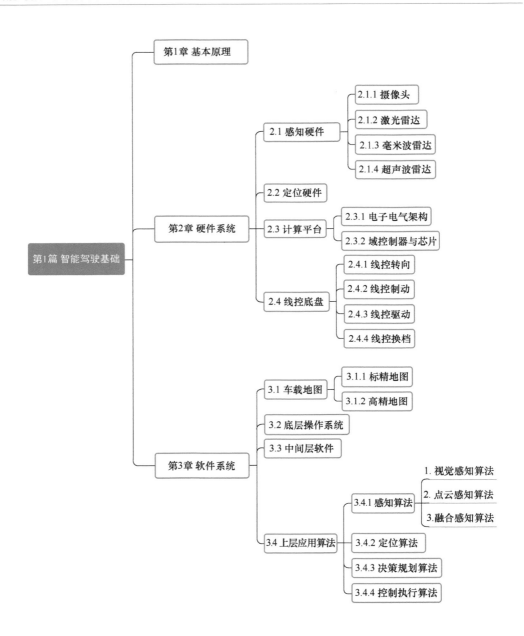

第1章 基本原理

　　智能驾驶是智能汽车的核心，指基于先进的传感器和计算平台，通过人工智能技术，让汽车具备自主行驶的能力，旨在辅助驾驶员安全、便捷、高效地完成驾驶任务。智能驾驶有助于减少交通事故、改善交通拥堵，并提高行驶安全性和驾乘舒适性。

　　智能驾驶的基本实现原理，可以类比人工驾驶。图 1-1 所示为智能驾驶和人工驾驶的关系。传统的人工驾驶，主要靠眼睛与耳朵识别周围环境，大脑迅速地做出决策，控制手和脚去操纵方向盘、加速踏板和制动踏板。对应地，智能驾驶的实现原理是：通过给汽车装备"眼睛""耳朵""大脑"和"手""脚"，让汽车代替人，完成驾驶行为。智能驾驶汽车的"眼睛"和"耳朵"是感知定位模块，"大脑"是决策规划模块，"手"和"脚"是控制执行模块。因此，智能驾驶由三大基本模块组成：感知定位模块、决策规划模块、控制执行模块。

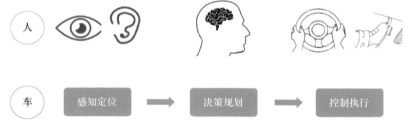

图 1-1　智能驾驶与人工驾驶

　　感知定位模块包括感知和定位两部分。感知，解决的是"当前处于什么环境"的问题，汽车通过各种传感器对外部环境进行数据采集，并对复杂的外部环境进行分析与理解，获取行驶环境的信息，包括静态的道路环境、交通设施，以及动态的车辆、行人等一切可以观察到的交通环境信息。定位，解决的是"当前在哪里"的问题，通过地图与定位装置，结合当前的环境信息，确定车辆当前的位置信息。感知定位模块的作用是让汽车理解周围的交通环境，并确定目前所处的位置。感知定位模块是智能驾驶汽车安全行驶的关键，为决策规划模块提供了信息依据，是智能驾驶实现避障、自定位、路径规划等高级智能行为的前提条件和基础。

决策规划模块包括任务决策和轨迹规划，解决的是"该怎么走"的问题。根据感知定位模块识别到的结果，决策规划模块经过分析计算，做出决策，规划车辆应该行驶的轨迹和路线。任务决策是指根据环境信息，对车辆的下一步动作做出决策，是一种动态规划，需要根据行驶任务和环境信息的变化实时调整。轨迹规划是指在获取的环境信息的基础上，给定行驶的起点与终点后，按照一定的标准，规划出无碰撞、能安全到达目标终点的有效行驶轨迹。广义的轨迹规划包含全局路径规划与局部轨迹规划，全局路径规划是指根据地图和已知的环境信息（如道路边界）等，确定可行和最优的路径；但如果环境发生变化（如出现新的障碍物），就必须通过局部轨迹规划，生成车辆的局部行驶轨迹。局部轨迹规划是在全局路径的引导下，根据传感器实时识别到的环境信息，实时生成车辆的行驶轨迹。简单地说，全局路径规划是基于相对固定的、先验的环境模型，规划出相对宏观的行驶路径，局部轨迹规划是基于动态的、实时的环境信息，规划出微观的、局部的行驶轨迹，有时也认为全局路径规划属于任务决策的一部分。

控制执行模块包括纵向控制和横向控制，解决的是"让车动起来"的问题。纵向控制包含驱动、制动系统的协作，通过对驱动和制动系统的协调控制，实现对期望车速的精确跟随；横向控制通过转向系统，实现车辆的路径跟踪。纵向控制和横向控制并不是孤立的，存在密切的耦合与联动关系，两者共同作用，让车辆能够精确、实时地按照决策规划模块所输出的轨迹，稳定地行驶。

感知定位、决策规划和控制执行三大基本模块，在车辆与交通环境之间，通过信息与数据的交互、处理、计算，共同完成智能驾驶任务，如图 1-2 所示。

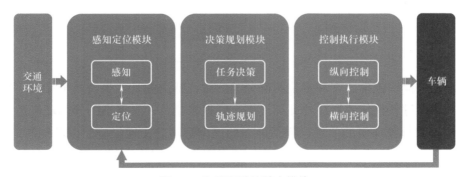

图 1-2　智能驾驶的基本模块

根据环境信息的来源途径，即感知定位所依赖的平台的不同，目前智能驾驶存在 2 条技术路线：单车智能与车路协同。

单车智能是目前大部分智能驾驶厂商所走的技术路线，是以车辆为中心的路线。智能驾驶的所有模块，从感知定位、决策规划到控制执行，都完全依赖车辆本身，其中感知定位通过车辆搭载的传感器与定位装置实现，决策规划通过车载计算平台实现。单车智能的优点是不需要依靠外界设施，不涉及公共基建规划，就能实现智能驾驶。不过，单车智能路线对车辆本身的要求较高，导致单车成本增加，并且对环境信息的获取，也受限于车载传感器的性能。

　　车路协同是基于 V2X（Vehicle to X，X 表示 everything）技术，形成的另一条智能驾驶技术路线。V2X 通过通信技术，让车辆自身与周围环境实现数据共享、信息互通，从而提升车辆的智能化水平，让车辆行驶得更加安全、舒适、高效，同时也能够从整体交通环境的角度统一调控，提高交通运行效率和交通服务的智能化水平。不过，车路协同需要大量智能交通设施的支持，涉及大规模的基建，需要有长期的统一规划，目前车路协同的技术路线主要在少量的智能网联示范区以及少数停车场有应用案例，还没有大规模的普及。

　　目前量产的智能驾驶方案，大多采用单车智能的技术路线，并且，基于车辆本身的功能开发和性能提升，是智能驾驶开发者目前所关注的重点，也是开发出优秀的智能驾驶产品的核心。因此，本书所讨论的智能驾驶产品和方案，都属于单车智能的技术路线。

第2章 硬件系统

智能驾驶的三大基本模块要实现各自的功能，首先离不开的就是各自的硬件部分。其中感知定位模块的硬件是各类传感器与高精定位装置，决策规划模块的硬件是计算平台，控制执行模块的硬件是线控底盘。

2.1 感知硬件

智能驾驶的感知，依赖于各类传感器实现。目前智能驾驶所用的传感器主要有摄像头和雷达 2 类。

摄像头（Camera）属于视觉传感器，通过安装在汽车的不同位置，可以识别车辆周围不同方位的交通环境。目前乘用车上量产搭载的摄像头已经具备较高的性能，像素最高达到 800 万，可以称为高清摄像头。常见的车载摄像头如图 2-1 所示。

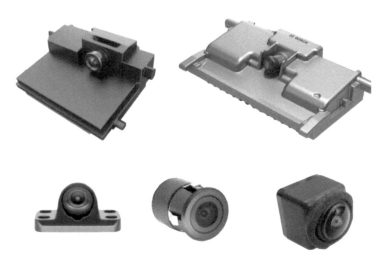

图 2-1 常见的车载摄像头

车载雷达主要包括激光雷达（Lidar）、毫米波雷达（Radar）和超声波雷达

（Ultrasonar Sensor System，USS），这些雷达通过雷达波，探测外界物体的形状、距离、速度等参数。目前毫米波雷达和超声波雷达已经基本普及，大多数乘用车都装有超声波雷达，大部分中高端车型都装有毫米波雷达，车载激光雷达的量产应用还很少，仅有奥迪 A8、奔驰等少数高端车型，以及造车新势力头部公司的前沿车型，如小鹏 G9、蔚来 ET7、理想 L9 等装载。常见的车载雷达如图 2-2 所示。

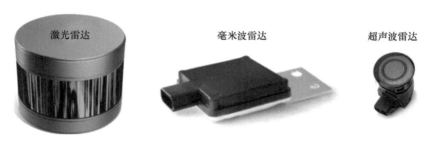

图 2-2　常见的车载雷达

从原理上说，摄像头、激光雷达、毫米波雷达，都通过不同波长、不同频率的电磁波，实现对车辆周围环境的感知及物体的检测。摄像头通过捕捉可见光来感知环境，可见光是波长在 380~780nm 之间的电磁波；激光雷达通过发射和接收激光来检测物体，激光是原子受激辐射出的一种电磁波；毫米波雷达通过发射和接收毫米波来检测物体，毫米波是波长在 1~10mm 之间的电磁波。超声波雷达则通过发射和接收超声波来检测物体，超声波是频率超出人类听觉上限（20kHz）的一种机械波，因此超声波雷达本质上依靠机械波实现对环境的感知。

图 2-3 所示为一套典型的智能驾驶传感器布置方案 [11V（View）5R（Radar）12U（USS）3L（Lidar）]，即通过前视双目摄像头 +4 个侧视摄像头 +1 个后视摄像头 +4 个环视摄像头 +5 个毫米波雷达 +12 个超声波雷达 +3 个激光雷达，组成智能驾驶的感知硬件系统。前视双目摄像头安装在前挡风玻璃上方，负责车辆前方环境的感知；4 个侧视摄像头分别安装在车身的左、右两侧，负责车辆侧方环境的感知；后视摄像头安装在车辆后方，感知车辆后方的环境；4 个环视摄像头分布在车身四周，环视摄像头的探测距离有限，一般用于近距离的环境感知；车头中间装有 1 个毫米波雷达，车身四角分别装有 4 个毫米波雷达，它们分别负责车辆前方和侧前、侧后方区域的探测；12 个超声波雷达分别装在前、后保险杠正面和侧面，用于近距离的探测；3 个激光雷达安装在车身的不同方位，实现对车辆周围环境的精准检测。

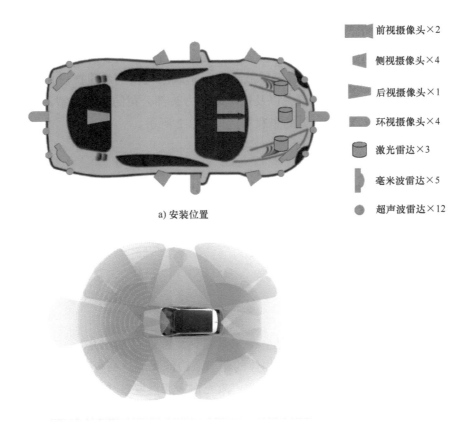

前视摄像头×2

侧视摄像头×4

后视摄像头×1

环视摄像头×4

激光雷达×3

毫米波雷达×5

超声波雷达×12

a) 安装位置

● 前视摄像头*2　● 后视摄像头*1　● 侧视摄像头*4　▲ 前毫米波雷达*1
● 环视摄像头*4　● 角毫米波雷达*4　● 超声波雷达*12　　激光雷达*3

b) 探测范围

图 2-3　11V5R12U3L 传感器布置方案

2.1.1　摄像头

　　摄像头的感知与人眼观察环境的原理相似。摄像头通过捕获物体表面反射的可见光，利用光学成像的原理，将光信号依次转换为模拟电信号、数字信号，经数据处理和算法处理后形成图像，从而实现对车辆周围环境的感知和物体的检测。摄像头可以识别出交通标志、交通信号灯、车道线等静止物体，以及车辆、行人等移动的物体，如图 2-4 所示。对于智能驾驶来说，由于摄像头所形成的图像具有丰富的语义、外形、色彩、纹理、亮度等信息，并且最接近人类驾驶员观察环境的原理，因此摄像头作为视觉传感器，是目前智能驾驶最重要、最不可或缺的传感器。

图 2-4　摄像头的环境感知效果

摄像头作为一种基础的、重要的传感器，技术成熟、应用广泛，当前市场上的智能驾驶汽车，无一例外地装有或多或少的摄像头。不过摄像头也存在缺点：由于被动地捕捉可见光，因此摄像头对光照变化非常敏感，受天气影响很大，在夜晚环境和雨、雪、雾等天气环境中，摄像头的成像质量会大幅下降，识别准确率显著降低；另外，摄像头只能被动地成像，难以准确探测出物体的距离、速度等信息。

为了确保良好的成像质量，实现理想的感知识别效果，我们需要知道摄像头的性能。以下 3 项关键参数通常作为评价一款车载摄像头性能的依据：一是图像分辨率，指的是感光区域内单像素点的数量，分辨率越高，包含的像素越多，图像的清晰度就越高，识别效果越精准；通常可以用像素来衡量摄像头的分辨率。目前车载摄像头常用的分辨率有 200 万像素（1920×1080）、500 万像素（2560×2048）以及 800 万像素（3200×2400）等。二是探测距离，也就是摄像头能"看"多远，探测距离越远，识别能力越强，可以提前感知到更多的道路环境信息。目前车载摄像头的最大探测距离约为 200~300m。三是视场角（Field of View，FOV），反映了摄像头可以识别的视野范围，以角度为单位，分为水平视场角（Horizontal Field of View，H-FOV）和垂直视场角（Vertical Field of View，V-FOV）。FOV 越大，表示摄像头识别的角度范围越广，相同距离范围内能识别到的信息越多。由于车载摄像头的安装位置较为固定，大多数摄像头产品的 V-FOV 都能满足感知范围要求，因此通常关注更多的是 H-FOV。

摄像头可以安装在车辆的前方、侧方、后方等不同位置，实现对车辆不同方位的环境感知，如图 2-5 所示。

图 2-5　摄像头的典型安装位置

　　安装在车辆前方的摄像头称为前视摄像头，通常布置在前风窗玻璃上方，用于感知车辆前方的交通环境，并识别前方的物体，如交通标志牌、交通信号灯、车道线，以及前方的车辆、行人等，是最主要的摄像头。根据镜头数量的不同，前视摄像头可以分为单目摄像头、双目摄像头和三目摄像头。

　　单目摄像头只有 1 个镜头，通过摄像头拍摄的平面图像来感知和判断周边环境，识别车辆、路标、行人等物体，依靠复杂算法进行测距。优点是探测信息丰富，观测距离远；缺点是无法同时满足大的覆盖范围和长的覆盖距离，即摄像头的视角越宽，所能探测到的距离越短，视角越窄，探测到的距离越长。双目摄像头包含 2 个镜头，通过模仿人眼的功能实现对物体距离和大小的感知，进而感知周边环境，可通过视差和立体匹配计算精准测距。三目摄像头通过 3 个镜头覆盖不同范围的场景，可以解决摄像头无法切换焦距的问题。不同的镜头负责观察不同距离、角度范围的场景，互不干扰，因此相比于单目摄像头和双目摄像头，拥有更好的视野广度和精度。但是，三目摄像头由于计算量大，对芯片的数据处理能力要求高，成本相对也高。

　　装在车辆侧面的摄像头称为侧视摄像头，用于车辆侧方的环境感知，如驾驶员视野盲区内的物体、相邻车道的其他车辆等。侧视摄像头的安装位置通常在外后视镜、B 柱和翼子板上。装在车辆后方的摄像头称为后视摄像头，用于车辆后方的环境感知，如后方跟随的车辆等。

　　与前视、侧视和后视摄像头不同，环视摄像头是鱼眼摄像头（Fisheye Camera），探测距离小但 FOV 范围广，可以实现无死角的全景识别，如图 2-6 所示，因此环视摄像头用于近距离、低速时的环境感知。环视摄像头一般安装在车身四周，前保险杠、行李舱或后保险杠、左侧外后视镜、右侧外后视镜各 1 个，共 4 个，实现车身周围的

360°环境感知与识别。

图 2-6　环视摄像头的全景感知效果

2.1.2　激光雷达

激光雷达通过发射和接收激光脉冲信号来检测和识别物体。激光雷达由发射模块、接收模块、扫描模块以及信息处理模块四部分构成。发射模块发射激光束，通过扫描模块来反射激光器的光束，两者采用微秒级的频率协同工作，对目标物体进行三维（3D）扫描；接收模块接收到目标物体反射的激光信号后，信息处理模块将其放大并转化为数字信号，进一步生成物体的具体信息。与摄像头不同的是，激光雷达形成的是点云模型，而不是直接的图像信息，如图 2-7 所示。

图 2-7　激光雷达点云模型

目前主流的激光雷达采用的波长有 905nm 和 1550nm 两种。其中 1550nm 的激光雷达波长更长，绕射能力更好，具备更高的探测距离和更强的环境穿透力，但其成本过高且产业链成熟度低于 905nm 的激光雷达。905nm 激光雷达虽然探测距离低于 1550nm 激光雷达，但已经能够满足大部分场景下的感知需求，基本可以支持日常出行的智驾需求。由于成本较低、产业链成熟度高等原因，目前 905nm 激光雷达的应用更加广泛。不过，目前 1550nm 激光雷达的成本正在逐渐降低，产业链也在逐渐成熟，其应用范围正在不断扩大，未来有望成为主流。

激光雷达的扫描方式可以分为机械旋转式、半固态和纯固态三种，图 2-8 所示的是机械旋转式与半固态激光雷达。

a) 机械旋转式激光雷达　　　　　　　　　　b) 半固态激光雷达

图 2-8　不同扫描方式的激光雷达

机械旋转式激光雷达的发射模块和接收模块都存在转动，通过不断地旋转发射头，将速度更快、发射更准的激光从"线"变成"面"，并在竖直方向上排布多束激光，形成多个面，达到动态扫描并动态接收信息的目的。其优势在于，能够对周围环境进行 360°的水平视场扫描，测距远，技术成熟；但由于机械旋转式激光雷达的旋转部件体积较大，难以集成到汽车上，并且由于存在扫描频率低、生产周期长、机械零部件寿命低等缺点，难以满足车规级的标准，因此机械旋转式激光雷达难以实现大规模的量产应用。

半固态激光雷达的发射模块和接收模块都保持静止，只有扫描部件旋转或振动，主要有转镜式和微机电系统（Micro-Electro-Mechanical-System，MEMS）两种。转镜式激光雷达没有外露的旋转部分，而是通过电机带动一个内置的可旋转镜子做机械运动，实现约 120° 范围的扫描。转镜式激光雷达具有易过车规认证、成本可控、性能满足需求门槛、可批量稳定供货、技术相对成熟，成本相对较低等优势，是激光雷达大规模量产装车的首选方案。但是，转镜式激光雷达也存在线数不高、视场角和角分辨率受限、功耗较高等缺点，需要同时加以考虑。MEMS 激光雷达则通过 MEMS 技术将机械式激光雷达和转镜式激光雷达中的镜面、转轴等机械零部件集成到芯片上，成为体积很小的微振镜，由可以旋转的微振镜来反射激光器的光线，从而实现扫描，凭借超高的扫描速度形成高密度的点云图，集成度较高，具有尺寸小、可靠性高、分辨率高等优势，可实现较为均衡的综合性能。但是，MEMS 微振镜的扫描角度是由控制电路调节的，难点在于保证角度精度，目前还难以大规模量产。不过，综合考虑成熟度、性价比、可靠性、量产可行性等多个维度，MEMS 激光雷达方案效用最佳，将成为以后量产装车的趋势。

纯固态激光雷达是车载激光雷达发展的最终形态。纯固态激光雷达中没有任何运动部件，在颠簸、振动、高低温等车载的严苛环境中具备寿命优势，容易达到高等级的车规要求；同时，其理论体积可以进一步缩小，并且可以实现高度芯片化，理论成本极低（<100 美元）。但由于纯固态激光雷达目前大多数处于实验室阶段或初步测试阶段，距离大规模量产应用还需要一段时间。

相比于摄像头，激光雷达虽然成本高，并且量产应用不成熟，但其在感知环境方面有巨大的优势：激光雷达的分辨率高，可以获得非常清晰的点云图像；精度高，可以利用激光的高方向性和低弥散性，获得准确的识别结果；抗干扰能力强，对光照等环境变化不敏感。不过，由于不能直接成像，因此激光雷达存在无法获取目标纹理和颜色信息、目标分类不准的缺点；另外，激光雷达对扬尘、水雾等空气中的颗粒物敏感，容易产生噪点，因此容易受到雨、雪、雾等恶劣天气的影响。

激光雷达的性能通常用以下几项参数来评价：一是角分辨率，是激光雷达相邻两个探测点之间的角度间隔，分为水平角度分辨率和垂直角度分辨率。角度间隔越小，对目标物的细节分辨能力越强，目标识别效果越好。二是测距精度，是对同一距离下的物体多次测量，所得数据之间的一致程度。精度越高，则测量的随机误差越小，对物体形状和位置的描述越准确，对目标物的检测效果越好。三是探测距离，是激光雷达可探测的距离范围。激光雷达的探测距离越远，则距离覆盖范围越广，探测能力越强；激光雷达的探测距离与探测目标的反射率有关，反射率越高则探测距离越远，通常以 10% 发射率时的探测距离作为衡量标准。四是视场角（FOV），是激光雷达所覆盖的探测角度范围，分为水平视场角（H-FOV）和垂直视场角（V-FOV）。视场角越大，则激光雷达对空间的角度覆盖范围越广。五是点频，是激光雷达每秒完成探测获得的探测点数目，通常取单回波模式（发出 1 个激光点，最多接收 1 个回波）下的数据。点频越高，相同时间内的探测点数越多，对物体的检测和识别效果越好。

理论上，激光雷达可以安装在车辆的任何位置，实现对相应方位的环境检测。由于早期使用的都是非量产状态的机械旋转式激光雷达，因此安装在车辆顶部是最佳方案，容易实现 360° 的环境覆盖，比如 Google Waymo 早期的无人驾驶路试车，以及国内多家公司的自动驾驶样车等。量产应用的激光雷达以半固态为主，考虑到激光雷达的体积、形状以及成本等因素，目前单车通常只配置一两颗激光雷达，并且基本集成在车顶或者车头两侧，优先满足前方或前侧方的高精度环境感知需求。激光雷达的典型安装位置如图 2-9 所示。

图 2-9　激光雷达的典型安装位置

2.1.3　毫米波雷达

毫米波雷达向外发射毫米波，接收物体反射的信号，通过对信号的处理来检测环境中的物体，并确定目标物体的距离、速度和角度等信息。毫米波的波长范围是 1~10mm，频率范围是 30~300GHz，目前，车载毫米波雷达主要使用 24GHz 和 77GHz 附近的频段，简称"24GHz/77GHz 毫米波雷达"，24GHz 是最早被划分出来作为民用的频段，也是早期汽车一直使用的频段，但由于天线尺寸随着载波频率的增大而减小，因此 77GHz 毫米波雷达比 24GHz 毫米波雷达尺寸更小、更加紧凑，77GHz 毫米波雷达正逐步取代 24GHz 毫米波雷达，成为主流的车载毫米波雷达。

毫米波雷达是在汽车上应用较早的传感器，技术成熟、成本较低、体积小，同时由于毫米波的波长大于雨滴、沙尘等空气中的大部分颗粒物尺寸，遇到空气中的悬浮颗粒时，可以轻易地绕射，继续传播，因此毫米波雷达在雨、雪、雾、沙尘等恶劣天气下仍然可以正常工作，不容易受天气影响。但是，毫米波雷达难以识别静止的物体。

由于毫米波雷达不具备测量物体高度的能力，因此在遇到没有速度信息的静止物体时，难以判断静止物体在地面还是在空中（通常认为有速度信息的物体是在地面移动的），在处理信号时，对于静止物体，通常会将其特征全部滤除，也就是"静态杂波滤除"。这样虽然能够避免静态杂波引发的误识别和功能误触发，但同时会带来对静态物体的漏识别，产生安全风险。前几年有多款车型都发生了因未识别出静止车辆而导致的碰撞事故，说明毫米波雷达对静止物体的识别存在很大的局限性。

近年来新兴的 4D 毫米波雷达，能够有效地解决静止物体识别的难题。4D 毫米波雷达相对于传统的毫米波雷达，不仅能够检测物体的距离、速度和方位，还增加了对物体的高度数据的获取和解析，从而能够检测出物体超出道路水平面的高度，传统毫米波雷达与 4D 毫米波雷达的探测效果如图 2-10 所示。另外，4D 毫米波雷达具有更高的分辨率，可以有效解析目标的轮廓、类别和行为；通过接收更多的信息点，4D 毫米波雷达能够形成类似激光雷达的高密度点云，有利于识别出更小的物体、被遮挡的部分物体、横向移动的物体，以及传统毫米波雷达难以识别的静止物体等。虽然目前 4D 毫米波雷达在智能驾驶汽车上的应用才刚刚起步，还存在技术成熟度不高、安装工艺难度大、成本较高等制约因素，但目前的发展趋势显示，4D 毫米波雷达正在逐渐从配角成为主角，将会逐步取代传统的毫米波雷达。

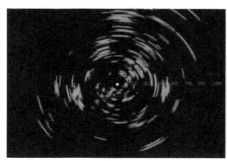

a) 传统毫米波雷达　　　　　　　　　　b) 4D毫米波雷达

图 2-10　传统毫米波雷达与 4D 毫米波雷达的探测效果

毫米波雷达的主要性能参数主要包括：①探测距离，是毫米波雷达可覆盖的距离范围。目前车载毫米波雷达有远程毫米波雷达（Long Range Radar，LRR）、中程毫米波雷达（Middle Range Radar，MRR）和短程毫米波雷达（Short Range Radar，SRR）三种，其中 LRR 的探测距离通常大于 200m，MRR 的探测距离约 100m，SRR 的探测距离一般小于 60m；②视场角（FOV），是毫米波雷达所覆盖的探测角度范围，分为水平视场角（H-FOV）和垂直视场角（V-FOV），视场角越大，则毫米波雷达对空间的角度覆盖范围越广；③测量精度，分为测距精度、测速精度、方位精度，分别表示毫米波雷达对距离、速度和方位角的测量精准程度，测量精度越高，识别物体的准确度越高，检测效果越好；④最大目标数，是毫米波雷达最多能够探测到的物体数量，最大目标数越多，说明毫米波雷达的检测识别能力越强。

毫米波雷达通常布置在车辆的正前方和车辆的四个角区域，如图 2-11 所示。

图 2-11　毫米波雷达的典型安装位置

车辆正前方的毫米波雷达称为前毫米波雷达，一般布置在车辆的中轴线上，如在前格栅中间或前保险杠中间位置，大部分车型的布置方案是外露或隐藏在保险杠内部。前毫米波雷达主要负责车辆前方的障碍物检测与识别，应能够检测较远的距离，通常采用远程毫米波雷达方案，当对检测距离的要求不高时，也可以采用中程毫米波雷达方案。

车辆四角区域的毫米波雷达称为角毫米波雷达，其中前面的 2 颗称为前角毫米波雷达，后面的 2 颗称为后角毫米波雷达。角毫米波雷达在车辆四角呈左右对称布置，隐藏在保险杠内部。角毫米波雷达负责检测车辆四角辐射的扇形区域内的物体，对探测距离的要求不高，但视场角应足够大，通常用中程毫米波雷达或短程毫米波雷达实现。

此外，也可以在车辆的正后方安装毫米波雷达，实现对车辆后方的物体检测和识别。但是出于必要性和成本的综合考虑，目前采用这一方案的车型很少。目前广泛采用的仍是 1 颗前毫米波雷达 +4 颗角毫米波雷达的布置方案。

2.1.4　超声波雷达

超声波雷达由超声波发射装置向外发出超声波，并由接收装置接收物体反射的超声波信号，通过计算反射信号和发射信号之间的时间差，来测算物体与车辆的距离。与激光雷达和毫米波雷达所不同的是，超声波雷达所使用的超声波，是频率超过 20kHz

的声波，它不属于电磁波，而是一种机械波。由于超声波在空气中的传播速度比电磁波慢得多，只有 340m/s，当车辆高速行驶时或距离较远时，会产生显著的延迟，大大降低探测的准确度，因此，超声波雷达适用于车辆低速行驶时的近距离测量（一般在 10m 以内），尤其在泊车时能取得良好的测距效果，如图 2-12 所示，所以超声波雷达又称为泊车雷达。

超声波雷达成本低、易集成、技术成熟度高，同时防水、防尘性能好，不受光照、颗粒物遮挡等因素的影响，近距离测距精度高，是早已普及并广泛应用的一种传感器，已经几乎成为汽车的标准配置。不过，由于超声波固有的特性，只能用于低速和近距离时的测距，难以在高速、远距离的场景中发挥作用，因此超声波雷达只能作为辅助性质的传感器存在。

图 2-12 超声波雷达测距效果

超声波雷达的性能参数主要有探测距离、工作频率、声压级、灵敏度等，由于车载超声波雷达的技术高度成熟，难以做出差异化效果，所以不同品牌和厂商所提供的超声波雷达性能相差不大。

超声波雷达通常安装在前、后保险杠的正面和侧面，分别用于探测车辆前方、后方和侧方的障碍物及其距离，如图 2-13 所示。安装在保险杠正面的超声波雷达称为超声波驻车辅助传感器（Ultrasonic Parking Assistant Sensor，UPAS），通常前后各 4 颗，共 8 颗，用于探测车辆前方和后方的障碍物。安装在保险杠侧面的超声波雷达称为自动泊车辅助传感器（Automatic Parking Assistant Sensor，APAS），通常左前、右前、左后、右后侧各 1 颗，共 4 颗，用于探测对应区域的车辆侧方障碍物。

图 2-13 超声波雷达的典型安装位置

以上介绍了智能驾驶常用的各类传感器，包括摄像头、激光雷达、毫米波雷达、超声波雷达等。可以看出，由于感知环境的原理不同，不同传感器的优缺点见表2-1。在实际应用中，应该根据需要，综合使用各类传感器，优势互补，以达到理想的感知效果。

表 2-1　不同传感器的优缺点

传感器	优势	不足
摄像头	• 图像信息丰富，最大限度还原环境信息	• 测距效果差 • 对光照变化敏感，容易受天气影响
激光雷达	• 检测精度高、范围广	• 对颗粒物敏感，容易受天气影响 • 成本高
毫米波雷达	• 同时实现测距、测速 • 不受天气影响，抗干扰能力强	• 难以识别物体更多特征 • 难以识别静止物体
超声波雷达	• 成本低 • 不受天气影响，抗干扰能力强	• 精度低、范围小 • 只能用于低速、近距离检测

2.2　定位硬件

智能驾驶的定位主要依靠车载地图和组合惯导（Global Navigation Satellite System/Inertial Navigation System，GNSS/INS），结合传感器检测到的相关数据来实现，为智能驾驶提供精准的车辆位置信息。其中，车载地图是地图服务商提供的软件，而组合惯导是一种常用的高精度定位装置。

组合惯导是由全球导航卫星系统（Global Navigation Satellite System，GNSS）和惯性导航系统（Inertial Navigation System，INS）组成的高精度定位系统。其中，GNSS通过卫星信号，提供车辆的定位信息；INS通过车辆内置的加速度计和陀螺仪，输出车辆的姿态信息，与GNSS互补使用。这样，组合惯导就可以同时实现车辆位置与姿态的测量。

GNSS是以人造地球卫星为基础的定位系统，能在全球任何地表和近地空间，为用户提供全天候的三维坐标空间位置信息、速度信息和时间信息。车载GNSS由空间段（导航卫星）、地面段（地面基站）和用户段（车载接收机）三部分组成，通过测量已知位置的卫星到车辆之间的距离，并综合多颗卫星的数据，计算出用户所在的地理位置信息。

目前全球有四大GNSS供应商，分别是美国的全球定位系统（Global Positioning System，GPS）、俄罗斯的格洛纳斯卫星导航系统（GLONASS）、欧盟的伽利略卫星导航系统（GALILEO）和中国的北斗卫星导航系统（BeiDou Navigation Satellite System，BDS），其中国内常用的是 GPS 和 BDS。

GNSS 具有精度高、可通信的特点，但是 GNSS 的定位结果受限于卫星这一外源信息，在隧道、高楼等建筑物附近容易出现信号丢失、被干扰、不稳定等问题，甚至如果某 GNSS 的卫星不可用，那么该导航系统将完全瘫痪。

INS 是利用惯性测量单元（Inertial Measurement Unit，IMU）测量车辆的比力（比力 = 惯性参考加速度 – 地心引力引起的加速度）及角速度信息，经过特定的算法处理，实时推算速度、位置、姿态等参数的自主式导航系统。具体来说，INS 属于一种航迹推算的导航定位方式，即从一个已知点的位置，根据连续测得的车辆航向角和速度，推算出其下一点的位置，从而获得连续的当前位置，满足智能驾驶对车辆实时定位的要求。IMU 采用加速度计和陀螺仪传感器来测量车辆的运动参数，其中 3 个加速度计用于测量车辆在空间 3 个方向的加速度，3 个陀螺仪用于测量车辆绕自身 3 个方向的坐标轴的转动角速度，并根据加速度和角速度信息计算出车辆的姿态。

INS 独立性强，不需要依赖外界信息就能实现定位并得出车辆的姿态信息，并且相对 GNSS 来说，INS 具有很强的连续性。但是，INS 提供的是基于推算的定位信息，陀螺仪及加速度计作为 INS 的主要元件，其精度直接影响到 INS 测量的精度，并且由于不可避免的各种干扰因素，加速度计和陀螺仪会产生误差，误差量随时间而不断积累。所以，INS 需要利用 GNSS 等外部信息进行校正，实现组合导航定位，从而有效地避免误差随时间积累的问题。

根据 GNSS 和 INS 各自的特点和优缺点，通常将两者组合使用，形成组合惯导系统，如图 2-14 所示，这样可以充分发挥两者的优势，提升整体的定位精度和性能，实现单独 GNSS 或 INS 所无法比拟的导航定位效果。组合惯导可以通过 GNSS 的信息，定时对 INS 的结果进行偏差纠正；同时当卫星信号弱或干扰严重时，INS 能够保障一定时间内的定位精准度。

图 2-14　组合惯导

2.3 计算平台

决策规划模块是智能驾驶的"大脑"，负责接收感知定位模块输出的环境与位置信息，经处理计算后，规划出车辆的实时行动和行驶轨迹，并将计算出的轨迹信息传递给控制执行模块。决策规划模块的硬件主要是计算平台，其核心是计算芯片。随着汽车向智能化、集成化和高度电子化方向发展，车载计算平台也在逐步升级，且与整车的电子电气架构（Electrical/Electronic Architecture，EEA）密切相关。

2.3.1 电子电气架构

整车的电子电气架构是将整车的各传感器、控制器、执行器、电子电气分配系统、线束拓扑、通信网络等所有硬件和软件，通过系统集成技术手段，设计、整合为一体的整车电子电气解决方案。电子电气架构是车辆的"神经系统"，负责完成各个部位的连接，并通过特定的逻辑和规范，协调车辆整体的动作，实现复杂的功能。

智能驾驶是汽车智能化的重要体现，除了依赖性能强大的硬件和高效智能的软件算法外，也需要先进的电子电气架构作为支撑。电子电气架构决定了汽车智能化的上限，如果没有先进的电子电气架构，车辆的智能化就无从谈起，既难以满足智能驾驶所要求的智能与高效，也难以实现智能驾驶的持续升级和迭代，更无法降低成本，提高开发效率。

在传统汽车时代，车辆的智能化水平低，功能简单，并且不具备持续升级的能力，因此对电子电气架构的要求低。进入智能汽车时代后，随着车辆功能的多样化和复杂化，传统的电子电气架构已经无法满足要求，因此电子电气架构必须不断升级进化，才能满足高度电子化、集成化的发展趋势。根据行业的共识，电子电气架构的发展和演变主要有3个阶段：分布式（1.0阶段）→域集中式（2.0阶段）→中央集中式（3.0阶段），如图2-15所示。

分布式EEA是1.0阶段的架构，也是早期传统汽车的架构，其最大的特点是分散和独立。分布式EEA包含多个不同的功能模块，每个模块对应一个单独的电子控制单元（Electronic Control Unit，ECU），每一个ECU通常只负责某一项单一的功能或系统，彼此独立，如发动机控制模块（Engine Control Module，ECM）、传动系统控制模块（Transmission Control Module，TCM）、车身控制模块（Body Control Module，BCM）等，因此在一台车内存在数量众多的ECU。同时，各ECU之间的通信能力非常有限，只能通过控制器局域网（Controller Area Network，CAN）、局部互联网络（Local Interconnect Network，LIN）等低速总线，进行点对点的通信。

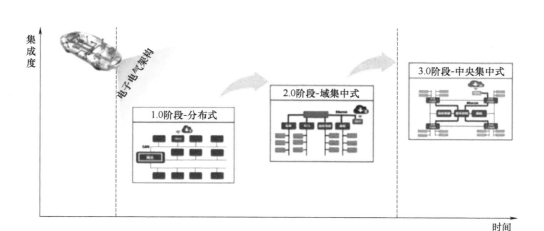

图 2-15　电子电气架构（EEA）的演变

传统的分布式 EEA 无法满足汽车的智能化发展要求，高度集成化是解决之道，2.0 阶段的域集中式 EEA 应运而生。通过对数量众多的 ECU 进行模块化整合，域集中式 EEA 将存在功能关联的多个 ECU 集成在一起，在架构中形成"功能域"的概念，原先的多个 ECU 也变成了能够实现更多复杂功能的域控制器（Domain Control Unit，DCU）。功能域满足了 EEA 集成化升级的需求，是域集中式 EEA 的重要标志，域集中式 EEA 的最典型特征是包含不同的域，并且将 DCU 作为功能域的核心，集中控制每个域的功能。DCU 之间一般通过以太网（Ethernet）、数据波特率可变的控制器局域网（Controller Area Network with Flexible Data-rate，CANFD）总线通信，传输速度快，通信能力强，以满足智能汽车对传输速率和时延的高要求。

域集中式 EEA 可以显著减少 ECU 的数量，提升架构的集成化水平，增强智能汽车的可扩展性。功能域对车辆的电控系统进行划分，其核心部件 DCU 负责处理复杂的计算任务和大部分控制任务。各个域依靠 DCU 强大的计算能力和丰富的接口，将功能统一由 DCU 集中控制，从而实现功能的集成化。这种集成化并非把各个功能模块简单地组合在一起，而是在系统层面的集成，打破传统各个独立模块之间的硬件和通信壁垒，真正地做到功能的集成化，实现更多更复杂的智能化功能。由于车身与底盘等模块的少数 ECU 对安全性和可靠性要求较高，难以完全集成到 DCU 中，因此除 DCU 外，域集中式 EEA 中也保留了少量 ECU，ECU 与 DCU 之间可以共享信息。

在域集中式 EEA 的基础上，将多个功能域进一步融合，升级成统一的中央计算平台，形成 3.0 阶段的中央集中式 EEA。中央集中式 EEA 采用中央计算＋区域控制的方式，将计算资源进一步集中，软硬件解耦程度更彻底，电控系统的集成化程度更高。与域集中式 EEA 相比，中央集中式 EEA 在区域高度集中的同时，也实现了深度的跨域融合与共享，进一步提升了汽车的智能化水平。中央集中式 EEA 主要包括中央计算平台（Vehicle Central Computer，VCC）和区域控制器（Zonal Control Unit，ZCU）。VCC 具有非常强大的数据处理和实时计算性能，提供整车所需要的计算、存储、通信、管理等能力。通常将具有策略性和复杂性的逻辑软件部署在 VCC，统一处理和协调整车的各项功能。ZCU 是整车计算系统中某个局部的感知、数据处理、控制与执行单元，在特定的区域内起作用，这里的"区域"是指在车辆上的位置，与"功能域"无关。

目前，汽车的 EEA 已经从分散化、功能独立的分布式 EEA，逐渐转变成高性能、功能集成的域集中式 EEA，市场上也已经出现大量的车型应用案例，目前造车新势力的大部分车型都已经采用了域集中式 EEA，如特斯拉、小鹏 P 系列、蔚来 ET 系列、理想 L 系列等。未来，集中计算、区域连接的中央集中式 EEA 将成为主流，开启中央 + 区域计算的新架构时代。

2.3.2　域控制器与芯片

在目前主流的域集中式 EEA 中，车载控制器已经从仅包含中央处理器（Central Processing Unit，CPU）的传统单一模块控制器（ECU），转变为包含系统级芯片（System on Chip，SoC）和微控制单元（Micro Controller Unit，MCU）的域控制器（DCU），如图 2-16 所示。

图 2-16　域控制器与芯片

SoC 又称为片上芯片，其自身就是一个微型的系统，这意味着在单个 SoC 上，就能实现一套电子系统的完整功能。SoC 内部包含有中央处理器、图形处理器（Graphics Processing Unit，GPU）、专用集成电路（Application Specific Integrated Circuit，ASIC）、数字信号处理器（Digital Signal Processing，DSP）等多种类型的处理单元，集成度高，能同时处理多项复杂任务。智能驾驶域控制器中的 ASIC 指的是神经网络处理器（Neural-network Processing Unit，NPU），为智能驾驶所必需的深度学习计算提供支持。

MCU 本质是单片机芯片，结构相对简单，是将 CPU 的频率和规格适当缩减，并将内存、接口等结构整合到单一芯片上，形成芯片级的计算机。MCU 只包含 CPU 一种处理器单元，主要用于控制指令相关的计算。SoC 的数据处理能力强，能处理复杂的计算任务，是智能驾驶的最主要芯片。但是，对于一些功能安全等级高的车辆控制类任务，仅靠单独的 SoC 还难以完全满足功能安全要求，此时需要在 SoC 之外，再搭载独立的 MCU 芯片，以满足高等级的功能安全要求。目前智能驾驶的域控制器，大多采用的是 SoC+MCU 的方案。

智能驾驶所要求的高实时性、高精准度和高可靠性，决定了智能驾驶的域控制器必须能够同时处理大量级、多样化的数据，并且需要能同时运行多种融合算法和决策算法，因此智能驾驶域控制器对芯片的算力有较高的要求。算力是表征芯片性能的重要参数，指的是芯片处理数据，输出处理结果的计算能力，用每秒可处理的信息数据量来表征。对于智能驾驶来说，最重要的算力是 NPU 的算力，也称为 AI（Artificial Intelligence）算力，其单位是 TOPS（Tera Operations Per Second），1 TOPS 表示每秒可进行一万亿次（10^{12}）操作。目前市场上前沿的智能驾驶 SoC 芯片，基本处于几十到几百 TOPS 的 AI 算力水平，如特斯拉的 FSD（Full Self Drive）芯片 AI 算力是72TOPS、地平线的 Journey 5 芯片 AI 算力是 128TOPS、英伟达的 Orin-X 芯片 AI 算力是 254TOPS。

除芯片外，域控制器还包含电阻电容等无源元器件、支架、散热组件、密封性金属外壳等其他部件，共同形成域控制器整体。

2.4　线控底盘

智能驾驶的控制执行模块，即决策规划结果的执行平台，是线控（X-By-Wire，XBW）底盘。线控底盘是用线的方式（电信号）传递控制指令，从而实现对车辆横、纵向控制的底盘系统。线控底盘用电信号驱动传感器、控制器及电磁执行机构，取代传统的机械、液压、气压等"硬"连接方式，具有结构紧凑、可控性好、响应速度快等优势。线控底盘的核心是各执行机构的控制单元（ECU），对于智能驾驶来说，ECU可以接收决策规划模块的输出结果，并控制各执行机构完成相应的动作。

与智能驾驶相关的线控底盘主要包括4个系统：线控转向（Steering-By-Wire，SBW）、线控制动（Brake-By-Wire，BBW）、线控驱动（Drive-By-Wire，DBW）和线控换档（Shift-By-Wire，SBW）。

2.4.1 线控转向

线控转向取消了方向盘和转向车轮之间的机械连接部件，彻底摆脱了机械固件的限制，完全由电信号来实现转向，实现对车辆的横向控制，如图2-17所示。线控转向系统不仅具有传统机械转向系统的所有优点，还可以实现机械系统难以做到的，对车辆转向特性的优化。

表2-2汇总了转向系统的类型，其中早期的机械液压助力转向系统（Hydraulic Power Steering，HPS）、当下普及的电动液压助力转向系统（Electric-Hydraulic Power Steering，EHPS）和电动助力转向系统（Electric Power Steering，EPS）等，都属于基于机械部件的转向

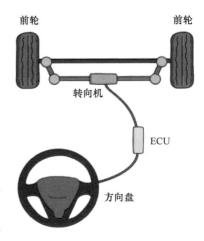

图 2-17 线控转向

系统。这些机械系统在进化的过程中，优化了转向系统的力传递特性，为转向控制提供了助力，提升了汽车的操纵稳定性和平顺性。但是，受限于机械结构，它们无法改变转向系统的角传递特性（即汽车的转向特性），因此难以实现智能驾驶所要求的主动控制。

表 2-2 转向系统类型汇总

转向系统	英文名称	特点
机械液压助力转向系统	Hydraulic Power Steering，HPS	机械实现，液压助力
电动液压助力转向系统	Electric-Hydraulic Power Steering，EHPS	机械实现，电 - 液助力
电动助力转向系统	Electric Power Steering，EPS	机械实现，电动助力
线控转向系统	Steering By Wire，SBW	信号实现，纯电控制

在线控转向系统中，驾驶员的操纵动作通过传感器变成电信号、信号经分析处理

后，通过导线直接传递到执行机构。由于不受机械结构的限制，可以实现理论上的任意转向意图，并且转向的力矩和角度，完全取决于控制器的输出结果；而控制器计算的依据，既可以来源于驾驶员控制方向盘的转动，也可以来源于智能驾驶决策规划的结果。因此线控转向系统可以充分满足智能驾驶对转向控制的要求，被称为目前最先进的转向系统。

线控转向系统主要由方向盘模块、主控制器、执行模块、故障处理系统、电源等部分组成，如图 2-18 所示。其中方向盘模块、主控制器、执行模块是线控转向的主要部分，其他模块属于辅助部分。

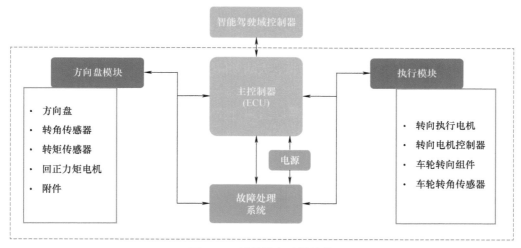

图 2-18　线控转向系统结构

方向盘模块是转向意图的输入模块，包括方向盘、转角传感器、转矩传感器、回正力矩电机以及相关的附件等。方向盘模块通过测量方向盘的转角和转矩，将驾驶员的转向意图，转换成数字信号，并传递给主控制器；同时，方向盘模块接收主控制器反馈的力矩信号，产生方向盘的回正力矩，为驾驶员提供对应的路感。

主控制器（即 ECU），是线控转向的核心，相当于大脑，它决定了线控转向的控制效果。它的主要作用是分析和处理各路信号，判断转向意图和汽车的运动状态，并输出相应的控制指令。主控制器一方面对采集到的信号进行分析处理，向转向执行电机和回正力矩电机发送指令，确保两台电机协同工作，从而实现车辆的转向运动和路感的模拟；另一方面，主控制器保持对驾驶员的操作和车辆的状态进行实时监控，实现智能化的控制，当系统检测到转向意图不合理、系统指令出现错误或者汽车出现不稳定的状态时，主控制器能够及时屏蔽错误的指令，并以合理的方式自动控制车辆，使汽车尽快恢复到稳定的状态。另外，当线控转向系统出现故障的时候，主控制器能够及时地采取措施，进行补救，保证行车的安全和稳定。

执行模块的作用是实现和执行驾驶员的转向意图，它由转向执行电机、转向电机控制器、车轮转向组件以及车轮转角传感器组成。执行模块接收主控制器的指令，通过转向电机及其控制器，控制转向轮的转动，实现转向。另外，车轮转角传感器将测得的车轮位置信号同步反馈给主控制器，用于计算分析和闭环控制。

故障处理系统也是线控转向系统的重要模块，它包含一系列的监控与应对措施的程序。当线控转向系统出现故障时，故障处理系统按照设定好的程序，采取对应的处理措施，以避免或减轻该故障带来的危害，最大限度地保证汽车的行驶安全。此外，电源作为供电设施，也是线控转向系统中不可或缺的一部分。

随着汽车智能化的快速发展，线控转向正在逐渐普及。目前已经有多家厂商推出了自家的线控转向技术，占主导地位的是博世、大陆等传统 Tier 1 供应商，国内自主品牌也开始研究并陆续发布线控转向技术产品。

不过，现阶段的线控转向技术还难以达到行驶安全所要求的系统可靠性与鲁棒性水平，并且成本较高，因此目前市场主流的转向系统尚未达到 SBW 级别，仍以 EPS 为主。EPS 保留了转向轴和齿轮齿条，通过电机助力，可以称为半线控转向，如图 2-19 所示，能够满足现阶段智能驾驶量产的需求。未来随着智能化水平的提高、技术的进步和成本的进一步降低，SBW 是最终的发展方向，将彻底取消方向盘和齿条间的所有机械连接，完全通过电信号传递指令。

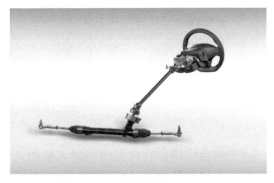

图 2-19　电动助力转向（EPS）

2.4.2　线控制动

线控制动将制动踏板的机械信号用电信号取代，通过线控的方式直接传递制动的电信号，从而让车辆合理地制动和减速，如图 2-20 所示。

传统的制动系统通过液压或气压的方式传递制动力，制动系统中的零件种类多、数量多，包括传感器、电磁阀、控制器以及复杂的管路和线路，造成车辆的制动系统结构复杂，传递效率低。线控制动系统通过集成化的电子技术，改进传统的制动系统，用电信号取代机械信号，制动响应时间短，输出结果更精确，制动性能更好，给驾驶员反馈的踏板感觉也更准确；同时，线控的方式减少了机械部件，简化了制动系统的结构，从而有利于布置、安装和维护。

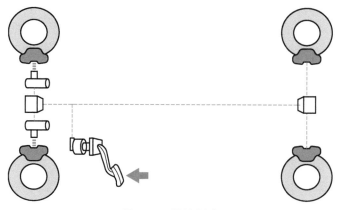

图 2-20　线控制动

线控制动系统目前主要有 2 类，一类是电子液压制动（Electro-Hydraulic Brake，EHB）系统，另一类是电子机械制动（Electro-Mechanical Brake，EMB）系统。

EHB 也称为半线控制动系统，它从传统的机械 - 液压制动系统发展而来，用电子元件取代部分机械元件，将电子系统和液压系统相结合，让制动系统成为机电一体化系统。EHB 由 4 个部分组成，分别是制动踏板单元、控制单元、液压调节与驱动单元、制动执行单元，如图 2-21 所示。

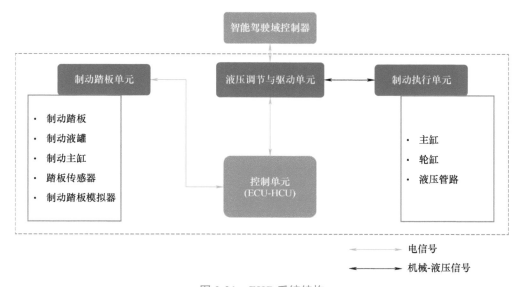

图 2-21　EHB 系统结构

制动踏板单元包括制动踏板、制动液罐、制动主缸、踏板传感器、制动踏板模拟器等，负责获取驾驶员的制动意图，同时为驾驶员提供合适的制动踏板感觉。控制单元包括ECU和液压力控制单元（Hydraulic Control Unit，HCU）。ECU与HCU集成在一起，通过踏板传感器的信号或智能驾驶域控制器发送的信号，根据车辆当前的行驶状态，计算出每个车轮的制动力和液压，向液压调节与驱动单元发送控制指令。液压调节与驱动单元接收控制单元的控制指令，通过控制液压调节器中的阀门，合理地调节制动管路中各车轮的制动压力，并向制动执行单元提供制动能量。制动执行单元就是各车轮上的制动器，包括主缸、轮缸及液压管路；EHB的制动器与传统制动系统没有明显差别，都是将推动主缸的推力转化成制动器中的液压力，然后通过摩擦作用，在制动器上产生相应的制动力矩。

目前EHB有2种不同的实现形式，根据EHB的控制单元是否与车身电子稳定控制系统（Electronic Stability Controller，ESC）的控制单元集成为一体，分为One-Box方案和Two-Box方案，两方案对比见表2-3。One-Box方案只有一个ECU，具备EHB与ESC的控制单元的功能，集成度高，制动性能更优，且成本更有优势。Two-Box方案的EHB与ESC的控制单元同时存在，采用EHB+ESC分开布局的方式，需要协调两者的关系，安全冗余与备份的能力更强，更容易满足智能驾驶所要求的高可靠性。

EHB在实现部分线控的同时，保留了技术成熟的液压系统，能够在线控部分失效时，提供备用制动，保障车辆的行驶安全。但是，正是由于EHB保留了液压系统，因此没有实现完全的线控，只能看作是从传统制动系统到完全线控制动系统的过渡技术。目前市场上已经有EHB的量产应用案例，如博世的EHB方案，已经广泛应用于多款量产车型；国产供应商如同驭科技、伯特利、格陆博等的EHB方案，也在陆续量产上车。

表 2-3　One-Box 方案与 Two-Box 方案对比

对比项	One-Box 方案	Two-Box 方案
定义	整体式：EHB 与 ESC 集成	分立式：EHB 与 ESC 独立
结构	单 ECU，同时实现 EHB 与 ESC 功能	双 ECU，分别实现 EHB 与 ESC 功能
集成度	高	低
成本	低	高
安全性	低	高

与 EHB 保留液压系统不同，EMB 是完全的线控制动系统，完全取消了传统制动系统的液压管路和相关部件，全部使用电子机械系统替代，用电信号的方式将制动意图直接传递到制动执行机构，简化系统架构的同时也缩短了响应时间，提升了制动性能，并且系统的维护变得简单。

　　与 EHB 相比，EMB 系统取消了液压调节与驱动单元，只包含制动踏板单元、控制单元和制动执行单元，如图 2-22 所示，实现了从制动踏板到制动器的完全电信号控制，因此响应时间更短，制动力的匹配更精准，制动性能进一步提高。其中，EMB 的制动踏板单元与 EHB 的制动踏板单元基本相同，没有明显区别；EMB 的控制单元只有电控单元（ECU），不包含液压控制单元（HCU）；EMB 的制动执行单元是电子机械制动器，通过电机驱动，直接作用于轮缸，通过摩擦作用产生制动力。EMB 的制动执行机构通常直接安装在各个车轮边缘，会存在 4 套各自独立的制动执行机构，因此 EMB 也称为轮边分布式制动系统。

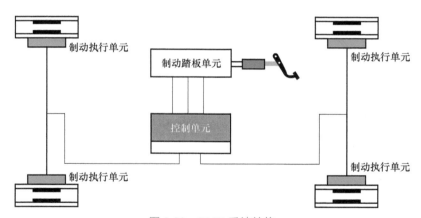

图 2-22　EMB 系统结构

　　由于取消了液压系统，导致 EMB 失去了提供备用制动的能力，因此 EMB 存在难以避免的安全冗余备份问题，现阶段还难以解决，难以满足可靠性要求。另外，EMB 对制动执行单元的结构紧凑度要求高，车轮边缘的工作环境恶劣，再加上 EMB 对控制精度要求高，成本高。因此，目前 EMB 还没有量产应用的案例。

2.4.3　线控驱动

　　线控驱动通过电子结构替代机械结构，控制车辆加速，具有控制精确、稳定性高的特点。现阶段 DBW 技术成熟、普及度高，已经广泛普及应用。

对于燃油车来说，DBW 也称为线控节气门（Throttle By Wire，TBW），主要由加速踏板、踏板位移传感器、控制单元、数据总线、伺服电机和节气门执行机构组成，如图 2-23 所示。传统的节气门控制方式是驾驶员踩加速踏板，由拉索直接控制发动机节气门的开合程度，从而决定加速或减速，驾驶员的动作与节气门动作之间通过拉索的机械作用联系。TBW 将这种机械连接改为电子连接，通过导线代替拉索，将加速踏板位移传感器检测到的踏板位置电信号，传递到控制单元，控制单元将收集到的相关传感器信号经过处理后，计算出最佳节气门开度，并发送指令到伺服电机，控制节气门达到最佳的开合度。TBW 通过电信号连接驾驶员的动作，对节气门开度的控制比传统方式更精确。

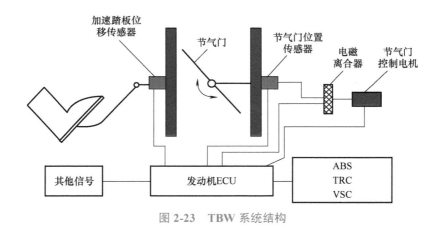

图 2-23　TBW 系统结构

对于电动车来说，DBW 的基本原理与燃油车的 TBW 基本相同，只是用驱动电机取代发动机，加速踏板控制的是电机的输出功率、转矩、转速等，而不是发动机的节气门。由于驱动电机本身就是靠电信号控制，因此电动车的驱动方式基本属于线控驱动。

2.4.4　线控换档

线控换档通过电信号控制来实现档位切换。与传统的机械式换档相比，线控换档没有了换档机构和变速器之间的拉索的束缚，整套系统更轻、更小、更智能，并且突破了传统变速杆安装位置的限制，布置更加灵活，增加了多种换档形式，让换档更加高效和简洁，如图 2-24 所示。线控换档是一项成熟的技术，已经广泛应用于市场上的多款车型。

图 2-24　线控换档（SBW）

　　线控换档主要由变速杆、传感器和变速器控制单元（Transmission Control Unit，TCU）组成。当变速杆挂入某一个档位时，传感器会将档位请求信号传递到 TCU，同时，TCU 会根据车辆的其他传感器信号综合分析，判断是否执行换档请求。如果确认可以执行换档请求，TCU 会发出指令，给变速器中相应的电磁阀通电或断电，来控制各种液压控制阀的通断，从而实现档位的切换；如果 TCU 分析存在错误操作，如车辆高速行驶时突然挂 R 档，则会被认为是错误信号，此时 TCU 不会给变速器发出操作指令。

第3章 软件系统

除了先进的高性能硬件外，智能驾驶的实现也离不开智能化的软件系统。可以说，智能驾驶时代，是"软件定义汽车"的时代。智能驾驶的软件主要部署在域控制器内，包括底层操作系统（Operating System，OS）、中间层软件与上层应用算法。另外，用于感知定位的车载地图，包括标精地图与高精地图，也会以数据软件的形式，支撑智能驾驶的实现。

3.1 车载地图

汽车的地图是由地图服务商提供的数据软件，与组合惯导、传感器等共同实现车辆的精准定位。车载地图有 2 种：标精地图（Standard Definition Map，SD-Map）与高精地图（High Definition Map，HD-Map），两者的精度、信息量、用途等各不相同。

3.1.1 标精地图

标精地图是汽车版的导航地图，与日常使用的手机导航地图的本质和原理相同，通过将道路数据联网，引入大数据和云计算等技术，实现实时的地图显示与行驶路线规划。除了显示全局的地图和行驶路线外，SD-Map 还能提供关于里程、行驶时间、实时路况、重要建筑物、限行、限速、交通信号灯、重要路口等车辆行驶时需要参考的信息，如图 3-1 所示，确保更加安全、合规地行驶。目前国内的 SD-Map 提供商与手机导航地图一样，也以高德和百度为主。

SD-Map 作为普通的导航地图，主要由颗粒度较粗的道路拓扑信息构成，精度较低，只能达到米级的精度；信息的丰富程度也有限，无法提供更加细节的道路数据，如具体的车道、车道线的变化等。因此，SD-Map 只能实现从 A 点到 B 点的全局路径规划以及米级别的车辆模糊定位。

对于智能驾驶来说，车辆需要精确地知道当前所处的道路位置，包括位于哪条车道、车辆与车道线的距离、车辆与马路边缘的距离、车辆与前方十字路口的准确距离等。仅靠 SD-Map 是无法获取这些信息的，还需要有更高精度、信息更加丰富的地图支持。

图 3-1　标精地图 SD-Map

3.1.2　高精地图

高精地图，也叫高分辨率地图、自动驾驶地图，是专门用于智能驾驶的一种高精度地图。高精地图解决了标精地图的精度不高和信息不丰富的问题。通常高精地图的精度能够达到厘米级，并且对道路交通信息的描述更加丰富、细致，如图 3-2 所示。

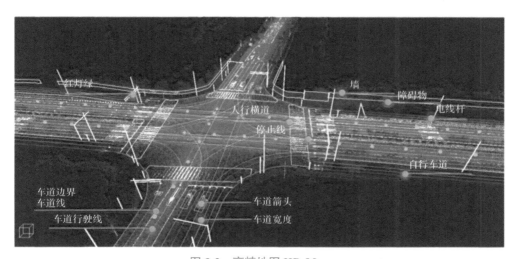

图 3-2　高精地图 HD-Map

高精度地图提供了一个智能驾驶车辆所处的环境数据模型，分为两个层级：静态高精度地图和动态高精度地图。静态高精度地图处于底层，包括车道模型、道路部件、道路属性和其他的定位图层。车道模型包含有车道的细节信息，如车道线的种类和颜色、车道中心线、车道属性变化等，此外车道模型还包含车道的形状与几何参数，如曲率、坡度、航向、横坡等数据。

　　动态高精度地图建立于静态高精度地图的基础之上，主要包括地图动态信息、传感器信息、驾驶行为、交通动态信息管控等，既有其他交通参与者的信息，如道路拥堵情况、施工情况、交通事故情况等，也有交通设施和交通标志的信息，如交通信号灯、人行横道等。

　　基于 HD-Map，可以实现厘米级的精准定位：将传感器实时检测到的环境信息，与 HD-Map 中存储的道路特征信息进行对比和匹配，对基于 SD-Map 的模糊定位结果进行优化，实现智能驾驶所要求的高精度定位。

　　HD-Map 也可以辅助各传感器，起到辅助感知的作用，尤其是当传感器受环境因素限制，难以完全发挥效用，造成环境检测信息缺失时，HD-Map 可以作为有效的补充。比如，当光线较暗，摄像头难以识别出交通标志牌的具体内容时，可以参考 HD-Map 中记录的该标志牌的内容，匹配识别出具体的图文信息。

　　如表 3-1 所示，与 SD-Map 相比，HD-Map 具有以下特点。

表 3-1　HD-Map 与 SD-Map 对比

对比项	HD-Map	SD-Map
精度	厘米级	米级
信息丰富度	道路详细信息	道路简单信息
面向对象	机器	人
数据实时性要求	高	低
安全等级要求	高	低

　　1）精度更高。SD-Map 提供的是道路级别的信息，数据精度通常为米级；而 HD-Map 提供的是车道级别的信息，数据精度可以达到厘米级别。

　　2）信息更丰富。除了 SD-Map 能够提供的道路基本信息外，HD-Map 还能够提供更加详细的道路环境空间信息、几何信息和逻辑信息。HD-Map 提供的空间信息非常细致，包括具体的车道和周边的交通设施。几何信息包括道路曲率、航向角、坡度等描述道路形状的参数。逻辑信息包含语义信息和拓扑关系：语义信息提供静态环境和动态物体的信息，有利于通过感知和语义识别，实现车辆的精准定位；拓扑关系建立了环境中各交通元素之间的联系，将静态的交通环境和各动态的物体产生关联，形成统一的、互相影响的整体。

3）面向的对象不同。SD-Map 面向的对象是用户（即人），所以 SD-Map 是以人的认知为基础开发的，解决的需求主要是规划路线、确认大致位置、辨别方位等；HD-Map 面向的对象是智能驾驶系统（以下简称"智驾系统"），即机器，作为智能驾驶算法的输入数据，HD-Map 解决的需求主要是确认准确位置、规划具体轨迹、辅助感知环境等。

4）数据实时性要求更高。HD-Map 对数据的实时性要求更高。博世公司曾提出，根据更新频率的不同，智能驾驶的地图可以将所有数据分为 4 类：永久静态数据（更新周期约 1 个月），半静态数据（更新周期为 1 小时），半动态数据（更新周期为 1 分钟），动态数据（更新周期为 1 秒）。SD-Map 只需要永久静态数据和半静态数据，就能达到预期效果，而 HD-Map 则需要更多的半动态数据和动态数据来应对各类突发状况，才能保证智能驾驶的安全性和可靠性。不过，由于庞大的数据量和储存技术的限制，目前 HD-Map 还难以达到分秒级的更新频率。

5）安全等级要求更高。SD-Map 属于信息娱乐系统，行驶过程中即使没有导航地图信息，也不会危害到行驶安全；HD-Map 属于车载安全系统，一旦定位产生较大偏差，就会产生安全风险，可能导致交通事故。

3.2 底层操作系统

操作系统是一套控制和管理整套计算系统的软、硬件资源的程序集合，能够合理地组织和调度处理器的任务与资源，为用户和其他软件提供方便的接口与环境。智能驾驶的 OS 位于软件系统架构的底层，是软件运行的基础环境，负责管理各种硬件和软件资源以及进程、内存、驱动程序，提供文件和网络系统等。对于智能驾驶而言，OS 是车辆从传统汽车升级转变为智能汽车的关键。

操作系统可分为实时操作系统（Real Time Operating System，RTOS）和非实时操作系统。RTOS 是保证在规定的时间内完成特定功能的操作系统，能够提供及时的响应，并具备高可靠性，通常用于车辆控制系统。实时性是 RTOS 的最大特点，即实时程序必须保证在严格的时间限制内响应。典型的实时性操作系统有 VxWorks、QNX、RTLinux 等。智能驾驶的高实时性要求，决定了其底层操作系统必须是RTOS。非实时操作系统又称为通用操作系统，相对功能更为强大，但不具备实时性和及时响应的效果，通常用于支持更多应用和接口的信息娱乐系统中，而不适用于智能驾驶。

智能驾驶的 OS 具有以下特点：一是高实时性，一方面系统任务调度的时钟周期要在毫秒级，另一方面高优先级的任务不能被低优先级任务所阻塞；二是高可靠性，即必须具有高 RAS（Reliability&Accessibility&Serviceability）特性；三是功能安全，即符合 IEC61508 和 ISO26262 中的功能安全等级；四是信息安全，即具备可信存储、可信通信、可信计算、多重安全防护等安全能力；五是高性能计算能力，即强大的计算能力、强大的数据吞吐能力、高度的灵活性与扩展性。

3.3 中间层软件

中间层软件，即中间件，位于底层操作系统和应用层算法之间，主要作用是为应用层算法提供运行和开发的环境，通过标准化的接口和协议，提供数据管理、应用服务、消息传递等功能和服务。中间件的意义在于：对下适配不同的 OS 内核和架构，从而在开发应用层算法时，无须考虑底层 OS 是什么，也无须考虑硬件环境是什么，不仅实现了应用层算法与 OS 的解耦，也实现了应用软件与硬件的解耦；同时对上提供统一的标准化接口，负责各类应用软件模块之间的通信以及对底层系统资源的调度，确保数据能够安全、实时地传输，资源能够被合理地调度。

中间件最直接的好处就是"为上层应用屏蔽掉底层的复杂性"，应用层算法可以忽略不同芯片、传感器等硬件的差异，也可以忽略不同 OS 之间的区别，从而高效、灵活地将在不同平台上部署、迭代和移植。目前典型的中间件方案有汽车开放系统架构（Automotive Open System Architecture，AUTOSAR）、机器人操作系统（Robot Operating System，ROS）、Apollo CyberRT、数据分发服务（Data Distribution Service，DDS）等。

AUTOSAR 是目前最为流行、应用最广泛的方案，由全球各家汽车制造商、零部件供应商、软硬件和电子工业等企业以及各类研究、服务机构共同参与制定的一套汽车开放式系统架构标准。AUTOSAR 通过规则化的分层架构方案，实现软硬件解耦分离。AUTOSAR 不仅在软件的功能、接口上进行一系列的标准化，还提出了一套规范化的开发流程与方法，使得更多的软件供应商参与其中，共同遵循同一个标准去开发软件系统。

ROS 是开源的机器人操作系统，提供了硬件抽象描述、驱动程序管理、消息传递和包管理等功能。ROS 将不同的软件模块视为不同的节点（Node），不同的节点间通

过基于发布 / 订阅方式的话题（Topic）或者基于客户端 / 服务器方式的服务（Service）传递消息（Message）。

Apollo CyberRT 是百度开发的一个开源、高性能的运行时框架，针对智能驾驶的高并发、低延迟、高吞吐量进行了大幅优化。Apollo CyberRT 中定义了一系列通信组件，不同的智能驾驶算法模块 CyberRT 中以组件（Component）的形式存在，不同组件之间通过信道（Channel）进行通信。

DDS 是对象管理组织（Object Management Group，OMG）在 2004 年发布的中间件协议和应用程序接口（Application Program Interface，API）标准，能够实现低延迟、高可靠、高实时性的数据融合服务，从根本上降低软件的耦合性和复杂性，提高软件的模块化特性。DDS 使用以数据为中心的发布 / 订阅模型（Data-Centric Publish-Subscribe，DCPS），并提供了多种服务品质（Quality of Service，QoS）策略，满足用户对数据共享方式的不同需求，大大提高了通信的可靠性、灵活性和实时性。

3.4　上层应用算法

应用算法运行在操作系统和中间件之上，负责智能驾驶功能的具体实现。上层应用算法的种类多、数量多，根据智能驾驶的基本模块，应用算法主要包括感知算法、定位算法、决策规划算法、控制执行算法等。

3.4.1　感知算法

智能驾驶的环境感知基于各传感器的实时数据实现对车辆周围环境的感知，包括检测各种动态和静止的物体（如车辆、行人、建筑物等）以及收集道路场地中的各种交通信息（如可通行的区域、车道线、交通信号灯、交通标志等）。智能驾驶的感知算法包括基于摄像头的视觉感知算法、基于雷达的点云感知算法以及多传感器融合感知算法等。

1. 视觉感知算法

视觉感知算法是计算机视觉技术在智能驾驶领域的应用，通过摄像头获取语义丰富的图像信号，根据亮度、像素、颜色等信息将图像信号转为数字信号，然后进行目标特征提取计算，进而获得目标信息，实现对交通环境的感知。智能驾驶的视觉感知包括目标检测跟踪、图像分割、目标测量等计算任务，视觉感知的计算任务和内容见表 3-2。视觉感知的计算结果包括被检测物体的类别、距离、速度、朝向等信息，也包括抽象层面的语义信息，如交通信号灯、交通标志的语义信息等。

表 3-2　视觉感知的计算任务和内容

计算任务	主要内容
目标检测跟踪	动态物体检测、静态物体检测、目标跟踪
图像分割	可通行区域检测、地面标线检测
目标测量	测距、测速

目标检测跟踪包含对动态物体的检测（Dynamic Object Detection）、对静态物体的检测（Static Object Detection）和对目标的跟踪。动态物体检测是指对车辆（机动车与非机动车）、行人等动态物体的检测，经计算后输出被检测物体的类别和 3D 信息。静态物体检测是指对交通信号灯、交通标志等静态物体的检测。其中对交通信号灯的检测包括检测交通信号灯的位置、识别其状态（红色、绿色或黄色）；对交通标志的检测包括检测交通标志的位置以及识别其类别（警告、禁令、指示等）。智能驾驶的目标跟踪是一个典型的多目标跟踪（Multiple Object Tracking，MOT）任务，能够对摄像头数据的帧间信息，匹配多个目标在不同时刻的位置关系，获取目标的位置、速度、方向等信息。

图像分割主要是对可通行区域（Free Space）的检测和对地面标线的检测（Line Detection）。可通行区域检测是对车辆行驶的安全边界进行划分，输出车辆可以通行的安全区域，划分的目标主要有车辆、普通路边沿、侧石边沿、没有障碍物可见的边界等。地面标线检测的检测目标是各类地面标线，会输出标线的位置和特征（如线型、颜色等信息），并能识别出标线的类型（如车道线、车位线、导流线等）。

目标测量主要是测量目标物体的横、纵向距离与横、纵向速度。根据目标检测与跟踪的输出结果，借助地面等先验知识从 2D 的平面图像计算出车辆等动态障碍物的距离、速度等信息，或者通过神经网络（Neural Networks，NN）直接回归出物体的 3D 信息。

视觉感知通过 2D 视觉感知算法和 3D 视觉感知算法来实现表 3-2 中的感知任务和内容。其中 2D 视觉感知包括基于图像或视频的 2D 目标检测、2D 目标跟踪和 2D 场景的语义分割；3D 视觉感知包括 3D 目标检测和深度估计，能够得到 2D 感知无法获取的目标距离、目标三维尺寸、场景深度等信息。

现阶段的视觉感知算法已经从传统的特征学习算法，进化为深度学习算法，因此需要足够多的交通场景图像来训练算法的深度学习模型，以提升算法可以提取目标特征信息和检测目标的能力。在上述的视觉感知算法中，R-CNN（Region-Convolutional Neural Networks）和 YOLO（You Only Look Once）是经常被提到的两种典型算法。

R-CNN 是一种深度学习算法，是将卷积神经网络（Convolutional Neural Networks，CNN）算法应用到目标检测问题的一个里程碑，借助 CNN 良好的特征提取和分类性能，通过候选区域方法实现目标检测问题的转化。主要思路是先在图上提取多个候选区域，然后判断该区域是否包含物体，并对物体的类别进行细分。R-CNN 具有准确度高、性能稳定的优点，能够集成在多种工业级应用上。随着深度学习的发展，R-CNN 算法也在不断升级，出现了 Fast-RCNN、Faster-RCNN、R-FCN（Region-based Fully Convolutional Networks）等性能更优的算法。

YOLO 算法是一种端到端的算法，能够实现目标检测与跟踪，准确性高、检测速度快。YOLO 算法将目标检测作为一个回归问题求解，输入图像后经过一次推理，就能得到图像中所有目标物体的位置、类别以及置信度。YOLO 算法具有检测速度快、误检率低、通用性强等优点。但相比 R-CNN 算法，YOLO 算法对物体位置的识别精准性差，检测结果的召回率低，通常需要结合其他检测算法的优势，采用多级预测、Logistic 损失、深化网络层级等方法，进一步提升算法性能。

随着计算机视觉技术的快速发展和大模型技术的普及，近年来视觉感知也出现了新的算法，典型的有 BEV（Bird's Eye View）+Transformer、占用网络（Occupancy Network，OCC）等。未来，基于大模型的端到端视觉感知算法将成为主流的方案。

2. 点云感知算法

点云感知算法通过对雷达产生的点云数据的计算处理，能够实现目标检测，识别出交通环境中的动态物体和静态物体。相比于视觉感知的结果，点云感知优势在于对距离和深度的计算更加精确。

对于智能驾驶来说，激光雷达的点云密度大、信息量丰富，能够一定程度上真实地还原物理世界；并且激光雷达的应用还处于快速发展阶段，算法迭代迅速，赢得了行业内的广泛关注，通常在讨论点云算法时，主要是指激光雷达点云的算法。毫米波雷达和超声波雷达的点云稀疏，能够获得目标信息有限，并且算法相对成熟，算法迭代慢，因此行业内的关注度相对不高。本章重点关心的主要是激光雷达的点云感知算法。

激光雷达的点云数据用于目标检测计算前，通常要先进行点云预处理，得到可直接用于点云感知计算的数据。其中滤波处理能够有效滤除原始点云数据中的噪点，有效降低计算结果的误差，是点云预处理中的一项关键环节，典型的滤波算法是卡尔曼滤波算法。

激光雷达的点云感知算法主要有 2 类：①传统的监督学习算法（Supervised Learning），包括地面点云分割、目标物的点云分割、目标物聚类分析、匹配与跟踪等过程；②应用深度学习模型的算法，通过神经网络实现对目标的特征提取和分类等任务。随着车载激光雷达的技术进步和应用普及，激光雷达点云的数据量越来越大，传统的点云感知算法已经无法满足实际需求，目前应用更多的是基于深度学习模型的算法。

不过，目前深度学习算法还做不到 100% 的精准检测，尤其容易导致对目标物的漏检，因此点云感知计算需要综合应用深度学习算法和传统算法，以解决数据样本空间的不完备性问题，从而避免目标漏检的情况。

3. 融合感知算法

由于不同的传感器存在不同的局限性，导致单传感器的感知结果有限，通常需要将各传感器的数据综合处理后，形成统一的融合感知结果，最大限度地还原真实交通环境。目前主流的融合感知算法是多传感器信息融合算法（Multi-Sensor Information Fusion，MSIF），MSIF 的基本原理与人的大脑综合处理信息的过程类似，将来自各不同传感器的信息和数据，在一定的准则下进行分析与综合，将各类传感器进行多层次、多空间的信息互补和优化组合处理，形成对道路环境的唯一、真实还原结果。MSIF 能够融合各传感器的检测结果，充分发挥不同传感器的特点，取长补短，基于从各传感器获取的分离观测信息，分析和生成更多有用的信息和一致性结果。

MSIF 的优势在于：

1）信息的冗余性，对于环境的某个特征，MSIF 可以通过多个传感器得到它的多份信息，这些信息是冗余的，并且具有不同的可靠性，通过融合处理，可以从中提取出更加准确和可靠的信息。另外，信息的冗余性可以提高系统的稳定性，从而能够避免因单个传感器失效而对整个系统所造成的影响。

2）信息的互补性。不同种类的传感器可以为系统提供不同性质的信息，这些信息所描述的对象是不同的环境特征，它们彼此之间具有互补性。

3）信息处理及时。各传感器的处理过程相互独立，整个处理过程可以采用并行导热处理机制，从而使系统具有更快的处理速度，提供更加及时的处理结果。

4）信息处理的成本低。多个传感器可以花费更少的代价来得到相当于单传感器所能得到的信息量。

根据信息处理的抽象程度，MSIF 的信息融合分为 3 个层次：数据级融合、特征级融合和决策级融合。

数据级融合也称为像素级融合，属于底层数据融合，是将传感器采集的原始数据（Raw Data）直接进行融合，然后再从融合数据中提取特征向量进行判断识别，如图 3-3 所示。数据级融合只能进行同类

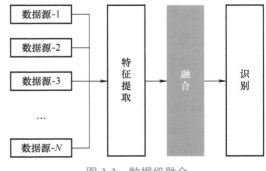

图 3-3　数据级融合

数据的融合，不能处理异构数据，其所处理的数据都是在相同类别的传感器中采集的，所以要求多个传感器属于同一类型。数据级融合不存在数据丢失的问题，得到的结果也较为准确；但是计算量大，对系统通信带宽要求较高。

特征级融合属于中间层次级融合，是面向特征的融合。通过从原始数据中提取代表性的特征，再把这些特征融合成单一的特征向量，从而体现所监测物理量的属性，如图 3-4 所示。选择合适的特征进行融合是特征级融合的关键，特征信息包括边缘、方向、速度、形状等。在融合的三个层次中，特征层融合技术的发展相对完善，并且由于在特征层已建立了一整套的行之有效的特征关联技术，可以保证融合信息的一致性。特征级融合对计算量和通信带宽要求相对降低，但是由于部分数据的舍弃，使其准确性有所下降。

图 3-4　特征级融合

决策级融合属于高层次级融合，是对数据高层次级的抽象，是面向应用的融合，输出的是联合决策结果，如图 3-5 所示。决策级融合根据特征级融合所得到的数据特征，进行一定的判别、分类以及简单的逻辑运算，根据应用需求进行较高级的决策。决策层融合在信息处理方面具有高度的灵活性，系统对信息传输带宽要求很低，能有效地融合反映环境或目标各方位的不同类型信息，并且可以处理非同步信息；但是，由于环境和目标的时变动态特性、先验知识获取的困难、知识库的巨量特性、面向对象的系统设计要求等，决策层融合的理论与技术的发展受到一定的限制。

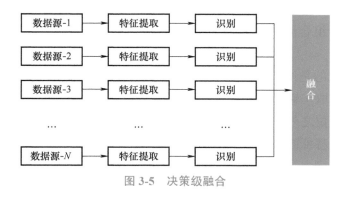

图 3-5　决策级融合

根据对原始数据处理方法的不同，MSIF 的体系结构分为 3 种：集中式、分布式和混合式。

集中式处理又称为前融合，是将各传感器获得的原始数据直接传送至中央处理器进行融合处理，可以实现实时融合，其数据处理的精度高，算法灵活，但是对处理器的要求高、可靠性低、数据量大、难于实现。

分布式处理又称为后融合，先对每个单独的传感器所获得的原始数据进行局部处理，包括对原始数据的预处理、分类及提取特征信息等，然后将结果传送到中央处理器进行融合，获得最终的结果。分布式处理方法对通信带宽需求低、计算速度快、可靠性和延续性好、容错性好，但跟踪的精度比集中式处理方法低。

混合式处理是集中式和分布式的组合使用，形成一种混合式结构，即部分传感器采用集中式处理方式，其余传感器采用分布式处理方式。混合式兼具集中式和分布式的优点，稳定性强，适应性强，在实际应用中更加普遍；但是，混合式体系结构复杂，其通信与计算成本很高。

3.4.2 定位算法

智能驾驶对车辆定位的要求很高，需同时满足高精度、高可靠性、高可用性和自主完好性等。其中高精度是指定位精度必须达到厘米级；高可用性是指定位需保持稳定性，能够处理更多、更复杂的场景；高可靠性是指定位结果必须准确，允许的偏差很小，否则将导致很严重的后果；自主完好性是指在无法提供准确的定位结果时，能够及时告知用户。

组合惯导能够实时获取车辆的位置与姿态信息，但对于智能驾驶来说，仅靠组合惯导是无法满足上述 4 点要求的，尤其是在卫星信号弱的场景中，组合惯导更难以保证定位的效果。因此在组合惯导之外，还需要结合地图数据，以及摄像头与雷达等传感器的感知结果，通过多源数据的融合处理，得出精准可靠的定位结果。所以，智能驾驶的定位是基于组合惯导、地图以及多种传感器的多源数据的融合定位，如图 3-6所示。

组合惯导实现的是绝对定位。绝对定位是以地球为参考系，不依赖任何参照物，通过组合惯导，获取车辆相对大地坐标系的实时位置与姿态信息，并精确匹配到导航地图上。在绝对定位之外，还需要靠相对定位，作为完整定位信息的完善和冗余。相对定位是基于环境特征的定位，其原理与人类驾驶车辆时获取位置的过程相似：以当前的环境场景为参考系，通过摄像头和雷达等传感器，获取周围环境和物体的信息，包括语义信息、拓扑信息、几何信息等，并将环境信息与高精地图数据进行匹配，经对比分析后，得出车辆在环境中的位置。相对定位目前主要有 2 条技术路线：基于视觉的方案和基于激光雷达点云的方案。

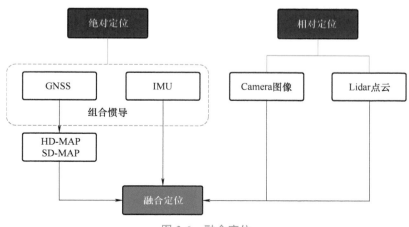

图 3-6　融合定位

　　基于视觉的方案以摄像头为核心，通过视觉匹配和视觉里程计（Visual Odometry，VO）定位的方式实现定位。视觉匹配方式通过识别图像中的道路标识、车道线等参照物体，经过图像预处理、提取图像特征或语义信息以及用多视图几何和优化方法求解位姿后，与高精地图进行匹配，实现精准定位。基于视觉里程计定位的方式以双目摄像头为主，通过获取连续的图像信息以及前后两帧图像之间的特征关系，估算相邻时间点两幅图像的位移，从而计算出车辆的相对位置变化，进而计算出车辆当前的位置，但该方案依赖摄像头的成像质量，当光线不佳或视线被遮挡时可靠性低，一般不单独使用。

　　基于视觉的定位方案可以利用丰富的视觉语义和图像特征信息，充分发挥摄像头的图像识别优势，并且适用场景广泛。但是，视觉定位方案存在 3 点不足：一是受限于摄像头的工作原理，难以实现对距离的精准测量，所以定位精度有限；二是摄像头对光照条件要求高，光线过强或过弱时，难以准确识别图像，定位精度不能保证；三是实时的图像识别、搜索和匹配需要高算力的支持，因此对芯片算力的要求很高，且必须保证充足的算力分配，用于视觉定位。

　　基于激光雷达点云的方案以激光雷达为核心，利用激光雷达形成的点云数据，与高精地图进行匹配，实现汽车在当前环境下的定位，激光雷达定位可分为有图定位方式和无图定位方式。有图定位方式的原理与基于摄像头的视觉匹配原理相似，将激光雷达实时获取的点云数据，与已有的激光雷达点云地图进行匹配处理，获取车辆当前的位置。无图定位方式的原理与视觉里程定位的原理相似，将点云的相邻两帧之间匹配、组合后，构造一个点云里程计实现相对定位。

基于激光雷达点云的定位方案主要利用 3D 的激光点云数据，由于激光雷达可以实现精准测距，对空间距离和角度的测量更加精准，因此定位精准度高。但是，激光雷达的点云数据可提取的物体特征量少且提取难度大，因此包含的物体信息有限；另外，激光雷达的高成本也限制了基于点云的定位方案的应用。

上面提到的基于摄像头的视觉匹配方案和基于激光雷达的有图定位方案，本质上都是把实时识别到的环境信息与已有的高精地图或点云地图做比对和匹配，从而获取车辆的实时位置。那么，如果没有先验的地图，是否有其他方案实现匹配和定位呢？答案是同步定位与建图（Simultaneous Localization and Mapping，SLAM）技术。

SLAM 技术是指在未知的（即没有先验地图的）环境中，从任一位置开始移动，并在移动过程中根据对位置的估算和周围环境进行自身定位；同时，在自身定位的基础上，通过传感器识别并记录周围的环境数据，并将环境信息实时拼接起来，绘制出行驶过程的增量式地图。SLAM 是车辆建立当前环境的全局地图，并使用该地图在任何时间点导航或估算其位置的过程。SLAM 适用于没有现成地图的场景，如园区、小区、室内环境等。根据所依赖的传感器不同，SLAM 分为视觉 SLAM（Visual Simultaneous Localization and Mapping，VSLAM）和激光 SLAM（Lidar Simultaneous Localization and Mapping，LSLAM）两大类。

视觉 SLAM 通过摄像头识别周围环境，在视觉里程计中通过一帧帧的图像，计算出摄像头的相对位置与姿态变化，从而实现对周围环境地图的构建与车辆自身的定位。视觉 SLAM 技术起步较晚，但进展迅速，逐渐应用于各类场景中，但受限于摄像头本身的特性，受光照影响大，且精度有限。

激光 SLAM 利用激光雷达扫描周围环境，得到一系列分散的、具有准确距离和角度信息的点云数据，通过匹配不同时刻的两片点云，计算出激光雷达的相对位置与姿态变化，从而实现对周围环境地图的构建与车辆自身的定位。激光 SLAM 技术发展较早，技术相对成熟，计算结果相对稳定，在室内场景中的效果很好，但同样存在激光雷达所固有的特征量少、成本高等问题。

由于摄像头和激光雷达各自的特点，导致视觉 SLAM 和激光 SLAM 的方案各自都有优势和不足，两者的建图效果如图 3-7 所示。因此将两种 SLAM 技术综合应用，采用融合 SLAM 的方案，能够应对更多、更复杂的场景，提升 SLAM 结果的稳定性，是目前 SLAM 技术发展的趋势。

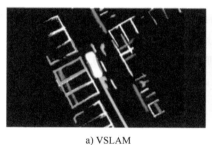
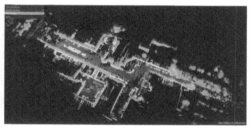

a) VSLAM   b) LSLAM

图 3-7 两种 SLAM 的建图效果

由于智能驾驶要求能实现全天候、全场景下的高精度定位，因此基于组合惯导的绝对定位和基于摄像头与雷达的相对定位都是必不可少的。根据不同传感器的性能和算法的实现原理，绝对定位与相对定位各自有自己适用的场景，各有优劣势，因此智能驾驶的定位必然是将组合惯导、摄像头、雷达以及导航地图和高精地图的数据深度融合、协同处理的结果，从而实现信息耦合和结果冗余，从而保证全天候、全场景下的定位精度和可靠性。

3.4.3 决策规划算法

智能驾驶的决策规划模块是智能化的直接体现，对智能驾驶的安全性、可靠性、舒适性、行驶效率等各项性能表现起到决定性的作用。决策规划模块的算法也叫 Planning 算法，其作用是理解感知定位模块获取的环境与位置信息，实时进行思考，做出决策并计算出轨迹信息，然后把轨迹信息传递给控制执行模块。

决策规划模块包括任务决策和轨迹规划两部分，对应地，Planning 算法也包括任务决策的算法（Decision 算法）和轨迹规划的算法（Motion Planning 算法）。Decision 算法可以融合各传感器的感知结果和车辆的定位结果，结合实际的驾驶需求，进行任务决策，决定车辆需要完成什么动作；Motion Planning 算法通过特定的约束条件，规划出多条可以选择的安全路径，并在这些安全路径中选取一条最优路径，作为车辆的行驶轨迹。

Decision 算法最重要的是决策理论，包括模糊推理、强化学习、神经网络和贝叶斯网络技术等。由于真实的交通环境与道路场景复杂、多样、多变，并且不同用户的驾驶风格与喜好也各不相同，因此 Decision 算法需要依据一套完善、高效的人工智能（Artificial Intelligence，AI）模型和大量有效的场景数据，持续优化，才能在应对各类路况时，都能做出合理的决策；AI 模型的智能化程度和场景数据的覆盖度，决定了 Decision 算法的能力。

目前，智能驾驶常用的 Decision 算法主要有 3 类：第一类是基于神经网络的算法，主要采用神经网络确定具体的场景，并做出合理的任务决策；第二类是基于规则的算法，是指开发人员提出所有可能的"if-then 规则"的组合，然后基于这些所有可能的规则，设计出具体的算法；第三类是混合式算法，结合神经网络和规则两种决策方式，通过集中性神经网络优化，通过"if-then 规则"完善，是目前应用最广泛的 Desicion 算法路线。

轨迹规划的目标是生成一系列路径点所定义的轨迹，其中每个路径点都被赋予时间和速度属性。Motion Planning 算法需要遵守现实环境中的多种约束：首先输出的轨迹信息应该避免车辆发生碰撞，即行驶轨迹的路径点上，不会同时出现任何障碍物；其次要具备平稳性，为用户提供良好的驾乘舒适体验，因此路径点之间的过渡以及速度的变化都必须平滑；再次，行驶轨迹应该切实可行，符合车辆动力学原理，比如车辆经过弯道时，车速应受到弯道曲率的限制，不能过大，否则无法安全通过弯道；最后，行驶轨迹需合法，整体轨迹和每一个路径点，都必须符合相关法规的要求。

根据对环境信息掌握程度的不同，轨迹规划分为全局规划和局部规划。全局规划是由获取到的地图信息，规划出一条在特定条件下的无碰撞最优路径；局部规划是根据全局规划的结果，在一些局部环境信息的基础上，避免碰撞一些未知的障碍物，最终达到目标点的过程。

全局规划主要内容为行驶路径范围的规划。全局规划是在已知环境中，规划出一条理想的路径，路径规划的精度取决于环境感知与定位的准确度。全局规划属于事前规划，需要预先知道环境信息，当环境发生变化时，规划结果就会失效，需要重新规划。基于导航地图，输入行程起点和终点后得出行驶路线的过程，就是一种典型的全局规划。

局部规划是利用实时的交通环境感知结果，寻找出一条最优的局部行驶路径，避免碰撞并保持安全距离的方法。局部规划属于实时规划，可以实时对规划结果进行反馈与校正，确保车辆始终处于最优的行驶路径中，但由于缺乏全局的环境信息，可能发生找不到正确路径或完整路径的情况。

在实际应用中，全局规划与局部规划两者协同工作，共同完成智能驾驶的轨迹规划，适应复杂多变的真实路况，探索出最优的行驶轨迹。

决策规划算法通常需要同时满足以下要求：第一，系统实时性高，时延低；第二，安全性有保障，安全性是最重要的指标；第三，行驶效率高，包括自车通行的效率和对周边交通流的影响；第四，驾乘舒适性高，符合车辆动力学原理；第五，满足交通法规及道路通行要求。在开发 Planning 算法时，需要综合考虑以上各项要求，平衡各维度的指标，最大限度地提升智能驾驶的性能。

3.4.4 控制执行算法

控制执行算法也叫 Control 算法，接收 Planning 算法的决策与规划结果，经计算后，对车辆发出控制指令，通过线控底盘执行具体的行驶任务，从而精准地完成加速、减速、转向等行为，实现车辆的自主行驶。

控制执行包括对车辆的纵向控制和横向控制。纵向控制即对车辆进行驱动与制动控制，通过加速信号和减速信号，实现对期望车速的精确跟随；横向控制即通过调整转向角度和转向力矩，实现对车辆的路径跟踪。

车辆纵向控制是对行驶方向上的运动控制，包括对车速的控制以及对本车与前后车或障碍物的距离的控制。采用对加速和减速综合控制的方法来实现对预定车速的跟踪，将各种电机 / 发动机 - 传动模型、车辆动力学模型和制动模型与不同的 Control 算法相结合，构成了各种各样的纵向控制模式，如图 3-8 所示。

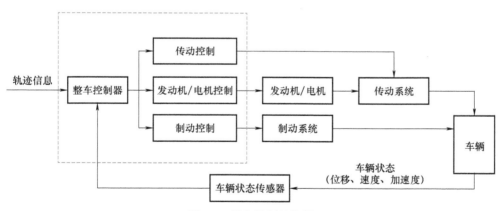

图 3-8　纵向控制结构图

车辆横向控制也就是转向控制，横向控制的目标是控制车辆自动保持期望的行驶路线，并在不同的交通环境中，都能保持良好的舒适性和平稳性。通常横向控制不是单独的，而是与纵向控制联动，综合控制车辆的运动，如图 3-9 所示。

按照算法的成熟度和先进性，Control 算法分为传统控制算法与智能控制算法。

传统的控制算法主要有比例 - 积分 - 微分（Proportional-Integral-Differential，PID）控制算法、模糊控制算法、最优控制算法、滑模控制算法等。

PID 控制算法的原理是根据目标值和实际输出值构成控制偏差，将偏差按比例、积分和微分通过线性组合，构成控制量，对被控对象进行控制，如图 3-10 所示。PID 算法简单、鲁棒性好、可靠性高，是目前发展成熟的算法。

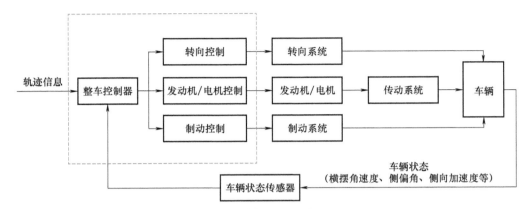

图 3-9　横向控制结构图

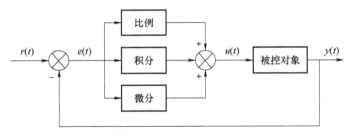

图 3-10　PID 控制算法

　　模糊控制算法全称为模糊逻辑控制算法，是以模糊集合论、模糊语言变量和模糊逻辑推理为基础的一种计算机数字控制算法。模糊逻辑控制策略最大的特点是不需要准确的数学公式来建立被控对象的精确数学模型，因此可以极大简化系统设计，降低数学建模的复杂性，提高系统建模和仿真控制的效率。不过，模糊控制的设计缺乏系统性，对复杂系统的控制存在一定问题。

　　最优控制算法着重于研究使控制系统的性能指标实现最优化的基本条件和综合方法。是对一个受控的动力学系统或运动过程，从一类允许的控制方案中，找出一个最优的控制方案，使系统的运动在由某个初始状态转移到指定的目标状态的同时实现最优的性能指标。

　　滑模控制又称变结构控制，本质上是一类特殊的非线性控制。该控制策略与其他控制的不同之处在于系统结构不固定，可以在动态过程中根据系统当前的状态有目的地不断变化，迫使系统按照预定的滑动模态的状态轨迹运动。由于滑动模态可以进行设计且与对象参数及扰动无关，因此滑模控制具有快速响应、对参数变化及扰动不灵敏、无须系统在线辨识、物理实现简单等优点。不过在实际应用中，当状态轨迹到达滑动模态面后，难以严格沿着滑动模态面向平衡点滑动，而是在其两侧来回穿越地趋近平衡点，会产生振动影响正常应用。

　　智能控制算法与传统控制算法不同，更关注对控制对象模型的运用和综合信息的学习运用。常见的智能控制算法有基于模型的控制算法、神经网络控制算法和深度学习算法等。

　　基于模型的控制算法即模型预测控制（Model Predictive Control，MPC）算法，其基本原理是在每个采样时刻，根据当前获得的当前测量信息，在线求解一个有限时域的开环优化问题，并将得到的控制序列的第一个元素作用于被控对象，在一个采样时刻，重复上述过程，再用新的测量值刷新优化问题并重新求解，如图 3-11 所示。MPC算法对模型的精度要求不高，建模方便，且因为采用非最小化描述的模型，系统鲁棒性和稳定性较好。

　　神经网络控制算法将控制问题看成模式识别问题，被识别的模式映射成行为信号的变化信号。神经控制最显著的特点是具有学习能力，它通过不断修正神经元之间的连接权值，并离散存储在连接网络中来实现的。神经网络对非线性系统和难以建模的系统的控制具有良好效果。

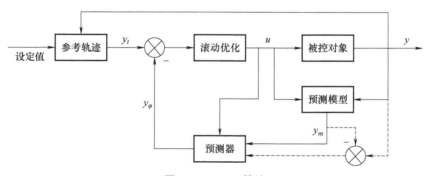

图 3-11　MPC 算法

　　深度学习算法可以获得深层次的特征表示，免除人工选取特征的繁复冗杂和高维数据的维度灾难等问题，在特征提取与模型拟合方面有优势。深度学习算法自动学习状态特征的能力，非常符合智能驾驶所强调的智能化要求，是智能驾驶算法的发展趋势。

第2篇
智能驾驶的人-车-路体系

　　智能驾驶以汽车为载体，连接驾乘人员与交通环境，形成人-车-路三方协同一体的闭环体系，"人"即驾乘人员，也就是智能驾驶的用户；"车"即智能驾驶汽车；"路"即交通环境。智能驾驶实现的是人-车-路的智能动态控制与信息闭环交互，打通人-车-路三方的数据传输与信号交互路径。作为人-车-路闭环体系的核心基础，出行场景、智驾功能和人机交互是智能驾驶产品的关键组成部分。出行场景描述了交通环境以及车辆、人员的状态，智驾功能是智能驾驶汽车在特定场景中的行驶表现，人机交互则是用户与汽车交流互动的路径。

　　本篇将深入细致地解读智能驾驶的出行场景、功能表现和人机交互，并建立系统、完整的智能驾驶场景体系、功能体系和交互体系，形成一整套智能驾驶的人-车-路闭环体系的描述方式，从而有效地支撑智能驾驶产品的设计与评价，为开发优秀的智能驾驶产品打下坚实的基础。

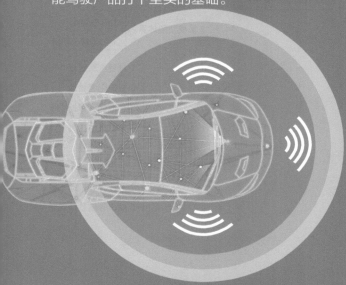

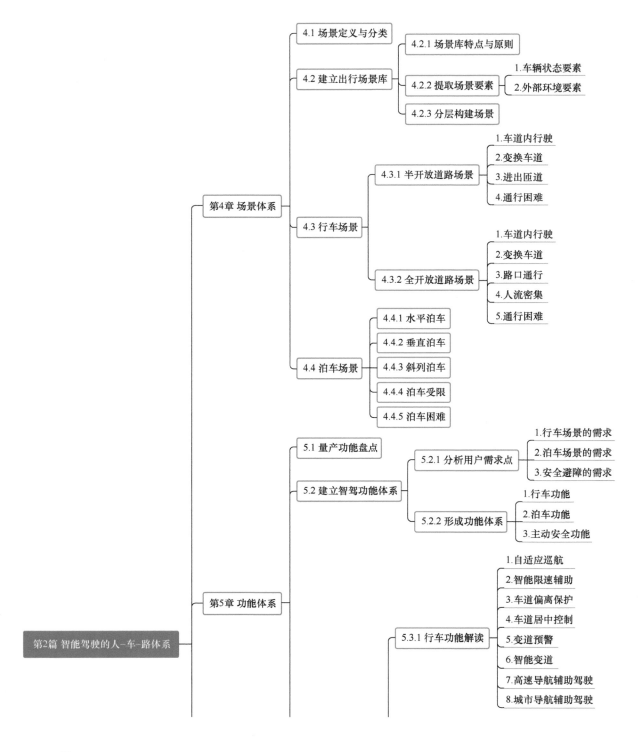

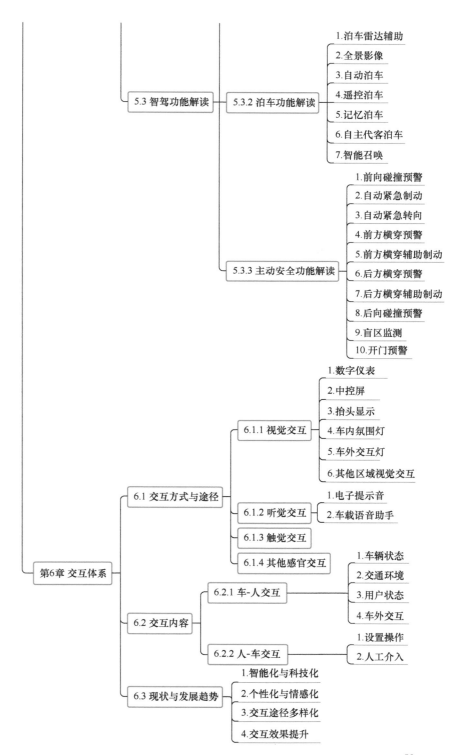

第4章 场景体系

应用场景是产品的起点，是用户需求的来源，不同场景下的产品表现，直接影响用户对产品的使用体验和满意度。对于智能驾驶产品来说，其应用场景就是用户驾车的出行场景（Scenario）。出行场景是智能驾驶产品的基础，也是体现智能驾驶应用价值的关键。

研究出行场景，不仅是研究交通环境与车辆行驶状态，也是在研究用户，让智能驾驶产品（以下简称智驾产品）能够满足用户的出行需求。作为用户需求的载体，用户智驾产品的一切需求都源于真实的出行场景。在特定的场景下会产生特定的需求，这些源自场景的用户需求，是指导智驾产品设计的原始依据。同时，用户体验一款智驾产品，也要基于特定的出行场景来评价产品的表现。因此，基于场景的智驾产品设计和评价，能够有效地传递用户需求，从源头上保证用户对智驾产品的满意度。

4.1 场景定义与分类

出行场景是对真实交通场景的表征，具有无限丰富、极其复杂、难以预测、无法穷尽等特点，其基本概念是"谁在哪里做什么"，也就是在一段时间和特定空间范围内，车辆与其行驶环境中各项要素的综合交互过程的总体动态描述，是车辆的自身行驶状态与外部行驶环境的有机组合。其中外部的行驶环境是复杂和开放的，存在极大的不确定性和无限拓展性，包括道路场地、交通设施、交通参与者、气象条件等不同维度的各种要素。

道路场地是指车辆行驶的公共道路、封闭场地等各种环境，典型如高速公路、高架桥、桥梁、隧道、城区道路、城际道路、园区内道路、停车场等；道路与场地所包含的组成要素很多，主要有道路结构、车道特征、路面障碍等。交通设施是指道路场地中的各类交通标志与交通设备，是车辆行驶时应该遵守的规则，对车辆的行为起到引导和约束的作用；常见的交通设施包括各类交通标志牌（如限速牌），以及各类交通信号灯等。交通参与者是同一场景中除自车外的其他交通参与对象，包括各类机动车、非机动车、行人等；交通参与者的数量、位置、速度、姿态等参数，都是场景中的重要因素，直接影响车辆行驶的安全性，是智能驾驶决策规划的重要影响因素。气象条件包括天气与光照，主要影响车辆传感器的性能，进而影响环境感知的准确度；极端的天气与光照条件，将会导致智能驾驶性能严重下降，甚至不可用。

不同要素的排列组合，可以形成各种各样的出行场景。这些复杂和多样化的场景，从不同的维度，可以分为不同的类型。目前主要的场景分类维度包括出现频率、数据来源、抽象化程度等。

根据在现实环境中出现的频率，出行场景可以分为典型场景（Common Case）和边缘场景（Edge Case）。

典型场景是车辆日常行驶时经常遇到的场景，覆盖了 90% 以上的出行场景，大多数用户的日常出行，所涉及的基本是典型场景。典型场景的外部环境包含常见的地理区域，如高速公路、城市快速路、城区道路、城际道路、停车场等；车辆自身的行驶状态包括巡航行驶、跟车行驶、合理避让、变换车道、加速、减速、转向、起步、停车、倒车等各种可能的动作。典型场景包含的工况非常多，例如高速行驶、交通拥堵、通过十字路口、停车等，如图 4-1 所示。

图 4-1　典型场景示例

典型场景涵盖了绝大部分出行场景和行驶工况，其重要程度不言而喻。在设计智驾产品时，应该从多种场景要素出发，尽可能多地考虑到所有可能的典型场景，全面细致地研究智驾产品在各种典型场景中的表现。

边缘场景是车辆实际行驶时出现频率低的场景，有时也被称为极端场景（Corner Case）。边缘场景是用户日常出行时很少涉及的场景，不具有普遍性。边缘场景的外部环境通常是非标准化的、危险的或临时的情况，如旁车紧急加塞、行人"鬼探头"、隧道出口强光、极端恶劣天气等，如图 4-2 所示；车辆自身状态主要是一些非常规动作，如车速超过 130km/h 等。一般来说，边缘场景大多是危险场景，涵盖了恶劣的天气环境、复杂的交通环境以及交通事故等。美国密歇根大学的研究表明，人类需要大约390~600ms 的时间来识别和应对道路危险，如果场景预留的反应时间小于人类反应时间，则可以定义为危险场景。

图 4-2　边缘场景示例

边缘场景虽然发生的频率低，但智驾产品也应具备一定的应对和处理能力；同时，边缘场景大部分是危险场景，直接考验智驾产品的安全性，应该得到足够重视与关注。

根据场景中数据的来源，出行场景可以分为自然行驶场景、标准法规场景、预期功能安全场景、交通事故场景、专家经验场景和参数重组场景。

自然行驶场景是车辆在真实的行驶状态下所遇到的各种场景。自然行驶场景的数据来源于车辆出行所遇到的真实场景，能够提供车辆状态、驾驶员行为、道路环境等多方面的信息，是出行场景中最基础、最主要的数据来源。自然行驶场景是大部分用户日常涉及最多的场景，也是需求来源最多的场景。举例来说，上班族的工作日通勤场景（图4-3）主要是：住宅停车位→住宅区→城区→城市快速路（高架）→城区→公司园区→公司停车位，这段行程中涉及公共道路（城区道路与城市快速路）、封闭场地道路（住宅区与园区内道路）、停车位等多种道路场地，也涉及多种路段、多个交通信号灯、多个交通标识，用户需要应对城市中的复杂交通流，包括机动车、非机动车、行人等。面对如此多种场景，用户会对智驾产品产生多种需求，如交通通畅时能快速通行、人流密集时能保障安全等。这些在自然行驶场景中的大量需求，是用户最真实的基本诉求，对智驾产品的用户体验影响最大，因此需要充分考虑，尽可能地满足。

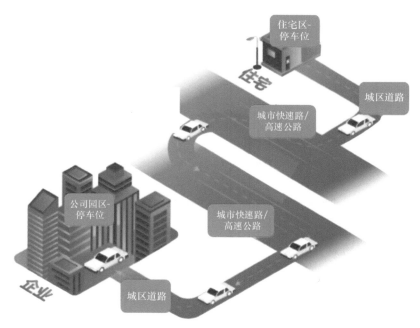

图4-3　上班族通勤场景

标准法规场景是依据现有的智能驾驶相关标准、法规、评价规程等强制性或建议性的规范要求所构建的场景。标准法规场景的数据来源于各项标准和法规中所要求的场景与测试用例（Test Case），是标准和法规的具体体现。标准法规场景是国际、国家以及行业内对智能驾驶的基本要求，是保障智能驾驶安全性与有效性的基础，体现的是智能驾驶应该达到的能力底线。满足这些场景需求，是智能驾驶汽车上路的前提，也是智驾产品应该具备的基本能力。目前常用的智能驾驶相关标准与法规汇总见表 4-1。

表 4-1　智能驾驶相关标准与法规汇总

标准 / 法规简称	标准 / 法规全称
C-NCAP	China-New Car Assessment Programme 中国新车评价规程
i-VISTA	Intelligent Vehicle Integrated Systems Test Area 中国智能汽车指数管理办法
C-ICAP	China Intelligent-connected Car Assessment Programme 中国智能网联汽车技术规程
CCRT	China Car Consumer Research and Testing Programme 中国汽车消费者研究与评价规程
GB	Guo Biao 中华人民共和国国家标准
E-NCAP	The European New Car Assessment Programme 欧盟新车安全评鉴协会
ECE	Economic Commission of Europe 欧洲经济委员会
SAE	Society of Automotive Engineers 国际自动机工程师学会（原称"美国汽车工程师学会"）
FMVSS	Federal Motor Vehicle Safety Standards 联邦机动车安全标准
ISO	International Organization for Standardization 国际标准化组织

预期功能安全场景是根据预期功能安全（Safety of The Intended Functionality，SOTIF）的要求，所构建的场景。SOTIF 是国际标准 ISO/PAS 21448：Road Vehicles—Safety of the Intended Functionality 的简称，因此预期功能安全场景也可以看作是一种特殊的标准法规场景。ISO/PAS 21448 关注的是在没有故障的情况下如何确保目标功能的安全性，也就是智能驾驶由于非故障原因导致的安全问题。智能驾驶的安全问题除了车辆系统故障导致的问题外，也受到外界环境、系统性能局限以及人员误用等因素的影响。这些非故障条件下由于系统功能不及预期、驾驶员误用、外部环境干扰等导致危害事件发生的不合理风险就是预期功能安全要解决的问题，具有未知性和不确定性的特点。其中外界环境因素包括道路状况、车辆周围物体和天气条件等，都会对

智能驾驶产生影响，例如恶劣的天气可能会影响到传感器数据的可靠性。系统性能局限的主要原因是系统的性能不完全满足需求，包括：在系统设计时对相关场景考虑不充分，导致系统对环境要素的识别不够准确；系统的决策逻辑设计不合理，导致决策结果不正确；执行器对系统决策的响应不足，导致车辆的应对达不到预期要求等。针对 SOTIF 的未知性和不确定性，需要更有效地识别出 SOTIF 相关的隐患和危险场景，将未知的危险场景逐步转化为已知的危险场景，所以通过数据构建相关的高风险场景，是进行预期功能安全分析的关键。图 4-4 所示为中国汽研发布的预期功能安全场景示例。

图 4-4　预期功能安全场景示例

交通事故场景是根据交通事故现场的环境和数据还原或延伸出的出行场景，其数据来源于交通事故现场。交通事故场景通过收集国内外宏观的交通事故数据，如国家车辆事故深度调查体系（National Automobile Accident In-Depth Investigation System，

NAIS）等，并基于事故数据进行统计、分析，得出各类事故的类型、发生频率、损失情况、对交通流的影响等信息，对事故的严重程度进行归纳和分类；同时深入调查分析事故的原因，提取现场的车辆状态、事故相关方行为轨迹、道路环境等数据，最大限度地还原事故现场，或适当延伸拓展，构建交通事故场景。交通事故场景伴随不同程度的碰撞，会造成人员伤亡或车辆、财产损失，属于危险场景。交通事故场景是对智能驾驶的安全性和可靠性的挑战，是验证智驾产品避免碰撞、保障用户安全的能力的必要场景，也是赢得用户信任的重点场景。

专家经验场景是行业专家、开发人员以及相关从业者依据自身经验，以头脑风暴的形式构建的各种场景。专家经验场景的数据来源于人员对出行场景的理解和经验，会由于具体团队成员的能力、资历、背景等不同，构建出不同的场景，难以实现大范围内标准化和统一化的认知。通常专家经验场景适用于解决某些具体的问题，如针对车辆行驶容易被旁车加塞的问题，可以由开发人员定义不同程度的加塞场景，然后面向这些自己根据经验所设定的场景，解决加塞的问题。专家经验场景通常不具备系统性和全面性，但是其中的部分场景是在自然行驶中难以复现的，并且标准法规和事故数据也缺乏定义，因此需要在开发智驾产品时，纳入考虑范围。

参数重组场景是一种参数泛化、重组形成的出行场景，是对自然行驶场景、标准法规场景、交通事故场景、专家经验场景等的有效补充，其能够识别出未知的出行场景，覆盖场景构建的盲区，从而扩展出行场景的边界，扩大场景的覆盖度，具有无限扩展、批量生成、自动构建的特点。参数重组场景通过对出行场景不同维度的要素进行参数化设置，确定不同要素参数的取值范围、分布特点和关联程度后，以不同参数值排列组合的方式，遍历取值，从而泛化出各种场景。参数重组场景是一种采用纯数学方式人为合成的出行场景，存在一定的虚拟性，在现实的交通环境中未必真实存在；但是，如果识别到某参数重组场景是真实存在的，那么该场景就具备应用价值。同时，如果各要素的参数值设定合理且完整，那么参数重组场景将成为最系统、最全面的场景，理论上可以覆盖所有的用户出行场景。因此，在智驾产品设计时，需要对参数重组场景保持关注，持续扩展产品能力边界。

根据对场景定义的抽象化程度，出行场景可以分为功能场景（Functional Scenarios）、逻辑场景（Logical Scenarios）和具体场景（Concrete Scenarios），如图 4-5 所示。功能场景 - 逻辑场景 - 具体场景是在德国 PEGASUS 项目中提出的概念，通过对场景不同程度的抽象化定义，建立三层场景描述体系，从抽象到具体，逐步构建出完整的出行场景，并能适应智驾产品不同开发阶段的需要。

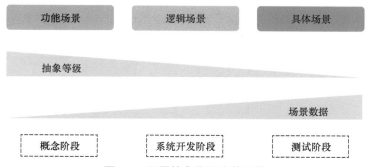

图 4-5 不同抽象化程度的场景

功能场景是抽象级别最高的场景，通过语言场景符号来描述场景区域内的实体以及实体间的关系。这些语言场景符号必须是固定的通用术语，以保证功能场景的一致性。

逻辑场景是以状态空间来描述的场景，通过将功能场景包含的要素变量化，形成状态空间，并定义状态空间内各要素的参数范围，表达实体特征和实体间的关系，参数范围可以通过概率分布或专家经验的方式获得，不同参数的关系可以通过相关性或约束条件来确定。

具体场景是以状态空间详细描述的场景，通过定义状态空间中每个参数的具体值明确地描述实体特征和实体间的关系。对于参数是离散值的逻辑场景，其对应的具体场景数量是有限的；而参数是连续值的逻辑场景，可以派生出无数的具体场景，此时为保证场景的有效性，应对参数进行离散化处理后，选择有代表性和有意义的值进行组合。

功能场景 - 逻辑场景 - 具体场景是对场景不同程度抽象化的一致性描述，是在产品不同开发阶段对场景定义的不同产物。首先通过标准语义，初步定义出场景的类型，得出功能场景；再分析出场景中的关键要素和参数，用数据统计和理论分析等方法，得到关键参数的分布范围，得出逻辑场景；最后确定关键参数的具体值，将逻辑场景转化成具体场景。

以跟随前车行驶的场景为例（图 4-6），其功能场景可以描述为："自车在本车道内跟随前车，保持一定的跟车距离行驶。"在此功能场景的基础上，提取自车与前车的车速、跟车距离、车道宽度、道路曲率等参数，并赋予各参数特定的取值范围，形成跟车行驶的逻辑场景。基于逻辑场景，把给各参数取具体的值，如自车与前车车速均为 80km/h、跟车距离保持 100m、车道宽度 3m、道路曲率半径 800m，这样就可以构建出跟车行驶的具体场景。

图 4-6　跟车行驶的功能场景、逻辑场景、具体场景

4.2　建立出行场景库

　　场景库是由一系列场景组成的数据库。智驾产品应用的出行场景复杂且多样，系统而全面地建立一套用户出行的场景库，形成系统化、规范化的用户出行场景体系，是智驾产品设计与定义的重点与难点。场景库对现实出行场景的覆盖度越高、描述越精确，智驾产品的用户体验越好、满意度越高。

　　目前行业内对智驾的应用场景尚未形成统一的标准体系，也没有一套从用户出行和体验的角度出发而建立的用户出行场景库，这导致一方面难以全面满足用户对智能驾驶的真实需求，不利于提升智驾产品的用户体验，另一方面也未能在行业内形成统一的认知，增加沟通成本。本节将从用户需求和产品体验的层面，借鉴前期相关机构对智能驾驶场景的研究成果，建立一套系统全面、实用有效的用户出行场景库。

4.2.1　场景库特点与原则

　　用户出行场景库是基于真实道路场景，考虑用户出行可能遇到的各种情况而建立的，指导产品设计与评价的场景库。根据现有对出行场景的分类，以及建立仿真测试场景库的思路、方法，本书提出了一种建立用户出行场景体系的方案，并采用该方案，建立一套基于用户体验的、适用于当前智能驾驶水平的场景库。

为满足智驾产品设计与评价的需要，确保智驾产品能满足用户在真实场景中的需求，用户出行场景库应该具备以下特点：

1）系统性。系统性是数据库的重要特点，也是形成体系化方案的关键。只有基于特定规则的系统化场景定义，才能让用户出行场景库成为一种可以通用和参考的方案；如果不具备系统性，那么场景库中的场景描述难以一致，也无法形成一套完整的体系。

2）完整性。场景库中对场景的分类和定义规则，应该保证场景种类是完整而全面的，在统计学意义上，能够覆盖智能驾驶所涉及的各类场景，做到不遗漏不忽略；完整的场景库能够保证智驾产品对用户需求的全方位满足。

3）有效性。有效性有两层含义，一是真实场景，场景库中的所有场景，都应该100%是真实的交通场景，车辆行驶过程中，存在遇到这些场景的可能性，而不是现实世界完全不可能存在的场景；二是重点突出，场景库中对各场景应该有侧重点，突出关键场景，有利于智驾产品更加高效地开发。

4）交互性。智能驾驶的场景是车辆自身与周围交通环境不断交互的动态过程，同时，交通环境中的其他场景要素（尤其是交通参与者）也在不断地交互和动态变化，这是智驾产品定义时的重点和难点，因此场景库应充分展现出各场景要素之间的关联，以及各要素之间的动态交互过程。

5）扩展性。场景库应该具备持续扩展、不断升级的能力，从而让场景库更加丰富、更加完善，持续扩充对出行场景的覆盖度，及时发现和满足用户的新需求。

为保证场景库能够具备上述特点，在本节提出的方案中，将遵循以下原则，来建立用户出行场景库：

1）场景分层化。识别并提取场景中的重要因素，并将各重要因素赋予不同的层级，通过一套分层描述方法来定义不同的出行场景，从而形成系统化的场景库。

2）场景全面化。场景库包含不同区域、不同路段、不同交通状况、不同气象条件等各种不同的场景，尽可能地全面覆盖用户出行可能遇到的场景。

3）要素真实化。用来构建场景的要素，必须来源于真实的交通环境和实际工况，并且各要素之间的组合和关联关系都要符合物理规律，是现实世界的表征，而不能是纯数学层面的排列组合。

4）侧重关键场景。从各种不同的出行场景中识别出典型场景、危险场景和一部分标准法规场景等需要重点关注的场景，作为关键场景，深入细致地研究。

5）突出交互关系。在构建场景时，突出各要素，尤其是动态的交通参与者之间的交互关系，以及对自车运动的影响。

6）要素可更新。构建场景的要素不是一成不变的，在遇到某些特殊场景时，可以根据具体情况，增加新的场景要素，以完善对特殊场景的描述；可更新的要素结合可分层的描述方法，能够实现场景库的持续扩展能力。

考虑到用户出行场景库主要服务于用户体验角度的产品设计与评价而非用于工程测试，因此不需要严格区分抽象化程度，只要能够在功能场景或逻辑场景层面将场景描述清楚即可，不需要定义到具体场景的层面。

4.2.2 提取场景要素

前面提到，出行场景是车辆自身状态与外部交通环境的有机组合，由不同维度、不同层面的多种要素组成。通过具体分析这些要素，并参考德国 PEGASUS 项目的分层描述模型和国内相关机构、公司的场景构建方法，提取出用于构建用户出行场景的要素。

1. 车辆状态要素

车辆状态要素是描述车辆自身特性和状态的要素，体现车辆在特定外部环境中的意图和行驶表现，主要包括车辆的几何特征、基本性能和行驶状态等。车辆状态要素汇总的结果如图 4-7 所示。

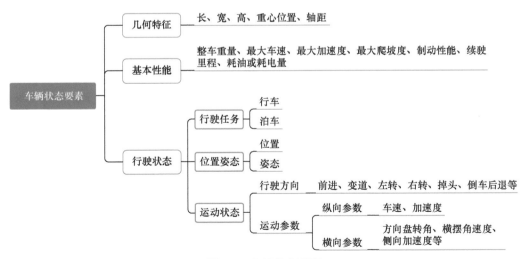

图 4-7　车辆状态要素

车辆几何特征是指车辆的长、宽、高、重心位置、轴距等基本尺寸参数；车辆基本性能包含整车重量、最大车速、最大加速度、最大爬坡度、制动性能、续驶里程、耗油或耗电量等车辆的基本性能参数。由于本书主要探讨乘用车的智能驾驶产品，可以认为车辆的几何特征和基本性能相差不大，对于构建场景和功能表现的影响可以忽略，因此我们重点关注的要素是车辆行驶状态。

车辆行驶状态主要通过车辆在交通环境中的行驶任务、位置姿态和运动状态信息来表征。

车辆的行驶任务分为行车与泊车两大类。行车是指车辆按既定的路线从起点行驶到终点的过程，最终目标是到达指定目的地，通常发生在道路上。泊车是指车辆停放到停车位中（泊入），或者离开停车位（泊出）的过程，最终目标是停车或开始行车，发生在停车位区域。行车过程的车速高于泊车过程，且行车过程通常不会倒车，泊车过程则可能出现任何方向的车辆移动。

车辆的位置姿态是指车辆在道路场地中的位置和车身的姿态。用户出行场景中的车辆位置是车辆相对于外部交通环境的位置，参照物是外部环境中的某场景元素。常见的车辆位置有车道中、路口前、路口中、即将进入匝道等，如图 4-8 所示。车身姿态也是相对的概念，是车身相对于外部环境的姿态，通常用角度来表示。以停车位为例，常见的车速姿态有车身平行于停车位、车身垂直于停车位、车身与停车位存在不同程度的倾斜角等，如图 4-9 所示。

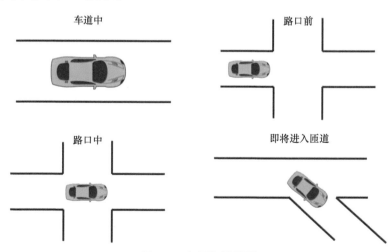

图 4-8　车辆位置示例

车辆的运动状态包含车辆的行驶方向和运动参数。行驶方向主要有前进、变道、左转、右转、掉头、倒车后退等，如图 4-10 所示。运动参数分为纵向参数与横向参数，纵向参数主要是车速和加速度，其中车速为正表示车辆前进，车速为负表示车辆后退，车速为零表示车辆静止，加速度为正表示车辆加速行驶，加速度为负表示车辆减速行驶，加速度为零表示车辆匀速行驶；横向参数有方向盘转角、横摆角速度、侧向加速度等。

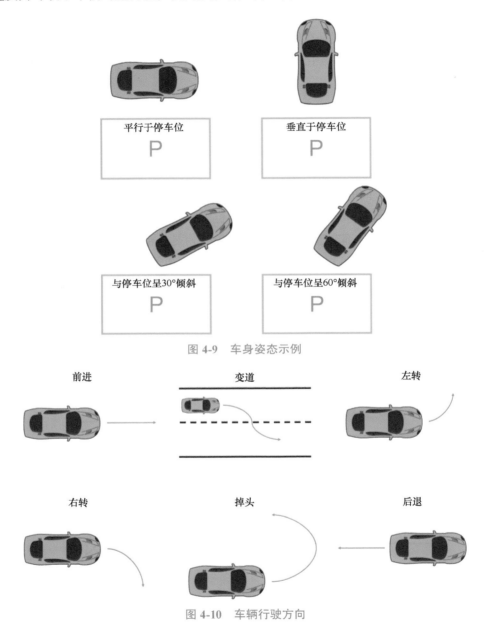

图 4-9　车身姿态示例

图 4-10　车辆行驶方向

2. 外部环境要素

外部环境要素是描述车辆所处交通环境的要素，具有复杂多变、种类多样、数量众多等特点，需要分不同的类别来详细探讨。本书按照道路场地、交通设施、交通参与者和气象条件等 4 个维度，对外部环境要素进行分类与细化，其中道路场地和交通设施根据其随时间的变化情况，存在固定与可变的区别，因此，外部环境要素可以进一步分为道路场地的固定要素、道路场地的可变要素、固定交通设施、可变交通设施、交通参与者和气象条件等 6 大类。其中，固定的道路场地要素和固定交通设施属于静态环境要素，可变的道路场地要素、可变交通设施和交通参与者属于动态环境要素。外部环境要素提取与汇总的结果如图 4-11 所示，其中蓝色框的内容是静态环境要素，黄色框的内容是动态环境要素。

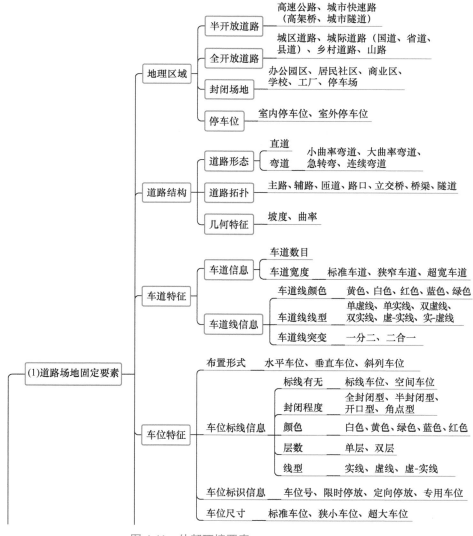

图 4-11　外部环境要素

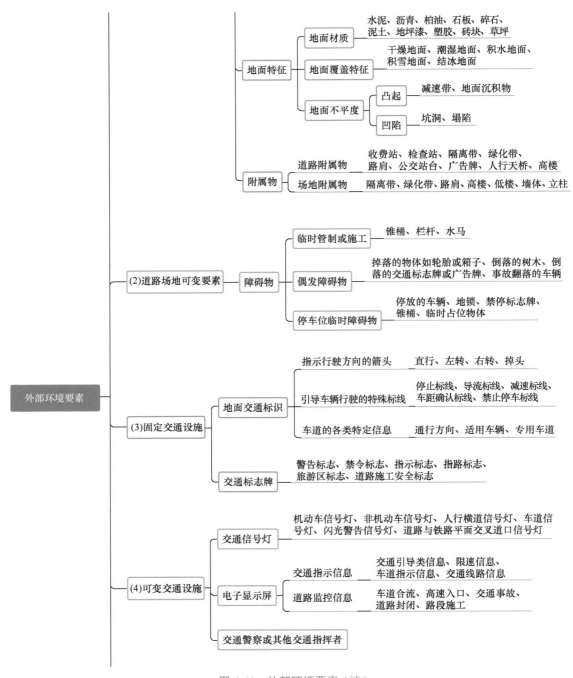

图 4-11　外部环境要素（续）

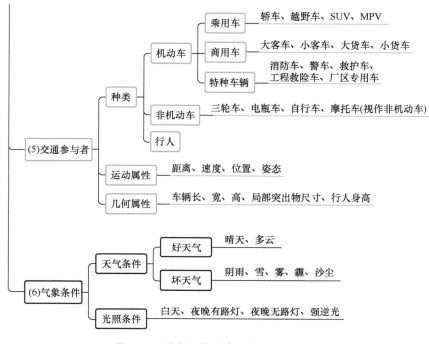

图 4-11　外部环境要素（续）

（1）道路场地固定要素

道路场地固定要素是短时间内不会随时间发生改变的道路场地相关的要素，主要包括车辆所在的地理区域、道路结构、车道特征、车位特征、地面特征、附属物等。

1）地理区域是指车辆当前所在位置所属的区域范围，根据封闭程度，地理区域可以分为半开放道路、全开放道路和封闭场地等，其中半开放道路与全开放道路都属于公共道路。

半开放道路主要指高速公路以及高架桥、城市隧道等城市快速路。半开放道路的特点是道路高度结构化，有强规则化的特征；道路相对封闭，除了出口和入口外，基本没有别的通道；区域内一般没有非机动车、行人等移动轨迹复杂的交通参与者，不确定性低。典型的半开放道路如图 4-12 所示。

全开放道路主要包括城区道路和国道、省道、县道等城际道路，以及乡村道路、山路等。全开放道路形态复杂，拓扑结构多变，不规则，难以统一化描述；场景元素多样，不仅有各种车道线、交通标志，还有机动车、非机动车等多种交通参与者；交通环境开放，非机动车与行人等移动轨迹不确定且交通意识淡薄的交通参与者多，存在大量人车混流的情形，不确定性高。典型的全开放道路如图 4-13 所示。

图 4-12　半开放道路示例

图 4-13　全开放道路示例

封闭场地包括办公园区、居民社区、商业区、学校、工厂以及停车场等各类与公共道路隔绝的、封闭式的场地区域，有固定的出入口。封闭场地大部分是露天的室外场地，也有少数室内场地，如地下停车库、立体停车楼等。封闭场地通常是用户出行的起点段与终点段，属于行程的"最后一公里"范围，车辆在封闭场地内的行驶任务包括低速行车和泊车。在封闭场地中低速行车时，与公共道路存在相似的规则约束和场景要素（如车道线等），可以认为是低速的公共道路场景，可以参考全开放道路场景；泊车发生在停车位区域，需重点分析和构建停车位场景。封闭场地内车速一般低于 30km/h；存在与开放公共道路同样的人车混流情形，且人员密度大，不确定性更高。典型的封闭场地如图 4-14 所示。

图 4-14　封闭场地示例

在上述地理区域中，半开放道路、全开放道路和封闭场地内的非停车位区域，对应车辆的行车任务，区域内的场景可称为行车场景；封闭场地内的停车位区域，对应车辆的泊车任务，区域内的场景可称为泊车场景。另外，在全开放道路的路边，也会存在停车位，虽然地理区域属于全开放道路，但车辆要完成的是泊车任务，因此其中的场景也属于泊车场景。为了突出停车位作为泊车场景区域的特殊性，可以将其单独列出，成为第 4 类地理区域，包括室内停车位、室外停车位等。典型的停车位如图 4-15 所示。

2）道路结构包括道路形态、道路拓扑和道路几何特征等。

道路形态是指道路的曲直程度，即直道或弯道。实际道路中几乎不存在理论意义上的直道，都会存在或多或少的弯曲，因此本书定义的直道，实际上是人眼观察的结果，是用户主观认为的直道。对于弯道来说，根据道路弯曲程度和对行驶安全、舒适性的影响程度，可以区分为小曲率弯道、大曲率弯道、急转弯、连续弯道即 S 形弯道等。典型的道路形态如图 4-16 所示。

图 4-15　典型的停车位示例

图 4-16　道路形态示例

道路拓扑是指不同道路之间的连接和空间位置关系，涉及道路的复杂交互和交通参与者的流动变化，对智能驾驶的感知和决策规划形成较大的挑战。常见的道路拓扑包括主路与辅路、主路与匝道、各种类型的路口、立交桥、桥梁、隧道等。此处的道路拓扑指的是以用户视角所观察到的拓扑结构，是一种微观意义上的拓扑，而不是宏观意义上的交通路网概念。典型的道路拓扑如图 4-17 所示。

图 4-17　典型的道路拓扑示例

道路几何特征是指影响车辆行驶的道路几何参数，主要有道路曲率半径和坡度，如图 4-18 所示。道路曲率表征道路的弯曲程度，通常用曲率半径的值来表示。道路曲率半径是道路中心线距离道路所在圆心的距离，如图 4-18a 所示，其数学计算方法是：道路曲率半径 $R=\left|\left(1+\dot{y}^2\right)^{\frac{3}{2}}/\ddot{y}\right|$，其中 $y=f(x)$ 是道路曲线的函数，$\dot{y}=\dfrac{\mathrm{d}y}{\mathrm{d}x}$ 是 x 关于 y 的一阶导数，$\ddot{y}=\dfrac{\mathrm{d}^2y}{\mathrm{d}x^2}$ 是 x 关于 y 的二阶导数。道路曲率半径越大，表示道路弯曲程度越小，越接近直道；反之，道路弯曲程度越大，越接近急弯。道路坡度是道路的垂直高度与水平长度的比值，如图 4-18b 所示，例如 30% 坡度的含义是在水平距离前进 100m 的情况下，垂直高度上升 30m，有时也用度数表示道路坡度，通过反三角函数变换即可，如 30% 坡度对应的角度是 arctan0.3=16.5°。道路坡度有正负之分，正值表示上坡，负值表示下坡。道路坡度会影响传感器的感知效果和智能驾驶控制车辆运动的能力，如果道路坡度过大，则传感器受限于垂直 FOV 范围，探测的距离将减小，同时也对控制执行模块的性能提出更高要求。通常坡度超过 7° 时可定义为陡坡，此时需要关注坡度对智能驾驶效果的影响。

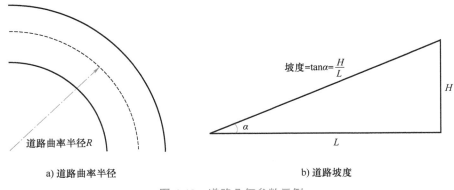

a) 道路曲率半径   b) 道路坡度

图 4-18　道路几何参数示例

3）车道特征是描述车辆所在的车道即本车道，以及车辆行驶可能涉及的其他车道情况的要素，包括车道的信息和车道线的信息。

车道信息是指由车道线所划定的车道的参数，对车辆行驶影响较大的是当前道路的车道数目和车道宽度。目前国内道路常见的车道数目有单向 1~4 车道（单行道），双向 2、4、6、8、10、12 车道等。一般来说，车道数越多，说明道路的等级越高，交通流量越大，对应的外部环境也越复杂。车道宽度是指车道左右两侧车道线之间的距离，根据国内对道路的相关标准，一条车道的宽度范围通常是 2.8~3.75m，其中高速公路和城市快速路的车道宽度标准是 3.75m，城区道路的车道宽度标准是 3.5m 或 3.25m（小型车专用车道）；此外，一些特殊路段有特殊的车道宽度，如高速公路收费站的通道宽度标准范围是 2.5m 或 3.5m（大型超宽车辆通道）、高速公路应急车道的宽度标准范围是 1.5~2.5m。根据车道宽度，车道分为标准车道、狭窄车道和超宽车道，宽度在标准范围内的车道是标准车道，小于标准范围的车道是狭窄车道，大于标准范围的是超宽车道。

车道线信息表示车辆变道需要遵守的规则，会对智能驾驶的变道决策产生影响，主要包括车道线的颜色和车道线的线型。目前国内的车道线主要有黄色和白色两种，黄色车道线通常位于道路中央，是对向车道的分界线，用于分隔对向行驶的交通流；白色车道线是同向车道的分界线，用于分隔同向行驶的交通流。另外，路边也会有黄色或白色车道线，一般情况下，路边的黄色车道线表示该路段不允许靠边停车，路边的白色车道线表示该路段可以临时靠边停车，但路边有特别说明标识的除外。除了黄色与白色外，近年来国内很多道路中出现了彩虹车道线，即在道路中央的黄色车道线旁，增加红色、蓝色、绿色等其他颜色的车道线，不过这些彩虹车道线只有美观效果，不涉及交通规则。车道线的线型主要有虚线与实线之分，国内常见的车道线线型包括单虚线、单实线、双虚线、双实线、虚 - 实线、实 - 虚线等，实线表示禁止越线或压线，此时车辆不能变道；虚线表示允许越线或压线，此时车辆可以变道。对于实 - 虚线或虚 - 实线，车辆不能从实线侧的车道变道至虚线侧的车道，但是可以从虚线侧的车道变道至虚线侧的车道。此外，车道线还会发生突变，主要有一分二和二合一的情形，一分二车道线出现在车道分流时，二合一车道线出现在车道合流时。典型的车道线信息如图 4-19 所示。

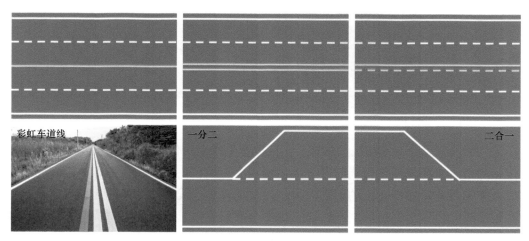

图 4-19　典型的车道线信息

　　4）车位特征是描述停车位区域相关信息的要素，包括停车位的布置形式、车位标线信息、车位标识信息、停车位尺寸等。

　　布置形式是指停车位的布置和排列方式，根据车辆停放时的纵轴线与场地内行驶通道的夹角关系，停车位的布置形式有 3 种：水平车位、垂直车位和斜列车位。水平车位是车辆平行于行驶通道方向停放的停车位，其特点是所需要的停车区域窄，车辆出入方便，但对车位长度有要求，导致单个车位的占地面积大。水平车位一般适用于场地狭长和需停放不同类型车辆的停车场以及公共道路路边的停车位。垂直车位是车辆垂直于行驶通道方向停放的停车位，是大型停车场中最常见的一种布置形式，其特点是车位紧凑，车辆出入方便，但要求停车区域的宽度和所需通道的宽度较大。斜列车位是车辆与行驶通道方向呈一定角度停放的停车位，该角度称为斜列车位的倾斜角。斜列车位的特点是对场地形状的适应性强，但单个车位的占地面积较大，且泊车的难度大于水平车位和垂直车位。停车位的不同布置形式如图 4-20 所示。

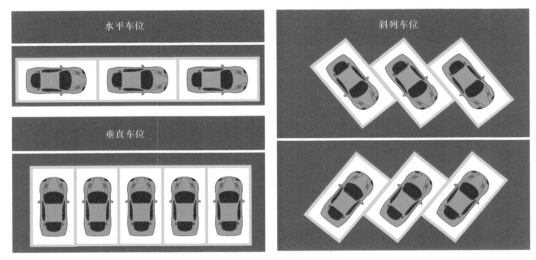

图 4-20　停车位的布置形式示例

　　车位标线信息是对车位线的描述，不同的车位线会对传感器的识别效果产生影响，车位标线信息主要包括车位线的有无、封闭程度、颜色、层数、线型等。不同的车位标线会影响传感器对停车位的识别效果。通常把有车位线的停车位称为标线车位，把没有车位线、仅靠车位前后左右的静态物体合围形成停车空间的车位称为无标线车位或空间车位。对于标线车位，车辆通过识别车位线识别出停车位；对于空间车位，车辆通过探测车位周围的物体确定停车空间的形状和尺寸，识别出停车位。车位标线根据封闭程度，可以分为全封闭型（口形）、半封闭型（T形）、开口型（U形）和角点型等。车位标线的颜色一般只与外观效果有关，对车辆停放基本没有影响（停车场自行有定义的除外），以白色或黄色最为常见，也有一些停车场会画有绿色、蓝色、红色等其他彩色的车位线。车位标线的层数以单层最为普遍，也有一些停车场会规划双层车位线的停车位，但没有特殊含义，很少有超过双层的车位线。车位标线的线型是指实现或虚线，实线是常见的车位线，也有一些停车场用虚线来规划停车位，或者用虚 - 实结合的双层车位线，车位线的线型也没有特殊含义。典型的车位标线信息如图 4-21 所示。

　　车位标识信息是指在车位中以文字、数字、字母、图案等方式，表达车位的停放规则和其他特殊含义的信息，如车位号、限时停放、定向停放、各类专用车位等，常见的专用车位类型有充电车位、出租车位、贵宾（VIP）车位、女士车位、残疾人车位等。车辆停放时，需要按对应的车位标识信息停放，遵守特定的停车规则。典型的车位标识信息如图 4-22 所示。

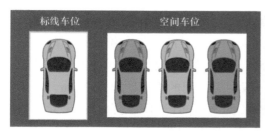

a) 标线车位与空间车位

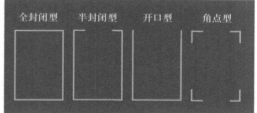

b) 封闭程度

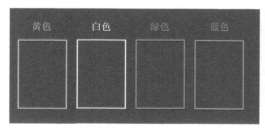

c) 颜色

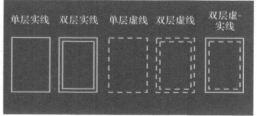

d) 层数与线型

图 4-21　典型的车位标线信息示例

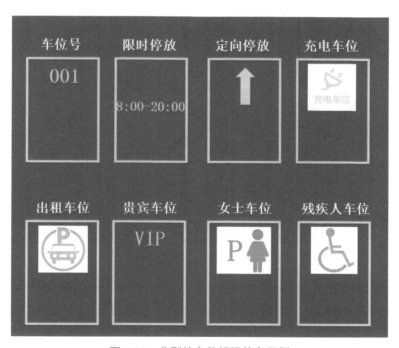

图 4-22　典型的车位标识信息示例

停车位尺寸主要是指停车位的长度和宽度，反映了停车位的大小，尺寸越大的停车位，车辆泊入的难度越小，反之难度越大。根据目前的停车位设计标准，对于标线车位，水平车位的标准尺寸是 6m×2.5m，垂直车位的标准尺寸是 5.3m×2.5m，斜列车位的标准尺寸取决于倾斜角，不过一般两斜线间的垂直距离是 2.5m。对于空间车位，车位尺寸的大小取决于形成该停车位的物体间距离以及自身的尺寸，通常水平空间车位的标准长度是自车车长的 1.25 倍，宽度是自车车宽 +0.2m；垂直空间车位的标准长度是自车车长，宽度是自车车宽 +1m；斜列空间车位的标志尺寸取决于倾斜角，一般左右侧参照物之间的垂直距离是自车车宽 +1m。根据停车位尺寸是否在标准范围内，根据尺寸，停车位可以分为标准车位、狭小车位和超大车位，长度（水平车位）、宽度（垂直车位）或斜线垂直距离（斜列车位）在标准范围内的是标准车位，小于标准范围的狭小车位，大于标准范围的是超大车位。停车位的标准尺寸如图 4-23 所示。

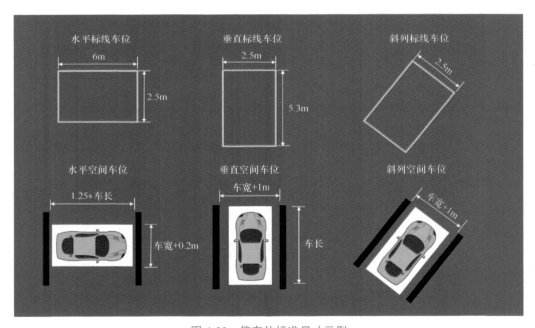

图 4-23　停车位标准尺寸示例

5）地面特征反映地面的状态，主要包括地面材质、地面覆盖特征和地面不平度。作为车辆行驶的载体和直接接触面，地面特征会直接影响传感器的检测效果、车辆的动力学特性（动力、转向、制动）和车辆的通过能力，进而影响智能驾驶产品的表现。

地面材质是道路或场地表面铺设的材料，不同的地面材质具有不同的路面附着系数，决定了车辆的极限加、减速能力和转向、制动时的平稳性；另外，不同地面材质的反光率不同，对摄像头检测环境的干扰程度也不同。常见的地面材质有水泥、沥青、柏油、石板、碎石、泥土、地坪漆、塑胶、砖块、草坪等，其中水泥、沥青和柏油地面更有利于车辆行驶，而其他材质的地面会对车辆的性能产生负面作用。

地面覆盖特征是指地面的大面积覆盖物的状态，通常是天气原因导致的地面覆盖有水或冰雪的程度，反映了地面的干湿程度和附着力状态。地面覆盖特征主要有干燥地面、潮湿地面、积水地面、积雪地面以及结冰地面等，其中只有干燥地面是适合车辆行驶的，其他地面都会影响路面附着系数，严重时甚至出现车辆打滑失控等危险状况。另外，非干燥地面的反光率较高，反射的光线容易降低摄像头的检测效果。

地面不平度是指地面不平整的程度，在实际道路与场地中，或多或少都存在地面不平整的情况，轻微的不平整不会对车辆行驶产生影响，但肉眼可见的不平整会干扰或阻碍车辆的行驶，进而影响车辆通过特定路段的能力。地面不平整分为凸起和凹陷2 种情况，常见的地面凸起有减速带、地面沉积物等，常见的地面凹陷有坑洞、塌陷等。典型的不平整地面如图 4-24 所示。

图 4-24　典型的不平整地面示例

6）附属物是指在道路、场地中会对车辆行驶或环境感知效果产生影响的建筑物。根据所属区域不同，附属物分为道路附属物与场地附属物。

道路附属物是在公共道路区域的附属物，道路附属物的种类很多，常见的有收费站、检查站、隔离带、绿化带、路肩、公交站台、广告牌、人行天桥、高楼等。车辆在经过收费站和检查站时，应该减速慢行，并准备随时停车；广告牌、人行天桥和高楼可能会遮挡光线，影响光照条件，进而影响摄像头的检测效果。典型的道路附属物如图 4-25 所示。

图 4-25　道路附属物示例

场地附属物是在封闭场地区域的附属物，场地附属物的种类也很多，常见的有隔离带、绿化带、路肩、高楼、低楼等，对智能驾驶的影响与道路附属物相似。特别的是，作为泊车场景的停车位区域，其典型的附属物是墙体与立柱，是泊车时的重要参照物，会影响泊车的轨迹规划结果。典型的场地附属物如图 4-26 所示。

（2）道路场地可变要素

道路场地可变要素是非固定的、会随时间发生改变的道路场地相关的要素，主要是各种临时的、不固定的障碍物，属于动态的要素，并非所有的道路场地都有可变要素。

图 4-26　场地附属物示例

公共道路区域的典型可变要素有临时交通管制或施工路段摆放的路障如锥桶、栏杆、水马等，它们会对车辆的行驶路线起引导作用。偶发障碍物即偶然出现在路面的、不可预测的障碍物，也是可变要素，会严重影响车辆通行，常见的有掉落的物体如轮胎或箱子、倒落的树木、倒落的交通标志牌或广告牌、事故翻落的车辆等。典型的道路障碍物如图 4-27 所示。

图 4-27　典型的道路障碍物示例

封闭场地区域的典型可变要素除了公共道路区域存在的可变要素外，还有停车位上的各种障碍物，如停放的车辆、地锁、禁停标志牌、锥桶以及其他临时占位的物体等，这些将导致停车位不可用，对泊车产生影响。典型的场地障碍物如图 4-28 所示。

图 4-28　典型的场地障碍物示例

（3）固定交通设施

固定交通设施是短时间内不会随时间发生变化的交通设施，其表达的信息是长期有效的，包括地面的交通标识与道路上方或路边的交通标志牌。

地面交通标识是在地面的文字、图案、数字等表明行驶规则和道路交通信息的标记，主要有指示行驶方向的箭头、引导车辆行驶的特殊标线和车道的各类特定信息等。指示行驶方向的箭头用于指示车辆的行驶动作，主要有直行、左转、右转、掉头等。引导车辆行驶的特殊标线用于引导车辆安全、合理地行驶，主要有停止标线、导流标线、减速标线、车距确认标线、禁止停车标线等。车道的各类特定信息表明该车道的专属信息，如通行方向、适用车辆等，典型的是专用车道信息。专用车道是指允许某种车辆行驶或只限某种用途使用的车道，常见的有公交车专用道、小型车专用道、多乘员专用道、应急车道、自动驾驶专用道等，有时专用车道上还会有限定时间等其他附加信息。典型的地面交通标识如图 4-29 所示。

图 4-29　典型的地面交通标识示例

　　交通标志牌通常位于道路上方或路边，标明特定路段的行驶规则和道路交通信息，包括警告、禁令、指示、指路、旅游区和道路施工安全等 6 类标志牌。警告标志牌起警告作用，用于警告车辆和行人注意危险地点，警告标志牌的颜色为黄底、黑边、黑色图案，形状为顶角朝上的等边三角形。禁令标志牌起到禁止某种行为的作用，是禁止或限制车辆与行人交通行为的标志牌。大部分禁令标志的颜色为白底、红圈、红杠、黑色图案且图案压杠，形状为圆形、八角形或顶角朝下的等边三角形；禁令标志牌一般设置在需要禁止或限制车辆、行人交通行为的路段或交叉口附近，限行标志牌就是一种典型的禁令标志牌。指示标志牌起指示作用，是指示车辆、行人行进的标志，其颜色为蓝底、白色图案，形状为圆形、长方形或正方形；指示标志牌一般设置在需要指示车辆、行人行进的路段或交叉口附近。指路标志牌起指路作用，是传递道路方向、地点、距离等信息的标志，其颜色一般为蓝底、白色图案，高速公路为绿底、白色图案，形状一般为长方形或正方形（地点识别标志、里程碑、分合流标志除外）；指路标志牌一般设置在需要传递道路方向、地点、距离等信息的路段或交叉口附近。旅游区标志牌是提供旅游景点方向、距离的标志牌，其颜色为棕色底、白色字符图案，形状为长方形或正方形；旅游区标志又可分为指引标志和旅游符号两类，一般设置在需要指示旅游景点方向、距离的路段或交叉口附近。道路施工安全标志牌是通告道路施工区通行的标志牌，用以提醒车辆和行人注意；道路施工安全标志牌主要通告道路的交通阻断、绕行等情况，一般设在道路施工、养护等路段前适当位置。此外，以上 6 类标志牌中有时还会附加有辅助信息，为白底、黑字、黑边框，形状为长方形，起辅助说明的作用。典型的交通标志牌如图 4-30 所示。

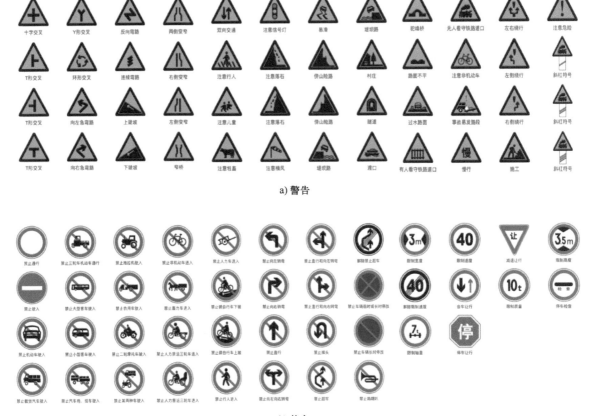

a) 警告

b) 禁令

c) 指示

图 4-30　典型的交通标志牌示例

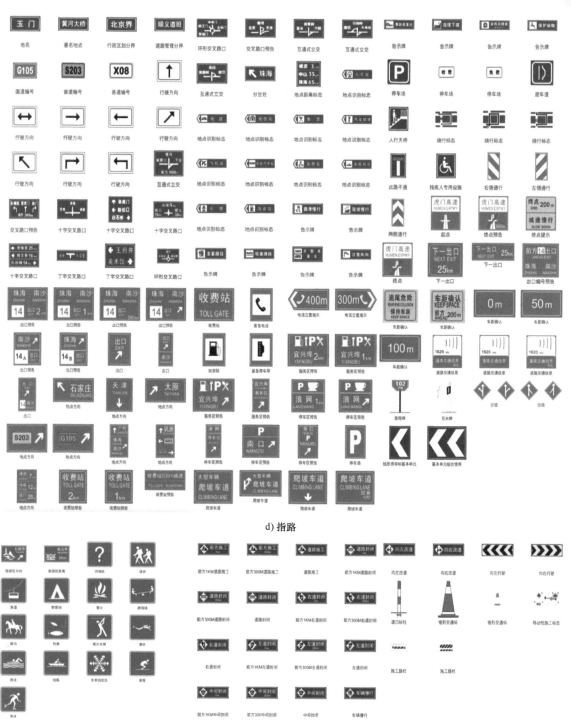

d) 指路

e) 旅游区　　　　　　　　　　　　　f) 道路施工安全

图 4-30　典型的交通标志牌示例（续）

（4）可变交通设施

可变交通设施是显示的交通信息在短时间内会发生变化，导致交通规则发生改变的交通设施，如交通信号灯、电子显示屏、交通警察或其他交通指挥者等。

交通信号灯是指挥交通运行的信号灯，一般由红灯、绿灯、黄灯组成。红灯表示禁止通行，绿灯表示准许通行，黄灯表示警示。交通信号灯包含机动车信号灯、非机动车信号灯、人行横道信号灯、车道信号灯、闪光警告信号灯、道路与铁路平面交叉道口信号灯等，其中机动车信号灯是车辆需要识别的主要信号灯，有圆形灯和箭头灯两种，圆形灯只能指示车辆是否可以通行，箭头灯除了指示车辆通行外，还能够指示车辆的通行方向。典型的交通信号灯如图4-31所示。

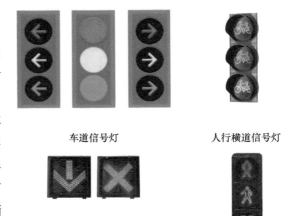

图 4-31　典型的交通信号灯示例

电子显示屏通过在电子屏幕上显示各类交通信息的方式来表达对应路段的交通规则和行驶要求，理论上能够显示所有可能的交通信息。电子显示屏主要有交通指示信息和道路监控信息两类。交通指示信息是指交通引导类信息、限速信息、车道指示信息、交通线路信息等，道路监控信息是指前方道路环境和交通状态相关的信息，如车道合流、高速入口、交通事故、道路封闭、路段施工等。典型的电子显示屏如图4-32所示。

图 4-32　典型的电子显示屏示例

交通警察或其他交通指挥者是一种现场人工指挥的交通设施，通过手势、语言等方式，根据实时路况，合理地调整交通规则，确保交通流的安全高效运行。一般来说，现场人工指挥的效力高于其他交通设施，车辆应优先按照人工指挥的结果行驶。典型的交通指挥手势如图 4-33 所示。

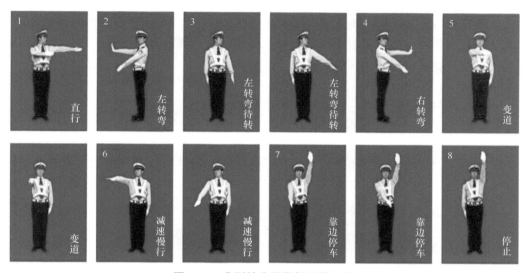

图 4-33　典型的交通指挥手势示例

（5）交通参与者

交通参与者是参与交通行为、形成交通流的各类成员，是造成出行场景复杂多变的主要原因。交通参与者可以从种类、运动属性和几何属性等维度来描述。

1）交通参与者可以分为机动车、非机动车与行人，每种交通参与者都有自己特定的动态行为模式，表现出不同的特点，导致检测和识别的难易程度不同，危险程度也不同。

机动车对交通规则的遵守程度最高，其移动轨迹最容易预测，且由于机动车的体积大、尺寸大，因此识别的准确率高。机动车速度较快，占据道路的大部分面积，是最主要的交通参与者。常见的机动车包括乘用车、商用车和特种车辆，如图 4-34 所示。乘用车是主要用于载运少量人员（不超过 9 人）及其随身行李或临时物品的小型汽车，主要有轿车、越野车、运动型多用途车（Sport Utility Vehicle，SUV）、多用途汽车（Multi-Purpose Vehicles，MPV）等，如图 4-34a 所示；由于乘用车尺寸不会超宽或超长，并且主要用于载人，不会发生随车物体掉落的情况，因此不需要对其做出特别的避让动作，但是需要注意乘用车的强行超车、随意变道等危险行为。商用车是用于运送大量人员（9人以上）或货物的汽车，主要有大客车、小客车、大货车、小货车等，如图4-34b所示；商用车，尤其是大客车和大货车，属于大型车辆，一般车宽较宽，与其并行容易被剐蹭，且大货车还可能出现货物掉落的情况，因此需要尽量避免与商用车并排行驶，或做出适当避让。特种车辆是特制或专门改装、配有专业设备的机动车辆，其主要功能不是载人和载物，而是用于某些特殊用途，主要有消防车、警车、救护车、工程救险车、厂区专用车等，如图4-34c所示；特种车辆外观特征明显，一般配有警示灯和警报器，是非常容易识别到的交通参与者，通常应在交通规则允许范围内，尽可能地避让特种车辆，让其优先通行。

a) 乘用车

b) 商用车

图 4-34　机动车示例

消防车

警车

救护车

工程救险车

c) 特种车辆

图 4-34　机动车示例（续）

　　非机动车的移动轨迹不明确，尤其是城区穿行的电瓶车，容易出现突发状况，且由于非机动车体积小，识别成功率低于机动车，因此非机动车对智能驾驶的安全性带来了较大的挑战。非机动车主要有三轮车、电瓶车、自行车等，如图 4-35 所示；另外，摩托车严格意义上属于机动车，但由于其外表是两轮车，且移动轨迹也不够明确，因此在智能驾驶的场景中，可作为车速较快的非机动车来考虑。对于在快、慢车道之间没有隔离带的车道，以及任何会经过慢车道的行驶过程，都应该格外注意非机动车的出现。

三轮车

电瓶车

自行车

图 4-35　非机动车示例

　　行人的移动速度慢，但对交通规则的遵守程度低，轨迹多变，不易察觉且属于交通弱势群体，需要重点关注。例如，在路口场景中，车辆周围时刻可能出现行人，可能在斑马线上，也可能不在斑马线上，且行人闯红灯的状况也存在，是非常危险的难以预测风险因素；车辆在车道内行驶时，也需要时刻提防横穿马路的行人，提前减速、避让或停车，尤其是经过学校等特殊路段时，更需要提高检测能力，降低车速。

　　在描述交通参与者时，可以将种类与数量结合，综合体现车辆周围交通参与者的分布情况。通常交通参与者的数量越多，交通流的不确定性越强，交通环境越复杂。

2）交通参与者的运动属性反映了各交通参与者的移动状态、趋势和轨迹，是判断其对自车影响程度的重要依据，主要包括交通参与者的距离、速度、位置、姿态等。交通参与者的距离指相对自车的距离，速度可以用绝对速度或相对自车的相对速度来表达，位置是相对自车的位置或相对道路中某静态参照物的位置，姿态表示其运动的方向。通过距离、速度、位置、姿态等运动属性，可以判断交通参与者对自车行驶的影响程度，尤其是与自车发生碰撞的可能性及后果。

3）交通参与者的几何属性反映了其外观尺寸，外观尺寸越大，则被识别到的可能性越大，越有利于自车提前规避风险，例如成人比儿童更容易识别。机动车和非机动车的几何属性有长、宽、高以及局部突出物的尺寸，行人的尺寸主要是其高度。

（6）气象条件

气象条件会直接影响传感器对外部环境的检测效果，主要包括天气条件和光照条件。

天气条件分为好天气和坏天气，好天气是指不会明显干扰传感器工作的天气，主要是晴天和多云天气，此时光线充足且空气中无明显颗粒物；坏天气是指会降低传感器识别能力的天气，主要有阴雨、雪、雾、霾、沙尘等，不仅光线不充分，且空气中有明显的雨水、雪、沙尘等颗粒物，会显著降低摄像头和雷达的检测能力。典型的天气条件如图 4-36 所示。

图 4-36　天气条件示例

光照条件是指光线强度和能见度，影响的是摄像头的检测效果，过强和过弱的光照都不利于摄像头对环境的识别。典型的光照条件有白天、夜晚有路灯、夜晚无路灯、强逆光等，如图 4-37 所示。除了白天正常的光线强度外，其余 3 种光照条件都会降低环境感知效果。

图 4-37　典型的光照条件示例

4.2.3　分层构建场景

　　提取到场景要素后，需要进一步将这些要素按有效的方式组合起来，形成多种出行场景，进而建立用户出行场景库。基于场景分层化的原则，本书将提取的场景要素分为 5 个层级，从第一层 Layer 1 到第五层 Layer 5，逐步细化对场景的描述，从而构建出完整的场景，如图 4-38 所示。

　　要素分层级的依据是不同要素对场景的贡献程度，Layer 1 要素包含自车的行驶任务和地理区域，初步给场景定性；Layer 2 要素包含道路结构、自车的位置姿态与运动状态，结合 Layer 1 要素，能够搭建出场景的框架；Layer 3 要素包含车道特征、车位特征和交通设施，进一步细化对场景的描述，通过 Layer 1~Layer 3 要素，可以基本明确车辆所处的静态环境，以及需要遵守的交通规则；Layer 4 要素是交通参与者，以自车视角观察并描述实时的交通流，结合前三层要素，可以定义出车辆所处的整体外部环境；Layer 5 要素包含地面特征、附属物、道路场地可变要素即障碍物和气象条件，通常在研究特定要素对智能驾驶的影响时才需要重点关注。

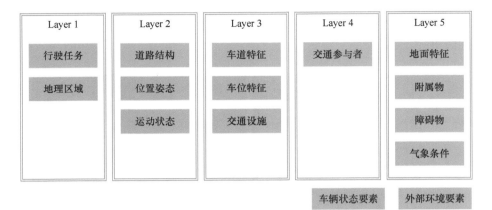

图 4-38　出行场景要素的 5 个层级

需要注意的是，场景要素的这种分层方式，表示的是构建场景时从概括到详细的层级关系，不代表要素的重要程度。在不同的场景中，各要素的重要程度各不相同，取决于场景的特点和用户的关注点，例如在晴好天气的场景中，气象条件要素并不重要，但在雨雪天气的场景中，气象条件是非常重要的要素。正是由于不同场景中各要素的重要程度不同，因此在构建场景时，虽然 Layer 1~Layer 5 要素都是场景的组成部分，但没有必要全部详细说明。在构建某种场景时，可以忽略重要程度低的要素，突出重要程度高的核心要素，以强调该场景的主要特点，通常用核心要素来命名该场景以突出核心要素，如跟车场景、变道场景、夜间场景等。

根据要素的分层结果，依次列出 Layer 1~Layer 5 要素，能够完整地构建出行场景；将分层构建出的各类场景组合并汇总，就能够形成系统化的用户出行场景库。

下面对用户出行场景库中的典型案例用要素分层的方式详细描述，一方面可以研究常见出行场景的特点，另一方面可以验证要素提取与场景构建方法的合理性、有效性。

4.3　行车场景

行车场景是车辆执行行车任务的场景，包括半开放道路、全开放道路和封闭场地内的非停车位等地理区域内的出行场景。由于封闭场地内的非停车位区域与全开放道路场景相似，因此可以与全开放道路区域合并。

4.3.1 半开放道路场景

半开放道路具有道路高度结构化、规则明显、路段相对封闭、交通流不确定性低等特点，主要包括高速公路和高架桥、城市隧道等城市快速路。在半开放道路区域，存在 4 类典型的出行场景：车道内行驶、变换车道、进出匝道、通行困难。

1. 车道内行驶

车辆保持在本车道内行驶是半开放道路区域最基本、最普遍的场景，由于道路相对封闭、路况简单，如果没有特殊情况，车辆可以保持长时间在本车道内行驶。根据道路的形态和交通参与者情况，车道内行驶的场景可以进一步分为 5 类：直道定速巡航、弯道巡航、跟车行驶、旁车切入（Cut-in）和前车切出（Cut-out）。

（1）直道定速巡航

如图 4-39 所示，直道定速巡航发生在高速公路或城市快速路的主路中，此时本车道通畅，前方无其他交通参与者，也没有管制或施工等其他干扰自车通行的因素；自车可以保持直线高速行驶，车速通常超过 60km/h，这是最简单、对智能驾驶能力要求最低的场景。直道定速巡航的分层构建结果见表 4-2，表中"—"的内容，表示该要素不属于本场景，或不影响场景构建的结果，在本节中的其他表格同此。

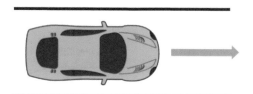

图 4-39 半开放道路的直道定速巡航场景

表 4-2 直道定速巡航的分层构建结果

层级	要素	直道定速巡航
Layer 1	行驶任务	行车
	地理区域	半开放道路
Layer 2	道路结构	直道；主路
	位置姿态	在车道内
	运动状态	匀速行驶，车速 >60km/h
Layer 3	车道特征	—
	车位特征	—
	交通设施	—
Layer 4	交通参与者	车道前方无交通参与者
Layer 5	地面特征	—
	附属物	—
	障碍物	车道前方无障碍物
	气象条件	—

（2）弯道巡航

弯道巡航是高速公路和城市快速路区域的另一类普遍场景，此时道路形态为弯道，车辆需要根据道路结构，调整车速与方向，安全、平稳地保持在本车道内通过弯道。根据弯道曲率与形态的不同，弯道巡航场景可细分为小曲率弯道巡航、大曲率弯道巡航、急转弯巡航、连续弯道（S形弯道）巡航等，如图 4-40 所示。弯道巡航场景的分层构建结果见表 4-3。

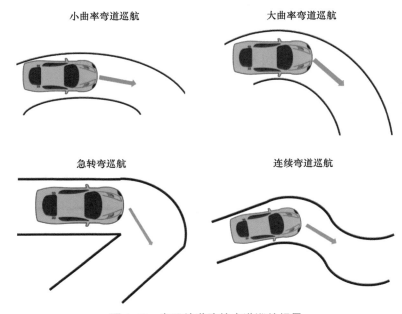

图 4-40　半开放道路的弯道巡航场景

表 4-3　弯道巡航场景的分层构建结果

层级	要素	小曲率弯道巡航	大曲率弯道巡航	急转弯巡航	连续弯道巡航
Layer 1	行驶任务	行车	行车	行车	行车
	地理区域	半开放道路	半开放道路	半开放道路	半开放道路
Layer 2	道路结构	弯道；曲率半径≥250m	弯道；曲率半径<250m	弯道；角度>45°	弯道、连续弯
	位置姿态	在车道内	在车道内	在车道内	在车道内
	运动状态	匀速或轻度减速；方向盘转角≤30°	大幅减速；方向盘转角>30°	大幅减速；方向盘转角>45°	连续改变转向的方向

（续）

层级	要素	小曲率弯道巡航	大曲率弯道巡航	急转弯巡航	连续弯道巡航
Layer 3	车道特征	—	—	—	—
	车位特征	—	—	—	—
	交通设施	—	—	—	—
Layer 4	交通参与者	车道前方无交通参与者	车道前方无交通参与者	车道前方无交通参与者	车道前方无交通参与者
Layer 5	地面特征	—	—	—	—
	附属物	—	—	—	—
	障碍物	车道前方无障碍物	车道前方无障碍物	车道前方无障碍物	车道前方无障碍物
	气象条件	—	—	—	—

　　小曲率弯道的曲率小，曲率半径达到 250m 以上，车辆能够保持匀速过弯或轻微减速，方向盘转角小，通常不超过 30°。大曲率弯道的曲率大，曲率半径小于 250m，大多出现在高速公路或城市快速路的匝道中，车辆在大曲率弯道中必须大幅减速才能顺利通过，通常方向盘转角超过 30°。急转弯是一种高风险的场景，属于大曲率弯道的极端情况，急转弯的曲率半径太小，弯道角度超过 45°，导致车辆必须减速至 30km/h 以下，且方向盘转角超过 45°，才能顺利通过。连续弯道即 S 形弯道，道路的弯曲方向会连续反向变化，导致自车在短时间内连续变换方向，从而对行驶的平稳性带来挑战，连续弯道可以看作是若干段不同弯道的拼接，可能是小曲率弯道，也可能是大曲率弯道。

　　（3）跟车行驶

　　跟车行驶是自车跟随本车道前方的车辆行驶，并保持特定的车间距离的场景，也是半开放道路中常见的一类场景，如图 4-41 所示。跟车行驶场景的核心要素是本车道前方的车辆（以下简称前车），根据前方车辆的行驶状态，跟车行驶场景可以细分为跟车匀速行驶、跟车加速行驶、跟车减速行驶 3 类。跟车行驶场景的分层构建结果见表 4-4。

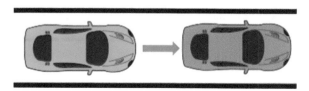

图 4-41　半开放道路的跟车行驶场景

　　在跟车匀速行驶场景中，前车保持匀速行驶，因此自车也保持匀速状态，且车速一致；跟车加速行驶场景中，前车加速，因此自车也会加速跟上，以保持车间距离恒定；跟车减速行驶场景中，前车减速，因此自车也会减速。

表 4-4 跟车行驶场景的分层构建结果

层级	要素	跟车匀速行驶	跟车加速行驶	跟车减速行驶
Layer 1	行驶任务	行车	行车	行车
	地理区域	半开放道路	半开放道路	半开放道路
Layer 2	道路结构	—	—	—
	位置姿态	在车道内	在车道内	在车道内
	运动状态	匀速，车速与前车相同	加速	减速
Layer 3	车道特征	—	—	—
	车位特征	—	—	—
	交通设施	—	—	—
Layer 4	交通参与者	车道前方有其他车辆，保持匀速行驶	车道前方有其他车辆，加速行驶	车道前方有其他车辆，减速行驶
Layer 5	地面特征	—	—	—
	附属物	—	—	—
	障碍物	车道前方无障碍物	车道前方无障碍物	车道前方无障碍物
	气象条件	—	—	—

（4）旁车切入

旁车切入（Cut-in）是指自车在车道内行驶时，遇到相邻车道的车辆即旁车，变道切入至本车道，导致自车需要减速、避让的场景，如图 4-42 所示。Cut-in 场景是一类常见的存在安全风险的场景，容易产生碰撞事故，按照风险程度，Cut-in 场景可以分为高风险 Cut-in、中风险 Cut-in 和低风险 Cut-in。判断 Cut-in 风险程度的依据主要是旁车与自车的距离、相对速度和切入角度，距离包括纵向距离与横向距离，距离近则风险大，距离远则风险小；相对速度指自车车速减去旁车车速的差值，差值越大，自车越需要紧

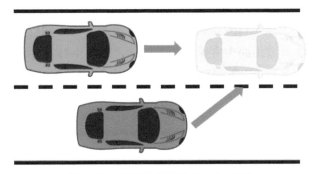

图 4-42 半开放道路的 Cut-in 场景

急减速，风险越高；切入角度指旁车车身的中轴线与车道线的夹角，反映了旁车切入

车道时的车身姿态，切入角度越大，说明切入得越突然，风险越高。Cut-in 场景的分层构建结果见表 4-5。

表 4-5 Cut-in 场景的分层构建结果

层级	要素	高风险 Cut-in	中风险 Cut-in	低风险 Cut-in
Layer 1	行驶任务	行车	行车	行车
	地理区域	半开放道路	半开放道路	半开放道路
Layer 2	道路结构	—	—	—
	位置姿态	在车道内	在车道内	在车道内
	运动状态	大幅减速	适当减速	轻微减速
Layer 3	车道特征	—	—	—
	车位特征	—	—	—
	交通设施	—	—	—
Layer 4	交通参与者	相邻车道有车辆切入本车道；旁车与自车的距离近，相对速度大，切入角度超过 45°	相邻车道有车辆切入本车道；旁车与自车的距离适中，相对速度适中，切入角度范围是 15°~45°	相邻车道有车辆切入本车道；旁车与自车的距离远，相对速度小，切入角度不超过 15°
Layer 5	地面特征	—	—	—
	附属物	—	—	—
	障碍物	—	—	—
	气象条件	—	—	—

（5）前车切出

前车切出是指自车在跟车行驶过程中，前车离开本车道的场景，此时自车将从跟车状态变成巡航状态，如图 4-43 所示。严格来说，Cut-out 场景是跟车行驶场景的一种特殊情况，是跟车行驶场景切换成直到定速巡航或弯道巡航场景的临界场景。Cut-out 场景的分层构建结果见表 4-6。

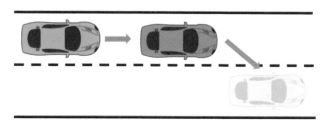

图 4-43 半开放道路的 Cut-out 场景

表 4-6　Cut-out 场景的分层构建结果

层级	要素	Cut-out
Layer 1	行驶任务	行车
	地理区域	半开放道路
Layer 2	道路结构	—
	位置姿态	在车道内
	运动状态	保持向前行驶
Layer 3	车道特征	—
	车位特征	—
	交通设施	—
Layer 4	交通参与者	前车离开本车道
Layer 5	地面特征	—
	附属物	—
	障碍物	—
	气象条件	—

2. 变换车道

变换车道的场景简称变道场景，是指由于外部环境或导航路线的原因，导致自车需要变换车道行驶的场景，属于半开放道路区域的高频场景。根据触发变道的原因不同，变道场景主要包括超车变道、避障变道、地形变道、导航变道等 4 类，如图 4-44 所示。变道场景的分层构建结果见表 4-7。

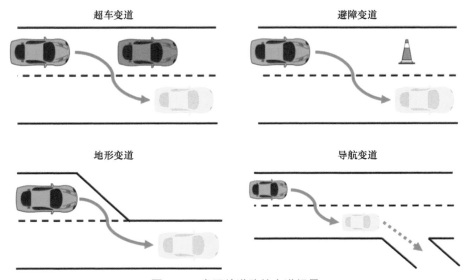

图 4-44　半开放道路的变道场景

表 4-7　变道场景的分层构建结果

层级	要素	超车变道	避障变道	地形变道	导航变道
Layer 1	行驶任务	行车	行车	行车	行车
	地理区域	半开放道路	半开放道路	半开放道路	半开放道路
Layer 2	道路结构	—	—	—	—
	位置姿态	从本车道到相邻车道；变道过程车身与车道线呈一定角度	从本车道到相邻车道；变道过程车身与车道线呈一定角度	从本车道到新车道；变道过程车身与车道线呈一定角度	从本车道到相邻车道；变道过程车身与车道线呈一定角度
	运动状态	变道	变道	变道	变道
Layer 3	车道特征	非单向1车道；变道侧的车道线是虚线、虚-实线或双虚线	非单向1车道	车道线一分二或二合一；变道侧的车道线是虚线、虚-实线或双虚线	非单向1车道；变道侧的车道线是虚线、虚-实线或双虚线
	车位特征	—	—	—	—
	交通设施	—	—	—	—
Layer 4	交通参与者	前车速度过低或前车为大型车辆	—	—	—
Layer 5	地面特征	—	—	—	—
	附属物	—	—	—	—
	障碍物	—	车道前方有障碍物，导致车辆无法通行	—	—
	气象条件	—	—	—	—

　　超车变道是由于前方车辆速度太慢，严重影响自车的通行效率，或者前方有大型车辆，长时间跟车行驶存在安全风险，导致自车需要变换车道的场景。超车变道的方向可以向左，也可以向右，取决于具体路况，尤其是左侧与右侧相邻车道的交通流情况。在超车变道场景中，自车所在道路的车道数目应该不是单向1车道，即存在可以变道的其他车道，并且变道侧的车道线，即本车道到目标车道之间的车道线，应该是虚线、虚-实线或双虚线，允许自车变道。

　　避障变道是指本车道前方存在障碍物，导致车辆无法通行，必须变道才能避开的场景，半开放道路中常见的障碍物包括锥桶、栏杆、水马以及其他车辆掉落的物体等。在避障变道场景中，自车所在道路的车道数目应该不是单向1车道，但对车道线的线型没有要求，即使车道线是实线也应该优先避开障碍物，保证安全。

地形变道是由于道路地形变化导致自车需要变道的场景，道路地形的变化主要是车道分流或合流。车道分流时，车道线会一分二，自车可以向左变道，也可以向右变道，取决于具体路况；车道合流时，车道线会二合一，自车的变道方向取决于车道合流的方向。在地形变道场景中，变道侧的车道线应该是虚线、虚 - 实线或双虚线，允许自车变道。

导航变道是由于导航规划的路线导致自车需要变道，以满足全局行驶路线要求的场景，例如为进入匝道，需要在主路中提前变道至最右侧车道，车道分流时需按导航路线进入正确的车道等。导航变道场景中的车道特征，与超车变道基本相同。

3. 进出匝道

匝道是高速公路与城市快速路特有的场景，是连接半开放道路区域不同路段的主路之间的道路。车辆进出匝道是半开放道路区域的代表性场景，如图 4-45 所示，分为 2 种情况：进入匝道与离开匝道。进出匝道场景的分层构建结果见表 4-8。

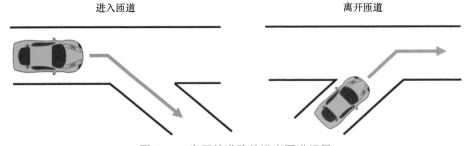

图 4-45　半开放道路的进出匝道场景

表 4-8　进出匝道场景的分层构建结果

层级	要素	进入匝道	离开匝道
Layer 1	行驶任务	行车	行车
	地理区域	半开放道路	半开放道路
Layer 2	道路结构	匝道	匝道
	位置姿态	匝道入口	匝道出口
	运动状态	减速；右转	加速；右转
Layer 3	车道特征	—	—
	车位特征	—	—
	交通设施	—	—
Layer 4	交通参与者	—	—

（续）

层级	要素	进入匝道	离开匝道
Layer 5	地面特征	—	—
	附属物	—	—
	障碍物	—	—
	气象条件	—	—

进入匝道是指根据导航路径，前方将进入匝道行驶的场景。通常匝道与主路之间存在一定角度，不是直道连接，并且匝道的限速值低于主路限速值，因此车辆在进入匝道时，需要适当转向（一般是右转），同时减速至匝道限速值。

离开匝道是指根据导航路径，前方将离开匝道进入新的主路的场景。通常主路与匝道之间存在一定角度，且主路限速值高于匝道限速值，因此车辆需适当转向（一般是右转），同时加速至主路限速，以免车速过低产生安全风险。

4. 通行困难

通行困难场景是指车辆受限于交通环境，行驶受阻、通行难度大的场景。在半开放道路区域，车辆大部分时间都能够顺利通行，少见的通行困难场景主要由交通拥堵或恶劣气象条件导致。通行困难场景的分层构建结果见表 4-9。

表 4-9　通行困难场景的分层构建结果

层级	要素	交通拥堵	恶劣气象条件
Layer 1	行驶任务	行车	行车
	地理区域	半开放道路	半开放道路
Layer 2	道路结构	—	—
	位置姿态	—	—
	运动状态	车速 ≤ 30km/h	车速 ≤ 30km/h
Layer 3	车道特征	—	—
	车位特征	—	—
	交通设施	—	—
Layer 4	交通参与者	大量机动车形成低速密集的交通流	—
Layer 5	地面特征	—	—
	附属物	—	—
	障碍物	—	—
	气象条件	—	大雨、大雪、大雾等极端天气条件或强逆光等恶劣光照条件

在交通拥堵场景中，车辆行驶速度受限，只能低速缓慢移动，如图 4-46 所示；并且由于车流密集、机动车之间的距离小，容易发生碰撞，对自车行驶轨迹的精准度要求高。恶劣气象条件场景中，由于大雨、大雪、大雾等极端天气条件（图 4-36）或强逆光等恶劣的光照条件（图 4-37），导致传感器的检测能力严重下降，感知效果极差，智能驾驶性能严重受限，且自车需保持低速行驶，确保安全。

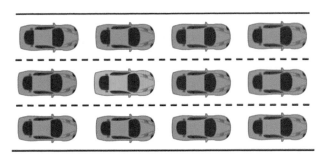

图 4-46　半开放道路的交通拥堵场景

4.3.2　全开放道路场景

全开放道路是用户日常出行的必经区域，其特点是道路多变、路况复杂、交通流不确定性高，主要包括城区道路、城际道路、乡村道路和山路等。前面提到，封闭场地的非停车位区域与全开放道路场景相似，因此将其归入全开放道路场景来研究。在全开放道路区域，存在 5 类典型的出行场景：车道内行驶、变换车道、路口通行、人流密集、通行困难。

1. 车道内行驶

车辆保持在全开放道路区域的车道内行驶的场景，与半开放道路区域非常相似。可以说，车道内行驶是行车场景中的一类通用场景。不过，由于车辆在全开放道路中的速度一般低于半开放道路，并且全开放道路的道路结构和交通参与者的元素更多样化，因此不同地理区域的车道内行驶场景仍存在少量区别。

在全开放道路区域的直道定速巡航场景下，车速一般不高。车辆在城区道路中的车速通常不超过 60km/h，在乡村道路与山路中的车速通常不超过 40km/h，只有在路口好的城际道路（如高等级的国道、省道中），车速才能超过 60km/h，但通常不会超过 80km/h。

全开放道路区域的弯道巡航场景存在更多种类、安全风险更高的弯道，如急转弯的 2 种特殊场景：直角弯道和 U 形弯道，即弯道角度为 90° 和 180° 的急转弯，如图 4-47 所示。此时车辆需要以更低的过弯车速、更大的减速幅度和更大的方向盘转角，才能保证顺利通过弯道。

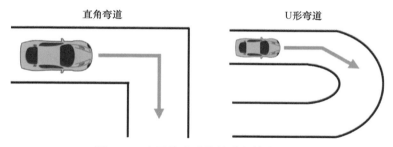

图 4-47　全开放道路的特殊急转弯场景

在全开放道路区域的跟车行驶场景中，前车除了机动车外，还可能是非机动车，如违规行驶在机动车道的电瓶车等，如图 4-48 所示。此时自车的车速很低，并且前方非机动车随时会改变行驶状态，不确定性高，通常应该尽快变道。在开放道路中，自车的前方也可能出现行人，因此全开放道路区域的跟车行驶场景，更准确的叫法应该是"跟随行驶场景"。

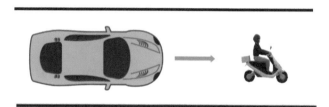

图 4-48　全开放道路的特殊跟车场景

全开放道路区域的 Cut-in 和 Cut-out 场景比在半开放道路区域更为普遍，原因是全开放道路区域的道路形态更多变、交通流更密集，因此周围车辆的变道行为更加频繁，导致 Cut-in 和 Cut-out 场景出现的频率更高。另外，除了有机动车 Cut-in 外，在全开放道路区域还存在非机动车与行人突然进入本车道的场景，极大地影响自车行驶的安全性，如图 4-49 所示。

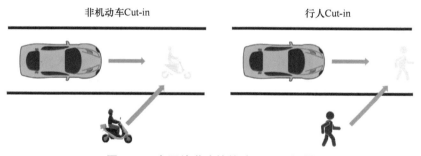

图 4-49　全开放道路的特殊 Cut-in 场景

2. 变换车道

车辆在全开放道路区域的变道场景与半开放道路区域也非常相似，变换车道也是行车场景中的一类通用场景。由于全开放道路比半开放道路的场景元素更多样化，路况更加复杂，因此不同地理区域的变道场景，也存在少量区别，如图 4-50 所示。

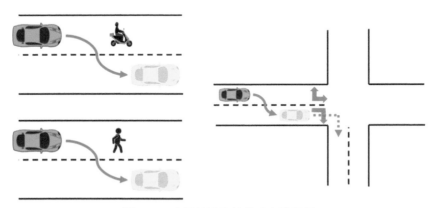

图 4-50　全开放道路的特殊变道场景

全开放道路区域的超车变道场景比半开放道路区域更为普遍，尤其是城区道路中，由于慢速行驶的车辆多，因此经常触发超车变道。在全开放道路区域中触发超车变道的前车，除机动车外，还可能是非机动车或行人。

全开放道路区域的避障变道场景也更为普遍，尤其是城区道路中的临时交通管制与施工路段更多，因此锥桶、栏杆、水马等障碍物出现的频率更高，导致避障变道更加频繁。

全开放道路区域的地形变道场景也更为普遍。在路口等多种场景中，经常会出现车道线一分二或二合一的情况，并且同一路段的车道数目也会发生变化，导致车道分流或合流的频率变高，地形变道更加频繁。

全开放道路区域的导航变道场景也更为普遍，且细分场景更多。由于全开放道路区域的道路拓扑比半开放区域更多样化，因此根据导航路线行驶时，车辆经常需要变道，以满足全局行驶路线的要求，典型的如主路与辅路切换、进入路口前的变道等。当根据导航路线需要从主路进入辅路，或者从辅路进入主路时，自车需变道进入对应的辅路或主路中；当前方即将通过路口时，如果当前车道不允许车辆按导航路线要求的行驶方向通过路口，则自车需要变道进入正确的车道，例如自车需在路口左转或右转，而自车位于直行车道中，则需变道进入左转或右转车道。

3. 路口通行

路口是全开放道路区域特有的场景，代表性地反映了城区、城际等道路的复杂和多变。车辆在路口通行时，应减速慢行，通常车速不超过 40km/h，并严格遵守路口各类交通设施的引导和约束。路口的类型多种多样，根据道路拓扑，可分为 Y 形路口（三岔路口）、T 形路口（丁字路口）、十字路口、X 形路口、错位路口、环形路口（环岛）等；根据交通设施，可分为有交警路口、有信号灯路口和无指挥路口（没有交警也没有信号灯）。车辆在路口的行驶方向也多种多样，包括直行、右转、左转、掉头、逆时针绕行（环岛）等。典型的路口通行场景如图 4-51 所示。

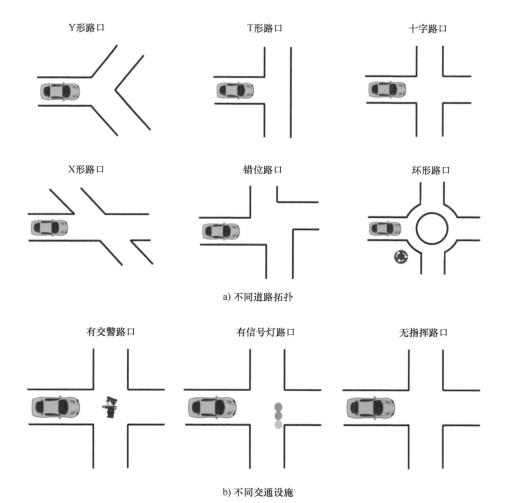

图 4-51 全开放道路的路口通行场景

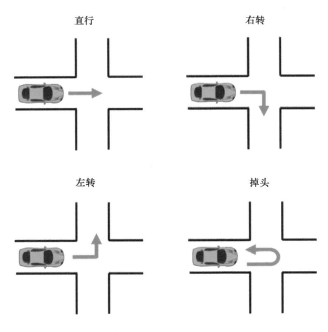

c) 不同行驶方向

图 4-51　全开放道路的路口通行场景（续）

　　路口通行场景存在机动车、非机动车、行人等多种交通参与者，且移动方向各不相同，自车需严格遵守交警指挥（手势）、信号灯指示（红灯停、绿灯行、黄灯等）、"三让"原则（转弯让直行、直行让右行、右转让左转）等交通规则行驶。在人流量与车流量大的城区路口，交通参与者数量多，尤其是大量的非机动车与行人穿行，需格外注意减速和避让，以安全顺利地通过路口。路口通行场景的分层构建结果见表 4-10。

表 4-10　全开放道路的路口通行场景

层级	要素	路口通行
Layer 1	行驶任务	行车
	地理区域	全开放道路
Layer 2	道路结构	路口，Y 形、T 形、十字路口、X 形、错位路口、环形路口等
	位置姿态	通过路口
	运动状态	减速至 40km/h 以下； 直行、右转、左转、掉头或逆时针绕行

（续）

层级	要素	路口通行
	车道特征	—
Layer 3	车位特征	—
	交通设施	可能有交警，可能有信号灯，环形路口有环岛标志牌
Layer 4	交通参与者	多种、多个交通参与者，移动方向多样
	地面特征	—
Layer 5	附属物	—
	障碍物	—
	气象条件	—

4. 人流密集

人流密集场景是全开放道路区域的又一类代表性场景，也是考验智能驾驶的安全性和智能化程度重要场景。人流密集场景的特点是行人数量多且密集、移动轨迹难以预测，容易突然出现，严重干扰车辆行驶，不确定性非常高。人流密集场景主要存在于城区道路，常见的有公交站台、学校门口、园区门口等，如图4-52所示。人流密集场景的分层构建结果见表4-11。

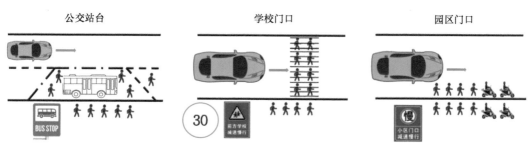

图 4-52 全开放道路的人流密集场景

表 4-11 人流密集场景的分层构建结果

层级	要素	公交站台	学校门口	园区门口
Layer 1	行驶任务	行车	行车	行车
	地理区域	全开放道路	全开放道路	全开放道路
	道路结构	—	—	—
Layer 2	位置姿态	—	—	—
	运动状态	减速至 30km/h 以下	减速至 30km/h 以下	减速至 30km/h 以下

（续）

层级	要素	公交站台	学校门口	园区门口
Layer 3	车道特征	—	—	—
	车位特征	—	—	—
	交通设施	—	学校门口的指示标志牌； 限速 30km/h 的限速标志牌	—
Layer 4	交通参与者	可能有行人横穿； 可能有行人突然出现； 可能有公交车起步、变道	可能有行人（儿童）横穿	可能有非机动车与行人无序穿行
Layer 5	地面特征	—	—	—
	附属物	公交站台	—	—
	障碍物	—	—	—
	气象条件	—	—	—

公交站台是公交车靠边停车、乘客上下车的场所，容易出现行人横穿和"鬼探头"的状况。自车应该减速慢行，注意避让随时可能出现的横穿马路的行人，尤其是从被公交车遮挡的盲区中突然出现的行人。另外，公交站台中停靠的公交车随时可能起步并向左变道，也要注意避让。

中学、小学及幼儿园门口是少年儿童容易出现的路段。未成年人的交通安全意识淡薄，移动轨迹突变，经常出现突然横穿马路的情况，并且儿童高度低，识别难度大于成人。自车应该保持低速行驶，必要时停车等待。通常会有交通标志牌指示学校门口路段，并限速 30km/h。

园区门口指办公园区、居民社区、商业区等各类封闭场地的出口或入口，存在机动车、非机动车与行人等多种交通参与者，容易出现拥堵、非机动车与行人随意穿行等情况。自车及时识别到周围的机动车、非机动车和行人，减速慢行，注意避让。

5. 通行困难

全开放道路区域的通行困难场景出现的频率大于半开放道路区域。在全开放道路区域，道路结构多样、交通参与者不确定性高，因此容易发生车辆难以通行的情况。全开放道路区域的通行困难场景除了半开放道路区域存在的交通拥堵与恶劣气象条件场景外，还有狭窄巷道、狭窄乡村小路和危险山路等场景，如图 4-53 所示。全开放道路区域通行困难场景的分层构建结果见表 4-12。

全开放道路区域的交通拥堵场景除了机动车密集外，还会有非机动车与行人穿行，导致车辆通行的难度更大、安全风险更高。全开放道路区域的恶劣气象条件场景与半开放道路区域基本相同。

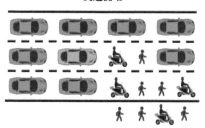
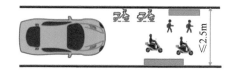

图 4-53 全开放道路的通行困难场景

表 4-12 全开放道路区域通行困难场景的分层构建结果

层级	要素	交通拥堵	恶劣气象条件	狭窄巷道	狭窄乡村小路	危险山路
Layer 1	行驶任务	行车	行车	行车	行车	行车
	地理区域	全开放道路	全开放道路	全开放道路	全开放道路	全开放道路
Layer 2	道路结构	—	—	—	—	—
	位置姿态	—	—	—	—	—
	运动状态	车速≤30km/h	车速≤30km/h	车速≤30km/h；方向盘频繁转动	车速≤30km/h	车速≤30km/h
Layer 3	车道特征	—	—	单向通行；道路宽度≤2.5m；没有车道线	双向通行；道路宽度≤4m；没有车道线	车道是狭窄车道
	车位特征	—	—	—	—	—
	交通设施	—	—	—	—	山体滚石或滑坡的警告标志牌
Layer 4	交通参与者	大量机动车形成低速密集的交通流；非机动车与行人穿行	—	非机动车与行人穿行	—	—

（续）

层级	要素	交通拥堵	恶劣气象条件	狭窄巷道	狭窄乡村小路	危险山路
Layer 5	地面特征	—	—	—	地面材质是碎石、泥土；地面易潮湿、积水；地面易塌陷	地面易塌陷，形成山体滑坡
	附属物	—	—	—	—	—
	障碍物	—	—	路边可能有各种障碍物	—	地面可能有掉落的山体滚石
	气象条件	—	大雨、大雪、大雾等极端天气条件或强逆光等恶劣光照条件	—	—	—

狭窄巷道是城区，尤其是老旧城区中的一类常见场景。通常狭窄巷道的道路宽度不超过 2.5m，只能单向通行，没有车道线，且路边会存在多种障碍物，如临时停放的两轮车、大石块等，此外还会有非机动车和行人穿行，给车辆通行造成极大干扰。车辆须低速缓慢行驶，经常转动方向盘调整车身姿态，以避让障碍物和穿行的非机动车、行人，顺利通行。

狭窄乡村小路是乡村道路中的狭窄路段，也是一类通行困难场景。狭窄乡村小路的道路总宽度一般不超过 4m，没有车道线，双向会车困难，并且乡村道路的路面大多由碎石和泥土形成，路面附着条件差，松软易塌陷，雨后容易潮湿和积水。车辆须低速缓慢行驶并注意避开严重塌陷和积水的路面范围。

危险山路是山路中的路况差、安全风险高的场景，其中危险一般来自于狭窄路段、山体滚石、山体滑坡等。车辆通行区域非常有限，发生危险的概率高，须低速慢行，时刻注意路况，随时准备停车，等待救援。

4.4 泊车场景

泊车场景是车辆执行泊车任务的场景，发生在停车位区域。与行车场景不同，泊车场景中的车速极低（通常不超过 5km/h），并且车辆存在前进、后退、左转、右转等多种行驶方向。根据停车位的布置形式，泊车场景可以分为水平泊车、垂直泊车与斜列泊车；另外，还有其他要素导致的一些泊车受限场景与泊车困难场景。

4.4.1 水平泊车

水平泊车是常见的一类泊车场景，其停车位的布置形式是水平车位。根据车位标线信息，水平车位可以进一步分为水平标线车位与水平空间车位，如图 4-54 所示。水平泊车场景的分层构建结果见表 4-13。

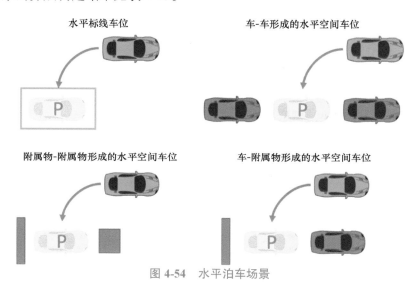

图 4-54 水平泊车场景

表 4-13 水平泊车场景的分层构建结果

层级	要素	水平标线车位	水平空间车位
Layer 1	行驶任务	泊车	泊车
	地理区域	停车位	停车位
Layer 2	道路结构	—	—
	位置姿态	—	—
	运动状态	多方向移动； 车速 ≤ 5km/h	多方向移动； 车速 ≤ 5km/h
Layer 3	车道特征	—	—
	车位特征	水平车位； 标线车位	水平车位； 空间车位
	交通设施	—	—
Layer 4	交通参与者	—	—
Layer 5	地面特征	—	—
	附属物	—	车位前后有立柱、墙体、绿化带
	障碍物	—	车位前后有停放的车辆
	气象条件	—	—

水平标线车位是有车位线的水平车位，泊车时须严格参照车位线规划泊车轨迹；车位线可能会呈现不同的封闭程度、颜色、层数、线型等，但都属于水平标线车位泊车场景。水平空间车位是没有车位线、由车位前后的静态物体合围成的停车空间，轨迹取决于车位前方与后方的参照物位姿；水平空间车位的参照物一般是停放的其他车辆或场地附属物，如立柱、墙体、绿化带等。

4.4.2 垂直泊车

垂直泊车也是常见的一类泊车场景，其停车位的布置形式是垂直车位。根据车位标线信息，垂直车位可以进一步分为垂直标线车位与垂直空间车位，如图 4-55 所示。垂直泊车场景的分层构建结果见表 4-14。

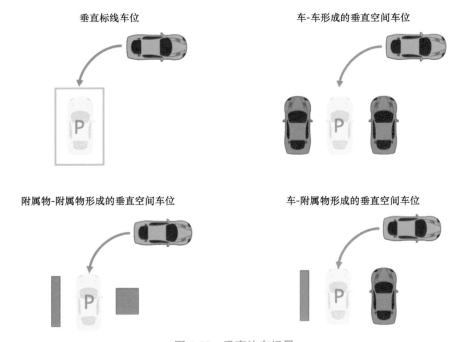

图 4-55 垂直泊车场景

垂直标线车位是有车位线的垂直车位，其占地面积小、节约空间，可以紧凑地排列在一起，是目前大型停车场内主要的车位类型；垂直标线车位的车位线同样可能会呈现不同的封闭程度、颜色、层数、线型等。垂直空间车位是没有车位线、由车位左右的静态物体作为参照物，合围成的停车空间；垂直空间车位的常见参照物与水平空间车位相同。

表 4-14　垂直泊车场景的分层构建结果

层级	要素	垂直标线车位	垂直空间车位
Layer 1	行驶任务	泊车	泊车
	地理区域	停车位	停车位
Layer 2	道路结构	—	—
	位置姿态	—	—
	运动状态	多方向移动； 车速 ≤ 5km/h	多方向移动； 车速 ≤ 5km/h
Layer 3	车道特征	—	—
	车位特征	垂直车位； 标线车位	垂直车位； 空间车位
	交通设施	—	—
Layer 4	交通参与者	—	—
Layer 5	地面特征	—	—
	附属物	—	车位左右有立柱、墙体、绿化带
	障碍物	—	车位左右有停放的车辆
	气象条件	—	—

4.4.3　斜列泊车

斜列泊车场景出现的频率低于水平泊车与垂直泊车，是相对少见的一类场景，但也是用户日常会遇到的泊车场景。根据车位标线信息，斜列车位可以进一步分为斜列标线车位与斜列空间车位，如图 4-56 所示。斜列泊车场景的分层构建结果见表 4-15。

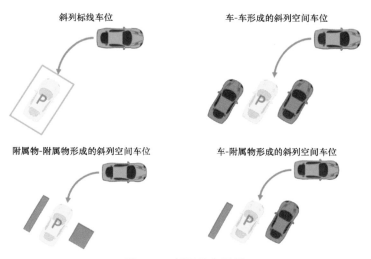

图 4-56　斜列泊车场景

表 4-15　斜列泊车场景的分层构建结果

层级	要素	斜列标线车位	斜列空间车位
Layer 1	行驶任务	泊车	泊车
	地理区域	停车位	停车位
Layer 2	道路结构	—	—
	位置姿态	—	—
	运动状态	多方向移动； 车速 ≤ 5km/h	多方向移动； 车速 ≤ 5km/h
Layer 3	车道特征	—	—
	车位特征	斜列车位； 标线车位	斜列车位； 空间车位
	交通设施	—	—
Layer 4	交通参与者	—	—
Layer 5	地面特征	—	—
	附属物	—	车位左右有立柱、墙体、绿化带
	障碍物	—	车位左右有停放的车辆
	气象条件	—	—

　　斜列标线车位是有车位线的斜列车位，其倾斜角一般是 30°、45° 或 60°，也会存在其他角度，取决于停车场的整体规划，但通常都大于 15°；斜列标线车位的车位线同样可能会呈现不同的封闭程度、颜色、层数、线型等。斜列空间车位是没有车位线、由车位左右的静态物体作为参照物，合围成的停车空间，且参照物导致自车只能倾斜地停放，斜列空间车位较为少见；斜列空间车位的常见参照物与水平、垂直空间车位相同。

4.4.4　泊车受限

　　泊车受限是由于停车位中的特殊标识或障碍物等，导致该停车位不可用、自车不能停放的场景。特殊标识主要指专用车位标识，包括充电车位、出租车位、贵宾（VIP）车位、女士车位、残疾人车位等，此时如果自车不属于可以停放的车辆类型，则不能停入专用车位，常见的专用车位标识如图 4-22 所示。停车位中的障碍物主要包括停放的其他车辆、地锁、禁停标志牌、锥桶以及其他临时占位的物体等，此时停车位不可用，自车无法停放，常见的停车位障碍物如图 4-28 所示。泊车受限场景的分层构建结果见表 4-16。

表 4-16　泊车受限场景的分层构建结果

层级	要素	特殊标识	障碍物
Layer 1	行驶任务	泊车	泊车
	地理区域	停车位	停车位
Layer 2	道路结构	—	—
	位置姿态	—	—
	运动状态	—	—
Layer 3	车道特征	—	—
	车位特征	有专用车位标识	—
	交通设施	—	—
Layer 4	交通参与者	—	—
Layer 5	地面特征	—	—
	附属物	—	—
	障碍物	—	车位中有障碍物
	气象条件	—	—

4.4.5　泊车困难

泊车困难是由于停车位区域的交通环境导致车辆移动受阻、泊车难度大的场景。常见的泊车困难场景包括空间狭小、人车穿行、恶劣气象条件等。泊车困难场景的分层构建结果见表 4-17。

表 4-17　泊车困难场景的分层构建结果

层级	要素	空间狭小	人车穿行	恶劣气象条件
Layer 1	行驶任务	泊车	泊车	泊车
	地理区域	停车位	停车位	停车位（室外）
Layer 2	道路结构	—	—	—
	位置姿态	—	—	—
	运动状态	多方向移动； 车速 ≤ 5km/h	多方向移动； 车速 ≤ 5km/h	多方向移动； 车速 ≤ 5km/h
Layer 3	车道特征	—	—	—
	车位特征	狭小车位（与标准尺寸差值超15%）或车位周边空间太小	—	—
	交通设施	—	—	—
Layer 4	交通参与者	—	有大量车辆与行人穿行	

（续）

层级	要素	空间狭小	人车穿行	恶劣气象条件
Layer 5	地面特征	—	—	—
	附属物	—	—	—
	障碍物	—	—	—
	气象条件	—	—	大雨、大雪、大雾等极端天气条件或强逆光等恶劣光照条件

泊车空间狭小的场景分为2种，一种是停车位的尺寸明显小于标准尺寸范围，即狭小车位，水平车位的长度、垂直车位的宽度、斜列车位的斜线垂直距离，如果明显小于停车位的设计标准（差值超过标准尺寸的15%），就会导致泊车困难；另一种是停车位周边的车辆行驶通道空间太小，导致车辆的移动范围非常有限，需要多次反复调整车身姿态才能完成泊车。停车位的标准尺寸范围如图4-23所示。

人车穿行是指停车位区域或周边有大量的车辆或行人穿行，泊车过程容易被阻碍和中断，导致泊车困难的场景。人车穿行是一种安全风险高的场景，需注意识别自车周围的大量交通参与者，并准备随时停车，避免碰撞。

恶劣气象条件的影响，发生在室外的停车位区域。由于大雨、大雪、大雾等极端天气或强逆光等恶劣的光照条件，导致传感器尤其是摄像头，难以识别出停车位、障碍物和参照物，从而难以顺利完成泊车任务。

第 5 章 功能体系

根据 SAE 的智能驾驶分级标准（详见附录 A），智能驾驶的终极目标是实现 L5 级完全自动驾驶，即任何场景、任何路段都能由智驾系统控制车辆完成所有的行驶动作，不需要驾驶员的任何操作，可以取消方向盘和踏板等驾驶员操纵装置。不过在现阶段，由于硬件性能和软件技术水平的限制，还无法做到 L5 级的自动驾驶，L4 级自动驾驶也只能在特定路段，在少量概念车上实现。目前量产智能驾驶的等级以 L2 级为主，少数可以达到 L3 级，还处于人机共驾阶段，即驾驶员与智驾系统共同完成驾驶任务，驾驶员需要部分介入或接管车辆。因此，目前的智能驾驶产品还不能直接覆盖用户出行的全场景，需要基于不同的用户出行场景，开发对应的智能驾驶功能（以下简称"智驾功能"），通过各项功能的组合应用，满足用户在不同出行场景中的需求，形成人机共驾的智驾产品。

基于第 4 章中的用户出行场景体系，本章将建立一套系统化、通用化的智能驾驶功能体系。该功能体系与场景体系有强对应关系，能够涵盖目前市场上的各项主流智驾功能，并能清晰地说明各项功能所实现的效果、覆盖的场景以及功能之间的内在关联。

5.1 量产功能盘点

智能驾驶发展至今，市场上已经出现了多种多样的智驾功能，实现不同的车辆控制效果。一方面，各家公司的开发的智驾功能存在趋同现象，功能之间有一定的相似性；另一方面，每家公司也会推出自家独有的功能，形成差异化的产品，即使是基本相同的功能，不同公司也会提出不同的名称和概念。对目前市场主流智驾功能的汇总及效果介绍见表 5-1。

表 5-1 市场主流智驾功能汇总及效果介绍

功能	效果	简称
交通标志识别	通过摄像头识别道路的交通标志信息，主要是限速信息，并向驾驶员显示	TSR

（续）

功能	效果	简称
智能限速提示	识别到道路限速信息，向驾驶员发出提示，避免超速	ISLI
定速巡航	设定目标车速后，车辆按目标车速匀速行驶	CC
自适应巡航	识别前方目标车辆，根据设定的目标车速以及车间时距实现巡航控制，若前方无车则定速巡航	ACC
车道居中控制	持续自动控制车辆的横向运动，让车辆始终在车道中央区域内行驶	LCC、ICC
交通拥堵辅助	交通拥堵时，控制车辆自动跟车并保持车道中间行驶	TJA
智能巡航辅助	高速行驶时，控制车辆保持在车道中间行驶	ICA
高速驾驶辅助	高速公路中，控制车辆在车道内居中行驶，并支持拨杆变道	HWA
自动变道	通过车辆传感器融合处理，综合判断前方车辆、目标车道后方车辆，在通过转向开关或自动触发变道之后控制车辆进行变道操作。	ALC
触发变道	当驾驶员发出变道指令时，在保证安全的前提下，辅助驾驶员执行变道动作	TLC
交通拥堵领航	在 TJA 基础上增加导航和自动变道	TJP
高速驾驶引导	在 HWA 基础上增加高速导航、自动变道和自动进出匝道	HWP
自动导航辅助驾驶	融合 TJP 与 HWP 功能，在限定区域内实现点到点的自动行驶	NOA、NGP、NOP
倒车影像显示	车辆 R 档时，通过后方的摄像头，检测车辆后方环境，并向驾驶员显示	RVC
全景影像	通过环视摄像头，检测车辆周围环境，为驾驶员提供全方位的车辆周围环境影像，消除视觉盲区	AVM
半自动泊车辅助	寻找空闲车位，并控制转向，驾驶员仅需负责加速、制动和换档操作的泊车辅助功能	S-APA、S-APS
自动泊车辅助	通过单一传感器探测障碍物的位置和可通行区域空间形状，识别出空间车位；系统控制方向盘、加速踏板、制动踏板和档位，控制车辆完成泊车	APA、APS
融合自动泊车辅助	通过多种传感器融合感知周边，识别出车位，包括标线车位和空间车位；系统控制方向盘、加速踏板、制动踏板和档位，控制车辆完成泊车	FAPA
自动泊出	控制车辆自动驶出车位，提高狭小车位的泊车便利性	APO
遥控泊车辅助	系统通过传感器识别车位，驾驶员可以不在车内，近距离通过遥控方式，控制车辆完成泊车，也可以控制车辆直进直出	RPA

（续）

功能	效果	简称
记忆泊车	系统通过多种传感器，并根据记忆的路径，实现短距离一键泊车、远程召唤车辆等效果	HPA、VPA
自主代客泊车	停车场或其他限定区域内，基于 L4 自动驾驶技术，实现最后几百米的低速无人泊车效果	AVP
智能召唤	停车场或其他限定区域内，控制车辆自动行驶到用户指定的位置	SS
前方碰撞预警	通过时刻监测前方车辆，判断自车与前车的距离、方位及相对速度，当存在潜在碰撞风险时，向驾驶员发出预警	FCW
前方横向交通预警	车辆低速前进时，检测前方横向来车并发出预警，方便驾驶员在行驶中注意横向来车，增加反应时间	FCTA
车道偏离预警	通过识别车道线，预测车辆偏离车道的行为，并向驾驶员发出预警	LDW、LDWS
开门预警	在停车状态即将打开车门时，监测车辆侧方可能危及安全的状况，并及时发出预警	DOW
盲区监测	车辆行驶过程，当有其他车辆进入盲区时，系统会在对应方向发出警示标识，提醒驾驶员注意安全	BSD
变道预警	车辆变道过程，实时监测目标车道，当出现可能与自车发生碰撞的其他交通参与者时，及时向驾驶员发出预警	LCW
后方碰撞预警	如果后方车辆即将与自车发生碰撞，系统会向驾驶员和后方车辆，同时发出预警	RCW
后方横向交通预警	倒车时，监测后侧方横向来车并发出预警，辅助驾驶员安全倒车	RCTA
停车距离控制	低速行驶时，检测车辆前后方的障碍物，辅助驾驶员识别前后方难以观察到的近距离障碍物，以及与自车的距离	PDC
车速辅助	检测到车辆超速时，系统向驾驶员发出预警，或自动降低车速	SAS、ISA
自动紧急制动	自车与前车的距离小于安全距离时，存在高碰撞风险时，系统主动制动，避免或减少追尾等碰撞事故	AEB
行人自动紧急制动	自车与前方行人的距离小于安全距离时，存在高碰撞风险时，系统主动制动，避免或减少追尾等碰撞事故	AEB-P
自动紧急转向	自车前方存在高碰撞风险时，系统主动控制转向，避免或减少追尾等碰撞事故	AES
前方横向交通辅助制动	车辆低速前进时，如果前方有横向来车，存在高碰撞风险，系统主动制动，避免或减少碰撞事故	FCTB

（续）

功能	效果	简称
后方横向交通辅助制动	倒车时，如果后方有横向来车，存在高碰撞风险时，系统主动制动，避免或减少碰撞事故	RCTB
车道保持辅助	可以在车道偏离预警的基础上增加横向控制功能，检测到车辆偏离车道时，自动调整转向，让车辆保持在车道内行驶	LKA、LKS、LDP、LKAS
紧急车道保持	自车偏离车道，并且与相邻车道的车辆有碰撞风险或自车即将驶出路沿时，系统自动施加较大的转向力矩，让车辆保持在车道内行驶	ELK、ELKS

从表 5-1 中可以看出，目前市场上的智驾功能种类多、数量多，可以满足基本的用户出行需求，并且覆盖了预警、紧急控制、单一方向控制、横纵向综合控制等不同的智能化等级。不过，由于不同开发者对功能的定义和理解不同，造成市场上的智驾功能繁杂混乱，体现在以下几方面：①同一项功能不同公司定义的名称不同，以车道保持辅助为例，存在 LKA、LKS、LDP、LKAS 等多种叫法，容易给用户造成疑惑；②同一名称不同公司开发的功能效果不同，例如同样都叫自动变道（ALC），有些车型仅支持用户触发的变道，相当于触发变道（TLC）的效果，有些车型能够同时支持用户触发的变道和系统自主变道，智能化程度更高；③部分功能之间存在包含关系，但目前由于不同开发者的技术差异，同一类型的功能会有不同智能化水平的效果，例如定速巡航（CC），实际上属于自适应巡航（ACC）的一部分，但有些车型不具备 ACC 功能，所以推出 CC 功能；④由于认知偏差或宣传营销的目的，部分功能的效果被夸大，误导用户对功能的理解，例如在介绍交通标志识别（TSR）功能时，实际上识别的仅仅是单一的限速标志牌，却宣称能够识别道路上的交通标志，造成能够识别多种交通标志的假象，引起用户的误解。

针对以上问题，本书认为有必要建立一套系统化、规范化、通用化的智驾功能体系，在完整覆盖出行场景和用户需求的同时，也形成对智驾功能的统一理解，不仅有利于行业内的沟通交流，也有利于提高用户对智驾功能的认知和对开发者的信任度。

5.2 建立智驾功能体系

前面提到，出行场景是用户需求的来源，用户在出行场景中会产生多样化的需求。这些需求最终落实到智能驾驶的各项功能，通过智驾功能，满足用户在各类场景中的出行需求。可见，智驾功能的基础是用户在不同场景中形成的需求点，因此应该通过

第 4 章中建立的用户出行场景体系，分析并提炼用户在各类场景中的需求点，再基于这些需求点，提出对应的解决方案，形成各项智驾功能。结合目前市场上已有的功能，进而建立一套与场景体系对应的、系统化的智驾功能体系。

5.2.1　分析用户需求点

用户需求源于场景，研究用户的需求点应该基于第 4 章中建立的场景体系来展开。在场景体系中，本书根据车辆的行驶任务，将出行场景分为行车场景与泊车场景两大类，由于目标不同，因此用户在行车场景与泊车场景中的需求完全不同，应该分别研究。另外，用户在任何场景中，都对行驶安全有强烈需求，希望能够避免事故。

1. 行车场景的需求

行车场景主要包括车道内行驶、变换车道、进出匝道、通行困难、路口通行、人流密集等场景。其中，车道内行驶和变换车道属于行车场景中的通用场景，广泛存在于半开放道路与全开放道路区域；进出匝道属于半开放道路的特有场景；路口通行和人流密集属于全开放道路的特有场景；通行困难属于边缘场景，即极端场景。

在车道内行驶的场景中，用户的需求主要是纵向车速控制和横向控制车辆在车道内行驶。纵向车速控制的需求包括：当车道前方没有其他交通参与者时，车辆能够保持稳定的车速前行，并符合道路限速要求；当车道前方有交通参与者（尤其是车辆）时，车辆能够保持稳定的距离跟随行驶。横向控制在车道内的需求包括：保持车辆在车道内稳定地居中行驶，不偏离车道；当通过弯道时，根据弯道曲率减速过弯；相邻车道存在安全风险时，如有大型车辆或贴近自车的交通参与者，应适当远离。

在变换车道的场景中，用户的需求是能够安全、流畅地完成变道动作，车辆应能够根据目标车道的路况，在变道的同时，适当提高、保持或降低车速。通常变道可以由用户主动触发，或者智驾系统根据场景（图 4-44）自主触发。

在半开放道路特有的进出匝道场景中，用户的需求是能够根据导航路径流畅地进入或离开匝道，此时纵向应改变车速以适应匝道与主路的限速要求，横向应控制车辆遵循车道线行驶，保持车辆在车道内尽可能地居中。

在全开放道路特有的路口通行场景中，用户的需求是遵守交通规则，根据导航路径安全、流畅地通过路口，此时智驾系统应该能准备地识别交通环境，综合控制车辆的速度与行驶方向，确保满足安全、合规地行驶。

在全开放道路特有的人流密集场景中，用户的需求重点是避让行人与非机动车，确保不发生碰撞。此时对行人与非机动车的检测尤其重要，并应能根据路况，随时减速或转向避让。

在通行困难的极端场景中，用户的需求是能够在安全的提前下，尽快通过极端场景区域。另外，极端场景容易超出智驾系统的能力极限，即设计运行条件（Operational Design Condition，ODC）范围（详见附录 B），因此系统应能够及时判断交通环境是否满足 ODC 范围，当无法继续工作时，及时提示用户接管。

2. 泊车场景的需求

泊车场景主要包括水平泊车、垂直泊车、斜列泊车、泊车受限、泊车困难等场景。无论何种泊车场景，用户的需求都是：停车时，找到可用的停车位，并安全、流畅地控制车辆泊入车位，泊车完成后的车身位姿合理；用车时，能够安全、流畅地控制车辆从停车位中泊出。

在低速泊车时，用户往往希望能实时观察到车辆周围的环境，尤其是难以观察到的后方与侧方区域的情况，因此实时显示车辆周围的环境影像，并及时提示障碍物。此外，不同的停车场地会引发用户的其他需求。当受限于停车位场地限制，如停车位空间太小，导致用户无法打开车门时，用户希望能够在车外控制车辆自动泊车。当停车场车流量大、寻找可用车位耗时太长时，用户更希望把自动控制车辆的场地范围扩大，如车辆能够自动在停车场内寻找可用车位并泊车，以及能够自动从停车位泊出，行驶到用户指定的位置等，这样在市区商场等车流量大的停车场景中，用户只需把车辆停放在停车场出入口，车辆就能自行完成在停车场内泊车，解决停车位难找、用时长的问题，此时用户的需求已经从单独的泊车场景，扩展到场地内低速行驶的行车场景。

3. 安全避障的需求

在车辆行驶的任何场景中，都可能出现其他交通参与者及障碍物距离自车过近，导致容易发生碰撞的情况。此时用户的需求是能够及时检测到危险源，识别出潜在的碰撞风险，及时采取措施避免碰撞。智驾系统应该能够在任何场景中都及时识别出车辆周围的碰撞风险，并向用户及时发出预警，必要时紧急控制车辆避险，包括紧急的纵向控制与横向控制。车辆容易发生碰撞的位置包括前方、侧方、后方等所有可能的方位，因此智驾系统应该能识别全方位的碰撞风险，保障行驶安全。

5.2.2 形成功能体系

上述的用户在各类出行场景中的需求点，可以对应地落实到不同场景中的智驾功能。基于全面覆盖、不重复、不遗漏的原则，参考市场已有的各项功能，可以建立一套系统化、通用化、完整全面的智能驾驶功能体系，一方面能够满足用户出行的各项需求，另一方面通过对市场上已有功能的重新定义和系统化梳理，能够全面覆盖目前市场上的各项主流智驾功能。

1. 行车功能

行车功能对应的是用户在行车场景中的各项需求，根据前面的分析结果，用户在不同的行车场景中存在不同的需求点，需要有不同的功能来分别满足。满足用户需求的行车功能汇总见表 5-2，表中还列出了各项功能的效果与智能化等级。

表 5-2　满足用户需求的行车功能汇总

简称	功能	效果	智能化等级
ACC	Adaptive Cruise Control 自适应巡航	纵向控制，保持匀速巡航，并在前方有交通参与者时，控制车速跟随行驶	L1
ISA	Intelligent Speed Assistance 智能限速辅助	识别道路限速，车辆不满足限速要求时发出预警，自动控制车速在限速范围	L1
LSS	Lane Support System 车道偏离辅助	检测到车辆即将偏出车道时发出预警，必要时横向控制车辆，横向控制力矩的大小可根据紧急程度调整，以防止车辆偏离车道，保持在车道内行驶	L0
LCC	Lane Centering Control 车道居中控制	横、纵向控制，在 ACC 的基础上，保持车辆在车道内居中行驶，并能自动减速过弯	L2
LCW	Lane Changing Warning 变道预警	车辆变道，相邻车道内有危险源，存在碰撞风险时，发出预警	L0
ILC	Intelligent Lane Change 智能变道	横、纵向控制，自动变道，包括指令变道（CLC）与自主变道（ALC），并能根据路况调整车速	L2
H-NOA	Highway Navigate on Autopilot 高速导航辅助驾驶	高速公路和城市快速路等半开放道路区域，实现按导航路径的自动点到点行驶	L2+
C-NOA	City Navigate on Autopilot 城市导航辅助驾驶	城区道路与城际道路等全开放道路区域，实现按导航路径的自动点到点行驶	L2+

自适应巡航（Adaptive Cruise Control，ACC）实现了匀速巡航与稳定地跟随行驶的效果，满足用户在车道内行驶场景中纵向控制车速的需求。

智能限速辅助（Intelligent Speed Assistance，ISA）实现了道路限速信息识别、超速预警与自动限速的效果，满足用户在车道内行驶场景中符合道路限速的需求。

车道偏离辅助（Lane Support System，LSS）实现了对车辆偏离车道的预警和瞬时横向纠偏控制，满足用户在车道内行驶场景中不偏离车道的需求。

车道居中控制（Lane Centering Control，LCC）在 ACC 的基础上，实现了保持车辆在车道内居中的效果，并能减速过弯，满足用户在车道内行驶场景中的横向控制需求。

变道预警（Lane Changing Warning，LCW）实现了车辆变道时对相邻车道碰撞风险的检测，并及时发出预警，满足用户安全变道的需求。

智能变道（Intelligent Lane Change，ILC）能够实现自动变道，满足用户的自动流畅变道需求，根据触发条件，ILC 还可以分为指令变道（即前面盘点到的触发变道）与自主变道。

高速导航辅助驾驶（Highway Navigate on Autopilot，H-NOA）能够在半开放道路区域实现按导航所规划路径的点到点自动行驶，除了 ACC、ISA、LCC、ILC 等功能外，还能控制车辆自动进出匝道，满足用户在半开放道路中的按导航自动行驶的需求。

城市导航辅助驾驶（City Navigate on Autopilot，C-NOA）能够在全开放道路区域实现按导航所规划路径的点到点自动行驶，除了 ACC、ISA、LCC、ILC 等功能外，还能控制车辆自动通过路口等各类城区与城际道路场景，满足用户在全开放道路中的按导航自动行驶的需求。对于行车场景中的人流密集与通行困难场景，用户的需求主要是安全行驶，并且往往车速较低，此时用户的需求应通过主动安全功能来满足，不在行车功能中探讨。

从表 5-2 中可以看出，行车功能从预警与纠偏到单独纵向的控制，到横纵向的综合控制，再到与导航结合实现点到点自动行驶，各项功能是从简单到复杂，从低级到高级，系统而完整的，体现了体系化的特点。图 5-1 所示为各项行车功能之间的内在关联与逻辑关系。

LSS 能够及时检测到车辆即将偏离车道，及时发出预警信息，提示用户注意，并在必要时增加横向的瞬时控制，纠正车辆不偏离车道。当情况紧急（如相邻车道有危险源，容易发生碰撞）时，系统的横向控制力矩可以很大且急促。LSS 只能提供预警信息或瞬时的横向控制，不能长时间持续控制车辆运动，因此属于 L0 级功能。LCW 能够及时识别到变道过程中可能存在的碰撞风险，并及时发出预警信息，也属于 L0 级功能。

ACC 能够根据用户设置和前方交通环境纵向地控制车速，属于 L1 级功能。ISA 能够根据道路限速信息纵向地控制车速，也属于 L1 级功能。ISA 与 ACC 结合，能够提高纵向控制车速的智能化程度。

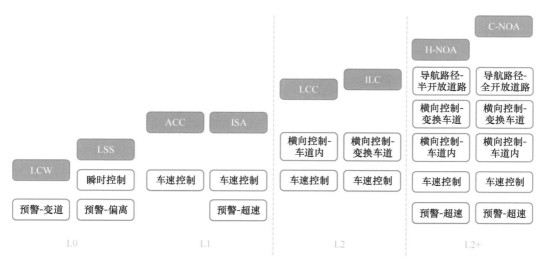

图 5-1   行车功能体系

LCC 是在 ACC 的基础上，增加车道内的横向控制功能，即保持车辆在车道内居中行驶。ILC 能够横向控制车辆变道，并在变道过程中控制车速。LCC 和 ILC 都能同时控制车速与横向运动，属于横、纵向联动控制的 L2 级功能。由于 ILC 需要同时检测相邻车道的路况，因此认为 ILC 的智能化程度略高于 LCC。

H-NOA 与 C-NOA 同属于导航辅助驾驶（Navigate on Autopilot，NOA）功能，都是在 LCC 与 ILC 功能的基础上，结合导航路径的规划结果，控制车辆实现点到点的自动行驶，只是功能作用的区域不同。虽然 H-NOA 与 C-NOA 能够自动按导航行驶，但仍然要求驾驶员始终保持注意力集中，观察交通环境并能随时主动接管车辆，因此仍属于 L2 级功能。不过考虑到 NOA 的智能化水平明显高于 LCC、ILC 等功能，因此可以定义为 L2+ 级功能。另外，由于全开放道路比半开放道路复杂、不确定性高，因此认为 C-NOA 的难度和智能化程度，高于 H-NOA。

2. 泊车功能

泊车功能对应的是用户在泊车场景中的各项需求，主要应满足用户顺利泊车的需求，以及泊车时的实时影像显示、不同停车场地的其他需求等。满足用户需求的泊车功能汇总见表 5-3，表中还列出了各项功能的效果与智能化等级。

表 5-3   满足用户需求的泊车功能

简称	功能	效果	智能化等级
PDC	Parking Distance Control 泊车雷达辅助	提示车辆与周围障碍物的距离，发出相应的预警	L0

（续）

简称	功能	效果	智能化等级
AVM	Around View Monitor 全景影像	显示车辆周围360°的实时环境画面	L0
APA	Auto Parking Assist 自动泊车	横、纵向控制，自动识别可用车位，并能自动泊入选定的车位，以及自动从车位泊出	L2
RPA	Remote Parking Assist 遥控泊车	通过遥控装置（手机APP），近距离控制车辆自动泊车	L2
HPA	Home-zone Parking Assist 记忆泊车	特定停车场内，车辆沿固定路线自动寻找到特定的停车位，并自动泊入	L2+
AVP	Automated Valet Parking 自主代客泊车	任意停车场内，车辆自动寻找到任意可用的停车位，并自动泊入，驾驶员可以不在车上	L3
SS	Smart Summon 智能召唤	通过遥控装置（手机APP），远程控制车辆从车位到达用户指定的位置，驾驶员不在车上	L3

泊车雷达辅助（Parking Distance Control，PDC）实现了低速时监测周围物体与自车的距离的效果，并当距离过近时发出预警，提示用户注意，满足用户泊车时的避障需求。

全景影像（Around View Monitor，AVM）实现了车辆周围360°环境影像的实时显示，能提供全方位的环境感知信息，消除驾驶员的视觉盲区，满足用户泊车时观察车辆周围环境的需求。

自动泊车（Auto Parking Assist，APA）实现了自动识别可用车位、自动泊入车位、自动泊出车位的效果，满足用户顺利泊车的最主要需求。

遥控泊车（Remote Parking Assist，RPA）实现了用户在车外遥控车辆自动泊车的效果，满足用户离车后自动泊车的需求。

记忆泊车（Home-zone Parking Assist，HPA）实现了特定停车场内沿固定路线完全自主泊入特定车位的效果，满足用户扩大自动控制范围的需求。

自主代客泊车（Automated Valet Parking，AVP）实现了任意停车场内完全自主泊车的效果，解决用户在停车场内耗时长、停车难的问题。

智能召唤（Smart Summon，SS）实现了任意停车场内远程召唤车辆的效果，同样解决了用户在停车场内耗时长的问题。

从表5-3中可以看出，泊车功能包括简单的距离提示、全景显示，泊入、泊出车位，在特定停车场寻找特定的停车位，以及任意停车场寻找任意可用的停车位，并能通过遥控的方式，将车辆从停车位上召唤到指定位置等。这一系列功能的智能化水平逐步提高，覆盖的场景从单一到复杂，功能实现的难度从易到难，同样存在体系化的关联与逻辑关系，如图 5-2 所示。

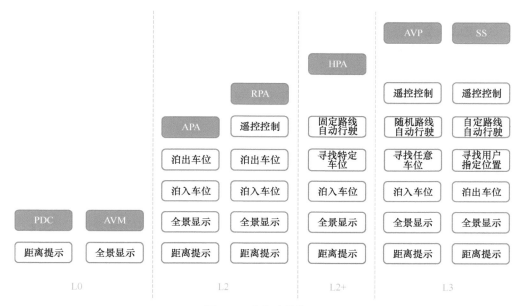

图 5-2　泊车功能体系

PDC 提示车辆与周围物体的距离，AVM 显示车辆周围的环境画面，两者都通过发出提示、显示和预警信息，辅助用户泊车，但不能控制车辆的运动，属于 L0 级功能。需要说明的是，PDC 和 AVM 的适用场景不仅限于泊车场景，在低速时都可以使用，只是 PDC 和 AVM 在泊车场景中应用更普遍，因此将这 2 项功能归类于泊车功能。

APA 能够基于 PDC 和 AVM 的信息显示与提示，自动识别车位，并综合控制车辆的横、纵向运动，自动泊入与泊出车位，属于 L2 级功能。RPA 在 APA 的基础上，实现了用户在车外遥控的效果，虽然用户不在车内，但仍要求用户近距离地观察车辆状态，随时准备接管，因此属于 L2 级功能。

HPA 在 APA 的基础上增加特定停车场内自主寻找特定停车位的功能，同时需要先学习并记忆用户在停车场内的行驶路线；HPA 的智能化水平明显高于 APA，能够控制车辆在封闭场地内低速行驶，但仍要求用户在车上，并保持对周围环境的关注和随时主动接管车辆，因此也属于 L2 级功能，考虑到 HPA 的智能化程度较高，可以记忆路线并在停车场内自动行驶，因此将其定义为 L2+ 级功能。

AVP 将 HPA 的泊车范围扩大至任意停车场内的任意停车位，并且不需要先行学习，系统能够控制车辆自动按合理的路线寻找车位；用户使用 AVP 功能时可以离开车辆，通过手机 APP 等遥控方式来操作，只需要在车辆远程发出接管提示时紧急远程接管即可，因此 AVP 属于 L3 级功能。SS 是 AVP 的镜像功能，用户远程召唤车辆从停车位行驶到任意指定位置，属于 L3 级功能。

3. 主动安全功能

主动安全功能对应的是用户在任意场景中都有的、避免碰撞的需求，包括危险源预警和瞬时的纵向或横向控制等，它们能够避免碰撞事故或减轻碰撞所造成的伤害。满足用户需求的主动安全功能汇总见表 5-4，表中还列出了各项功能的效果与智能化等级。

表 5-4　满足用户需求的主动安全功能

简称	功能	效果	智能化等级
FCW	Front Collision Warning 前向碰撞预警	前方有碰撞风险时，发出预警	L0
AEB	Autonomous Emergency Braking 自动紧急制动	前方有高碰撞风险，或倒车时后方有高碰撞风险时，自动制动	L0
AES	Autonomous Emergency Steering 自动紧急转向	前方有高碰撞风险时，自动转向避让	L0
FCTA	Front Crossing Traffic Alert 前方横穿预警	前方有横向移动的危险源，存在碰撞风险时，发出预警	L0
FCTB	Front Crossing Traffic Braking 前方横穿辅助制动	前方有横向移动的危险源，存在碰撞风险时，自动制动	L0
RCTA	Rear Crossing Traffic Alert 后方横穿预警	后方有横向移动的危险源，存在碰撞风险时，发出预警	L0
RCTB	Rear Crossing Traffic Braking 后方横穿辅助制动	后方有横向移动的危险源，存在碰撞风险时，自动制动	L0
RCW	Rear Collision Warning 后向碰撞预警	车辆后方有碰撞风险时，发出预警	L0
BSD	Blind Spot Detection 盲区监测	实时对驾驶员的视野盲区进行监测并预警	L0
DOW	Door Open Warning 开门预警	打开车门，侧向有碰撞风险时，发出预警	L0

通过前方、侧方、后方等所有方位的危险预警和紧急控制，及时发现危险源，及时采取措施避障，可实现对车辆安全的全方位守护效果，满足用户的安全避障需求。严格意义上说，行车功能中的 LSS、LCW 以及泊车功能中的 PDC，也属于主动安全功能，其作用也是为了避免碰撞，保障安全；但由于 LSS、LCW 功能与行车场景中的用户需求强相关，PDC 功能与泊车场景中的用户需求强相关，因此本书将其分别列入行

车与泊车功能中。

从表 5-4 中可以看出，主动安全类功能包括两类：一类是预警类功能，对即将发生的碰撞风险提供提示和预警信息，但没有控制动作，属于 L0 级功能；另一类是瞬时控制类功能，即将发生碰撞时，系统自动紧急控制车辆的纵向或横向运动，纵向控制通常是制动，瞬时控制类功能虽然能够控制车辆，但仅有瞬时的紧急控制效果，不能长时间连续控制，因此也属于 L0 级功能。

表 5-4 中的各项主动安全功能覆盖了车辆周围的所有方位，能够通过预警或瞬时控制提供全方位的安全避障，形成一套完整全面的主动安全功能体系，如图 5-3 所示。

通过以上方式所建立的智驾功能体系，不仅能够与第 4 章中建立的用户出行场景体系形成明确的对应关系，全面满足用户在出行场景中的各项需求点，而且各功能之间逻辑关系清晰，没有遗漏和重复，具有系统性和完整性，可以作为一套通用的智驾功能体系。

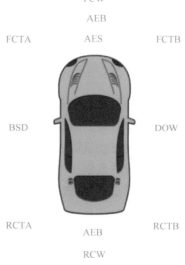

图 5-3　主动安全功能体系

本章所建立的智驾功能体系能够覆盖目前市场上的各种智驾功能，对于不在这套功能体系内的智驾功能，要么属于体系内某项功能的一部分，要么是体系内某几项功能的叠加，要么与体系内的某项功能仅命名方式不同。例如，前面提到的交通标志识别（Traffic Sign Recognition，TSR）、智能限速提示（Intelligent Speed Limit Information，ISLI）、车速辅助（Speed Assist System，SAS）等功能，都包含在 ISA 功能中，属于 ISA 的一部分；车道偏离预警（Lane Departure Warning，LDW）、车道保持辅助（Lane Keeping Assist，LKA）和紧急车道保持（Emergency Lane Keeping，ELK）等功能，都包含在 LSS 功能中，属于 LSS 的一部分；交通拥堵辅助（Traffic Jam Assist，TJA），本质上是车速不超过 60km/h 时的 LCC 功能（有些公司开发的 TJA 功能，在没有车道线时还能实现跟随前车轨迹行驶，但主要还是根据车道线并保持居中行驶）；智能巡航辅助（Integrated Cruise Assist，ICA），本质上是车速超过 60km/h 时的 LCC 功能，TJA 与 ICA 都属于 LCC 的一部分；高速驾驶辅助（Highway Assist，HWA），虽然不在本章所建立的智驾功能体系内，但其本质上是高速公路场景中的 LCC+CLC 的功能叠加；NGP（Navigation Guided Pilot）和 NOP（Navigate on Pilot）分别是小鹏和蔚来对导航辅助驾驶的命名，其实就是 NOA；VPA（Valet Parking Assist）是小鹏对停车场记忆泊车的命名，其实就是 HPA。

下面，本书对所建立的智驾功能体系中各项功能所实现的效果进行更加细致的解读，便于加深读者对功能体系的理解。

5.3　智驾功能解读

此处对各项智驾功能的解读，主要是对所实现效果的进一步分解和细化，将各项功能描述得更加细致。本书第 3 篇还将对部分典型功能做全面和详细的设计，呈现更加丰富的解读内容。

5.3.1　行车功能解读

行车功能包括自适应巡航、智能限速辅助、车道偏离辅助、车道居中控制、变道预警、智能变道、高速导航辅助驾驶、城市导航辅助驾驶等。

1. 自适应巡航

自适应巡航属于 L1 级功能，能够控制车辆的行驶速度，以及跟随前方目标物自动行驶。ACC 能代替驾驶员控制加速踏板（"油门"或"电门"）和制动踏板，解放双脚，缓解驾驶疲劳，但 ACC 只能控制车辆的车速，即实现纵向运动控制，不涉及横向控制。ACC 适用于沿直线向前行驶的场景，详见第 4 章中的直道定速巡航场景和跟车场景（可以没有车道线）。ACC 能实现的效果包括：

1）定速巡航：当前方无其他交通参与者时，自车在道路上保持恒定的车速巡航行驶。

2）跟随行驶：当前方有其他交通参与者正在移动时，自车将距离最近的交通参与者作为目标物，保持恒定的距离跟随行驶。

3）跟随起停（Stop&Go）：自车可跟随前方目标物减速至停止，以及跟随目标物自动起步。

2. 智能限速辅助

智能限速辅助属于 L1 级功能，它能够在车辆行驶过程中识别道路上的限速信息并显示给用户，同时判断车速是否满足要求。如果车速不满足道路限速的要求，ISA 会发出预警，提示用户注意控制车速；如此时车辆正在运行 ACC 功能，则 ISA 不发出提示，直接将车速控制在道路限速范围内。ISA 仅对车辆进行纵向的车速控制，不涉及横向控制。ISA 适用于道路有限速信息的场景，如图 5-4 所示。ISA 能实现的效果包括：

1）显示限速：将当前道路的限速值显示在屏幕

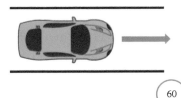

60

图 5-4　道路限速场景

的界面中。

2）提示超速：人工驾驶时，如果车速不满足道路限速要求（过高或过低），则提示用户注意控制车速。

3）自动控速：ACC 功能运行时，如果车速不满足道路限速要求，则通过加、减速，将车速保持在限速范围内。

3. 车道偏离辅助

车道偏离辅助属于 L0 级功能，能够在车辆行驶过程中实时监测车辆的位置姿态，通过预警和瞬时的主动横向控制防止车辆偏离车道。LSS 适用于车辆偏离车道的场景，如图 5-5 所示。LSS 能实现的效果包括：

1）识别偏离风险：检测本车道的车道线或路沿，并根据车道线或路沿信息结合车辆的位置、姿态，识别车辆是否存在偏离车道的风险。

2）偏离预警：当识别到车辆存在偏离车道的风险时，向驾驶员发出预警信息，提醒注意。

3）常规纠偏：当识别到车辆存在偏离车道的风险且驾驶员未能及时控制时，如果没有碰撞风险，系统主动施加较小的横向控制力矩，平稳地控制车辆，使之保持在车道内行驶。

4）紧急纠偏：当识别到车辆存在偏离车道的风险，且偏离后存在碰撞风险时，如偏离路沿或相邻车道有危险源，此时系统主动施加急促的大横向力矩，以迅速控制车辆使之保持在车道内行驶。

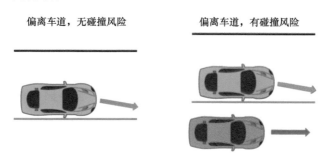

图 5-5　车道偏离场景

4. 车道居中控制

车道居中控制属于 L2 级功能，在 ACC 的纵向控制车速基础上，同时控制车辆的横向运动，使车辆保持在车道内居中行驶。LCC 可以代替驾驶员控制加速踏板（"油门"或"电门"）、制动踏板和方向盘，同时解放双手双脚，充分缓解驾驶疲劳。LCC 能够同时控制车辆的横向与纵向运动，并且横向、纵向运动控制存在耦合关系，是整体的联合控制。LCC 适用于在车道内行驶的场景，详见第 4 章中的车道内行驶场景。LCC 能实现的效果包括：

1）纵向自适应巡航：ACC 能实现的所有纵向运动控制效果。

2）车道居中保持：使车辆保持在车道内居中行驶。

3）减速过弯：弯道场景中，系统根据弯道的曲率控制车辆适当减速，以合理的过弯车速行驶，同时控制车辆的横向运动，确保车辆平稳地通过弯道。

5. 变道预警

变道预警属于 L0 级功能，适用于车辆准备变道的场景，此时 LCW 实时检测目标车道是否存在危险源（尤其是快速移动的机动车和非机动车），如果存在碰撞风险则系统发出预警信息，提醒驾驶员暂停变道动作。LCW 适用于变道时目标车道有碰撞风险的场景，如图 5-6 所示。LCW 能实现的效果包括：

1）识别变道风险：转向灯点亮时，系统检测目标车道的危险源，判断车辆变道是否存在碰撞风险。

2）变道风险预警：如果存在碰撞风险，系统向驾驶员发出预警信息提醒驾驶员暂停变道动作。

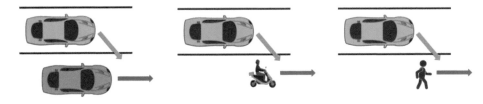

图 5-6　变道风险场景

6. 智能变道

智能变道属于 L2 级功能，能够通过主动横向控制，使车辆自动从本车道变换到相邻车道，并在变道过程中根据道路环境调节车速。ILC 可以代替驾驶员控制车辆的方向和车速，自动完成变道动作，解放驾驶员的双手双脚。ILC 无须驾驶员操作方向盘就能实现车辆变道，同时控制车辆的横向与纵向运动，并且横向、纵向运动控制存在耦合关系，是整体的联合控制。ILC 适用于第 4 章中的变换车道场景。ILC 能实现的效果包括：

1）横向变道：根据变道指令，当判断交通环境允许变道时自动控制车辆横向变道，进入相邻车道行驶。根据变道行为的指令来源不同，ILC 分为指令变道（Command Lane Change，CLC）与自主变道（Automatic Lane Change，ALC）。CLC 的变道指令来自驾驶员，驾驶员通过某种交互方式，通常是拨动转向拨杆，发出变道指令；ALC 的变道指令来自智驾系统，当本车道前方不适合继续行驶时，系统自动发出变道指令。

2）调节车速：变道过程中，系统根据目标车道的路况自动调节车速。如果目标车道后方有车辆快速接近，则适当加速；如果目标车道前方近距离有其他交通参与者，则适当减速；如果目标车道前、后方均无其他交通参与者，则保持匀速。

7. 高速导航辅助驾驶

高速导航辅助驾驶属于 L2+ 级功能，其智能化程度还没有达到 L3 级，但已经超过一般的 L2 级功能。H-NOA 能根据导航地图，规划合理的行驶路径，并控制车辆在半开放道路区域，自动地从起点行驶到终点，包括在车道内居中行驶、控制车速、变换车道、进出匝道等行驶行为，全程无须驾驶员控制车辆。H-NOA 相当于在导航与定位的基础上，实现了 ACC、ISA、LCC、ILC 等功能的融合，并能自动通过半开放道路特有的进出匝道等场景。H-NOA 能够在高速公路或城市快速路等地理区域长时间解放驾驶员的双手、双脚，极大地缓解长途驾驶的疲劳。H-NOA 虽然不需要驾驶员进行操作，但仍需要驾驶员注意观察交通环境，保持对车辆行为的监督，并准备随时接管。H-NOA 适用于第 4 章中的半开放道路场景。H-NOA 能实现的效果包括：

1）导航关联：将 H-NOA 与导航地图关联，系统获取导航规划的行驶路径，控制车辆按导航路径行驶。

2）车道内行驶：ACC、ISA、LCC 能实现的所有效果。

3）智能变道：ILC 能实现的所有效果。

4）进出匝道：根据导航规划的路径，系统控制车辆进入匝道或离开匝道。

8. 城市导航辅助驾驶

城市导航辅助驾驶属于 L2+ 级功能，与高速导航辅助驾驶同属于点到点的导航辅助驾驶功能，不同之处在于两者作用的地理区域。C-NOA 能根据导航地图规划合理的行驶路径，并控制车辆在全开放道路区域自动地从起点行驶到终点，包括在车道内居中行驶、控制车速、变换车道、通过路口等行驶行为，全程无须用户控制车辆。C-NOA 相当于在导航与定位的基础上实现了 ACC、ISA、LCC、ILC 等功能的融合，并能通过全开放道路特有的各类复杂场景，如路口、人流密集场景等。C-NOA 能够在城区与城际等地理区域，长时间解放驾驶员的双手双脚，极大地缓解长途驾驶的疲劳。C-NOA 虽然不需要驾驶员进行操作，但仍需要驾驶员注意观察交通环境，尤其是全开放道路的复杂、多变路况，保持对车辆行为的监督，并准备随时接管。C-NOA 适用于第 4 章中的全开放道路场景。C-NOA 能实现的效果包括：

1）导航关联：将 C-NOA 与导航地图关联，系统获取导航规划的行驶路径，控制车辆按导航路径行驶。

2）车道内行驶：ACC、ISA、LCC 能实现的所有效果。

3）智能变道：ILC 能实现的所有效果。

4）路口通行：根据导航规划的路径，系统控制车辆通过路口，包括直行、右转、左转、掉头等行驶方向。

5）提前减速：在人流密集场景中，系统控制车辆提前减速，以随时避让突然出现的行人与非机动车，确保行驶安全。

5.3.2 泊车功能解读

泊车功能包括泊车雷达辅助、全景影像、自动泊车、遥控泊车、记忆泊车、自主代客泊车、智能召唤等。

1. 泊车雷达辅助

泊车雷达辅助属于 L0 级功能，它能够在低速时监测车辆与周围障碍物的距离，如图 2-12 所示；当障碍物距离过近（进入安全风险范围）时，系统根据安全风险的程度发出响应的预警。PDC 能实现的效果包括：

1）监测距离：监测低速时车辆与周围障碍物的距离。

2）预警提示：当识别到障碍物距离过近，存在碰撞风险时，根据距离接近的程度向驾驶员发出不同级别的预警信息。

2. 全景影像

全景影像属于 L0 级功能，能够在低速时检测车辆周围 360° 的环境信息，并经图像拼接和融合处理后，向驾驶员显示鸟瞰效果的 360° 全景影像，如图 2-6 所示。AVM 能实现的效果包括：

1）检测环境：通过摄像头，360° 无死角地检测车辆周围全方位的交通环境。

2）全景显示：将不同摄像头检测到的环境图像拼接并融合处理成鸟瞰视角的全景影像并呈现给驾驶员。

3. 自动泊车

自动泊车属于 L2 级功能，它能够识别出车辆周围的可用停车位，并规划出合理的泊车轨迹，控制车辆按规划的轨迹自动泊入车位，也可以控制车辆从停车位中自动泊出。APA 可以代替驾驶员，实现对车辆档位、车速与运动方向的综合控制，无须驾驶员操作，解决了停车难的问题。APA 适用于第 4 章中的泊车场景。APA 能实现的效果包括：

1）识别车位：通过传感器识别出车辆周围可以停车的车位，向驾驶员显示，并支持驾驶员选择自己想要停放的车位。

2）泊入车位：确认目标车位后，APA 根据当前车辆的位姿计算出泊入车位的最优轨迹，综合控制车辆的档位及横向、纵向运动，泊入目标车位，并满足一定的位置与车身姿态要求。

3）泊出车位：车辆停在车位上时，APA 可以控制车辆以合理的轨迹自动泊出车位到达特定的位置，并实现特定的车身姿态。

4. 遥控泊车

遥控泊车属于 L2 级功能，能够通过手机 APP，遥控车辆自动泊车，适用于停车空间狭窄，用户难以打开车门的场景，如图 5-7 所示。RPA 能实现的效果包括：

1）遥控连接：通过蓝牙将手机与车辆连接，通过手机端的 APP，设置操作 RPA 功能。

2）自动泊车：APA 能实现的所有效果。

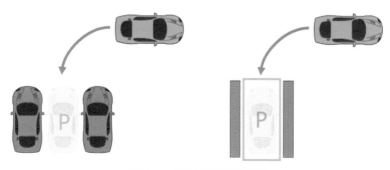

图 5-7　停车空间狭窄场景

5. 记忆泊车

记忆泊车属于 L2+ 级功能，是用于特定停车场（家或公司的停车场）内特定车位的自主泊车功能，如图 5-8 所示。HPA 能够基于 SLAM 技术学习和记忆特定停车场内停车的特定车位以及驾驶员寻找车位时的行驶路线；完成学习和记忆后，HPA 能够控制车辆按所记忆的固定行驶路线，自动完成从停车场入口到泊入特定车位的全过程。只有首次进入停车场时，驾驶员需要人工停车一次，后续 HPA 就能够完成从停车场入口到泊入车位的所有动作，全程不需要驾驶员操作。HPA 能实现的效果包括：

1）学习路线：通过 SLAM 技术学习并记忆特定停车场内的特定车位，以及用户寻找车位时的行驶路线。

2）寻找车位：控制车辆在停车场内，按所记忆的固定路线行驶，寻找到目标车位。

3）泊入车位：控制车辆自动泊入目标车位，相当于 APA 的泊入车位效果。

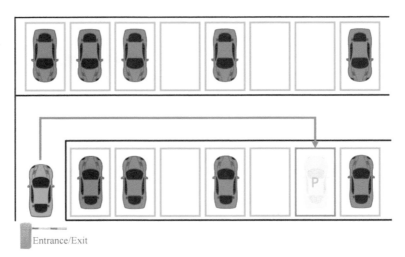

图 5-8　记忆泊车示例

6. 自主代客泊车

自主代客泊车属于 L3 级功能，是用于任意停车场内任意车位的自主泊车功能，如图 5-9 所示。AVP 能够自主规划在停车场内寻找车位的行驶路线并控制车辆按所规划的路线自动行驶，自动寻找可用的停车位；找到可用车位后，AVP 控制车辆自动泊入最近的可用车位。AVP 不需要先行学习和记忆用户的行驶路线，可以直接自动完成从停车场入口到泊入可用车位的全过程。用户可以通过手机 APP 远程查看 AVP 的实时状态与周围环境，不需要在车内，但应能在系统发出接管提示时远程接管车辆。AVP 能实现的效果包括：

1）规划路线：根据停车场的交通环境和车位分布，自主规划在停车场内寻找车位的合理行驶路线。

2）寻找车位：控制车辆在停车场内按所规划的路线行驶，自动寻找到可用车位。

3）泊入车位：控制车辆自动泊入最近的可用车位，相当于 APA 的泊入车位效果。

7. 智能召唤

智能召唤属于 L3 级功能，是自主代客泊车的镜像功能，能够实现停车场内的自动接驾，如图 5-10 所示。用户通过手机 APP 远程发出召唤指令后，SS 自行规划从停车位到用户指定位置的行驶路线，并控制车辆自动从停车位泊出，自动按所规划的路线行驶，到达用户指定的位置。SS 实现的是 AVP 的相反过程，自动完成从停车位到用户指定位置的全过程。用户可以通过手机 APP 远程查看 SS 的实时状态与周围环境，不需要在车内，但应能在系统发出接管提示时远程接管车辆。SS 的作用范围可以从停车场扩展至任意封闭场地。SS 能实现的效果包括：

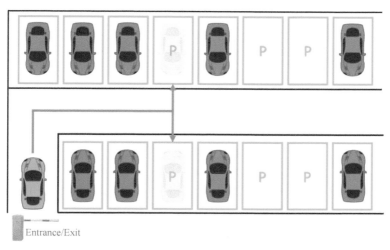

图 5-9　自主代客泊车示例

1）规划路线：根据停车场的交通环境和用户指定的位置，自主规划在停车场内行驶的合理行驶路线。

2）泊出车位：控制车辆自动从停车位中泊出，相当于 APA 的泊出车位效果。

3）低速接驾：控制车辆在停车场内按所规划的路线行驶，自动达到用户指定的位置，完成接驾。

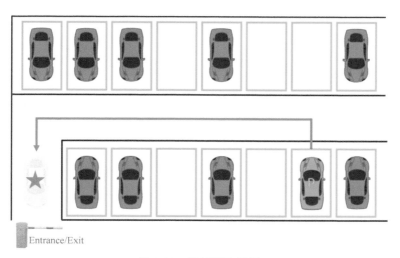

图 5-10　智能召唤示例

5.3.3 主动安全功能解读

主动安全功能包括前向碰撞预警、自动紧急制动、自动紧急转向、前方横穿预警、前方横穿辅助制动、后方横穿预警、后方横穿辅助制动、后向碰撞预警、盲区监测、开门预警等。

1. 前向碰撞预警

前向碰撞预警属于 L0 级的前向预警功能，在车辆向前行驶过程中，系统实时检测车辆前方的交通参与者和障碍物，判断是否存在碰撞风险。通常采用碰撞时间（Time-to-Collision，TTC）来表示碰撞的风险程度，TTC 是指车辆与障碍物发生碰撞的时间间隔，通过距离 / 相对速度来计算，TTC 的值越小，说明距离发生碰撞的时间越短、风险程度越高，反之风险程度越小。

当存在碰撞风险时，FCW 向驾驶员发出预警，提醒驾驶员注意前方安全。FCW 适用于车辆前方有危险源的场景，如图 5-11 所示。FCW 能实现的效果包括：

1）识别碰撞风险：检测车辆前方的交通参与者和障碍物，根据物体相对自车的距离、速度、位置等信息判断是否存在碰撞风险。

2）碰撞预警：当识别到车辆前方存在碰撞风险时，向驾驶员发出预警信息。

图 5-11 前方碰撞风险场景

2. 自动紧急制动

自动紧急制动属于 L0 级的瞬时控制功能，在车辆向前行驶过程中，系统实时检测车辆前方的交通参与者和障碍物，根据 TTC 判断是否存在高碰撞风险；在车辆倒车过程中，系统实时检测车辆后方的交通参与者和障碍物，根据 TTC 判断是否存在高碰撞风险。当情况紧急，碰撞风险程度高时，AEB 控制车辆自动制动，以避免碰撞或减轻碰撞造成的伤害。AEB 适用于车辆前方或后方的碰撞风险程度高的紧急场景，如图 5-12 所示。AEB 能实现的效果包括：

1）识别高碰撞风险：车辆前进时，检测前方的交通参与者和障碍物，车辆后退时，检测后方的交通参与者和障碍物，根据物体相对自车的距离、速度、位置等信息，判断是否存在危险程度高的碰撞风险。

2）自动制动：当识别到存在高碰撞风险，达到紧急状态时，控制车辆自动制动。

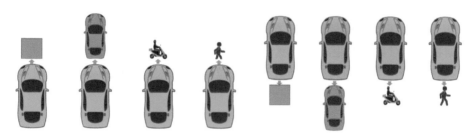

图 5-12　前后方高风险紧急场景

3. 自动紧急转向

自动紧急转向属于 L0 级的瞬时控制功能，在车辆向前行驶过程中，系统实时检测车辆前方的交通参与者和障碍物，判断是否存在高碰撞风险。当情况紧急、碰撞风险程度高时，如果车辆侧方没有其他危险源，则 AES 控制车辆自动转向避障以避免碰撞或减轻碰撞造成的伤害，如图 5-13 所示。AES 能实现的效果包括：

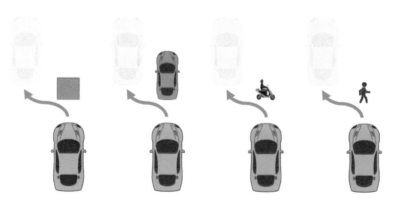

图 5-13　自动紧急转向示例

1）识别高碰撞风险：车辆前进时，检测前方的交通参与者和障碍物，根据物体相对自车的距离、速度、位置等信息，判断是否存在危险程度高的碰撞风险。

2）自动转向：当识别到车辆前方存在高碰撞风险、达到紧急状态，且车辆侧方环境允许转向时，控制车辆自动转向。

4. 前方横穿预警

前方横穿预警属于L0级的前方交通预警功能，在车辆向前行驶过程中，系统实时检测车辆前方的移动横穿物体（尤其是交通参与者），判断是否存在碰撞风险。当存在碰撞风险时，FCTA向驾驶员发出预警，提醒驾驶员注意车辆前方区域的安全。FCTA适用于车辆前方有横穿的移动危险源的场景，如图5-14所示。FCTA能实现的效果包括：

1）识别碰撞风险：检测车辆前方的移动横穿物体（尤其是机动车、非机动车与行人），根据物体相对自车的距离、速度、位置等信息，判断是否存在碰撞风险。

2）碰撞预警：当识别到车辆前方存在由横穿物体引发的碰撞风险时，向驾驶员发出预警信息。

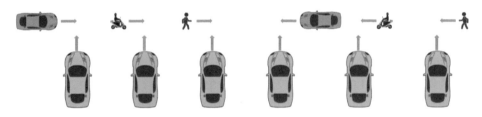

图 5-14　前方横穿风险场景

5. 前方横穿辅助制动

前方横穿辅助制动属于L0级的瞬时控制功能，在车辆向前行驶过程中，系统实时检测车辆前方的移动横穿物体，判断是否存在高碰撞风险。当情况紧急、碰撞风险程度高时，FCTB控制车辆自动制动以避免碰撞或减轻碰撞造成的伤害。FCTB适用于车辆前方横穿危险源导致碰撞风险程度高的紧急场景，如图5-15所示。FCTB能实现的效果包括：

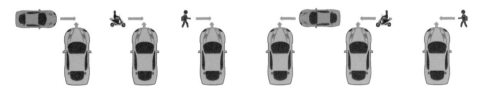

图 5-15　前方横穿高风险紧急场景

1）识别高碰撞风险：检测车辆前方的移动横穿物体（尤其是机动车、非机动车与行人），根据物体相对自车的距离、速度、位置等信息判断是否存在危险程度高的碰撞风险。

2）自动制动：当识别到车辆前方存在由横穿物体引发的高碰撞风险，达到紧急状态时，控制车辆自动制动。

6. 后方横穿预警

后方横穿预警属于 L0 级的后方交通预警功能，在倒车过程中，系统实时检测车辆后方的移动横穿物体（尤其是交通参与者），判断是否存在碰撞风险。当存在碰撞风险时，RCTA 向驾驶员发出预警，提醒驾驶员注意车辆后方区域的安全。RCTA 适用于车辆后方有横穿的移动危险源的场景，如图 5-16 所示。RCTA 能实现的效果包括：

1）识别碰撞风险：检测车辆后方的移动横穿物体（尤其是机动车、非机动车与行人），根据物体相对自车的距离、速度、位置等信息，判断是否存在碰撞风险。

2）碰撞预警：当识别到车辆后方存在由横穿物体引发的碰撞风险时，向驾驶员发出预警信息，提醒注意。

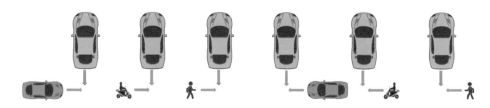

图 5-16　后方横穿风险场景

7. 后方横穿辅助制动

后方横穿辅助制动属于 L0 级的瞬时控制功能，在倒车过程中，系统实时检测车辆后方的移动横穿物体，判断是否存在高碰撞风险。当情况紧急、碰撞风险程度高时，RCTB 控制车辆自动制动，以避免碰撞或减轻碰撞造成的伤害。RCTB 适用于车辆后方横穿危险源导致碰撞风险程度高的紧急场景，如图 5-17 所示。RCTB 能实现的效果包括：

1）识别高碰撞风险：检测车辆后方的移动横穿物体（尤其是机动车、非机动车与行人），根据物体相对自车的距离、速度、位置等信息，判断是否存在危险程度高的碰撞风险。

2）自动制动：当识别到车辆后方存在由横穿物体引发的高碰撞风险、达到紧急状态时，控制车辆自动制动。

图 5-17　后方横穿高风险紧急场景

8. 后向碰撞预警

后向碰撞预警属于 L0 级的后向预警功能，在车辆向前行驶过程中，系统实时检测车辆后方的交通参与者（尤其是机动车与非机动车），判断是否存在碰撞风险。当检测到后方有快速接近的移动目标、存在碰撞风险时，RCW 向驾驶员发出预警，提醒驾驶员注意后方安全，同时也通过打开双闪等方式，提醒后方车辆注意保持安全距离。RCW 适用于车辆后方有危险源的场景，如图 5-18 所示。RCW 能实现的效果包括：

1）识别碰撞风险：检测车辆后方的交通参与者，根据交通参与者相对自车的距离、速度、位置等信息判断是否存在碰撞风险。

2）碰撞预警：当识别到车辆后方存在碰撞风险时，同时向驾驶员和后方交通参与者发出预警信息。

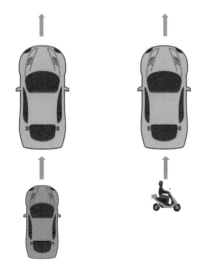

图 5-18　后方碰撞风险场景

9. 盲区监测

盲区监测属于 L0 级的侧向预警功能，在车辆向前行驶过程中，系统实时检测车辆左右两侧，尤其是驾驶员视野盲区的交通参与者，判断是否存在碰撞风险。当检测到车辆侧方有危险源，存在碰撞风险时，BSD 向驾驶员发出预警，提醒驾驶员注意侧方安全，严格保持当前的前进方向不偏转。BSD 适用于车辆侧方有危险源的场景，如图 5-19 所示。BSD 能实现的效果包括：

1）识别碰撞风险：检测车辆侧方的交通参与者，根据交通参与者相对自车的距离、速度、位置等信息，判断是否存在碰撞风险。

2）碰撞预警：当识别到车辆侧方存在碰撞风险时，向驾驶员发出预警信息。

10. 开门预警

开门预警属于 L0 级的侧向预警功能，当车内驾乘人员准备打开车门时，系统实时检测车辆对应侧的交通参与者和障碍物,判断是否存在碰撞风险。当检测到车辆侧方有危险源,此时打开车门存在碰撞风险时,DOW 向车内人员发出预警,提醒注意侧方安全,暂停打开车门的动作。DOW 适用于打开车门有碰撞风险的场景,如图 5-20 所示。DOW 能实现的效果包括:

1)识别碰撞风险:检测即将被打开的车门一侧的交通参与者和障碍物,根据物体相对自车的距离、速度、位置等信息,判断是否存在碰撞风险。

2)碰撞预警:当识别到打开车门会产生碰撞风险时,向车内人员发出预警信息,提示应暂停打开车门。

图 5-19　侧方碰撞风险场景

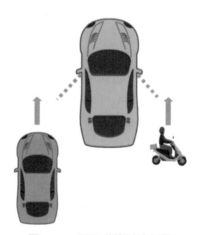

图 5-20　开门碰撞风险场景

第6章 交互体系

汽车的人机交互（Human-Machine Interaction，HMI）是指人与汽车之间通过某种对话语言，以一定的交互方式，为完成确定任务而发生的人与汽车之间的信息交换过程。HMI 作为用户与车辆交流互动的通道（图 6-1），实现人与车辆之间的信息传递与相互理解、交流、互动，是支持用户使用车辆和获取服务最主要的方式，对智能驾驶的实现起到重要作用，是人 - 车 - 路信息闭环的不可或缺部分。

随着智能驾驶产品功能的不断丰富，人机交互作为用户使用智驾产品的入口，其能力越来越重要，甚至能够直观地体现汽车的智能化程度，并直接影响用户对智驾产品的体验。对于智能驾

图 6-1　人机交互（HMI）

驶来说，体系化的人机交互可以促进人与车之间的有效沟通，增进人与车之间的相互理解，尤其是增强用户对人机共驾模式和驾驶任务的理解，减少意外误用和错误操作，实现更加安全、舒适、高效的出行体验，增加用户对智能驾驶的信任度。智能驾驶的人机交互体系主要研究的是多种交互方式与途径，以及完整的交互内容。

6.1　交互方式与途径

在智能汽车时代，车辆的人机交互方式早已从仅有传统仪表（简单信息显示）与硬开关（物理按键）的方式，发展成为多感官、多途径的交互方式，包括视觉、听觉、触觉以及其他体感等多种感官，以及数字仪表、硬开关、软开关（虚拟按键）、中控屏、灯光音响等多种途径。

感官是生物凭借感知器官与经验，接收信息的通道。研究表明。人类感知信息的途径及占比分别是：视觉 83%、听觉 11%、触觉 3.5%、嗅觉 1.5% 和味觉 1%，

如图 6-2 所示。因此，多感官的交互是符合人类生理特征、改善人机交互效果的一种重要方式。在不同的感官交互方式中，存在多种交互途径，例如，数字仪表和中控屏是主要的视觉交互途径，音响与传声器是重要的听觉交互途径，方向盘和座椅是重要的触觉交互途径等。

智能驾驶的多样化应用场景大大增加了信息的丰富度，如导航路径、道路环境、障碍物情况等，而人机共驾也增加了用户驾驶任务的种类和难度，尤其是接管、干预等需要实时切换控制权限的操作。因此智能驾驶的人机交互需要多种交互方式结合使用，一方面将信息完整地展示给用户，另一方面将用户的指令及时传递到车辆，以最大限度地满足智能驾驶对实时性和准确性的要求。

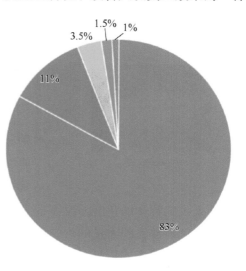

■视觉 ■听觉 ■触觉 ■嗅觉 ■味觉

图 6-2　人类感知信息的途径及占比

6.1.1　视觉交互

人类感知到的信息中，有 83% 的内容是通过视觉的方式获取到的，并且由于视觉信息最为直观、全面和丰富，因此视觉交互是最主要的人机交互方式，几乎所有的驾驶信息都能通过视觉方式呈现给用户。目前汽车的视觉交互途径主要包括数字仪表、中控屏、抬头显示（Head-Up Display，HUD）、车内氛围灯、车外交互灯等。

1. 数字仪表

仪表位于方向盘前方，是汽车中较早出现、发展历程较长的部件，其经历了从机械式仪表，到电气式仪表，再到目前的数字化仪表的进化。早期汽车的仪表是简单的机械式仪表，外观单一且只能显示少量必要的数据信息，如车速、发动机转速等，但信息量太少且不够直观，如图 6-3a 所示。电气式仪表作为第二代汽车仪表，能够显示更多的车辆状态信息，包括车速、转速、行驶里程、压力、冷却液温度、燃油量以及故障或异常状态提示等，此外信息显示的及时性和准确性也显著提升，如图 6-3b 所示。

在电动化和智能化汽车时代，传统的电气式仪表已经不能满足信息丰富度和直观度的需要，且随着电子技术和数字技术的发展，数字仪表逐渐成为主流。数字仪表的界面具有足够的设计空间，能够呈现不同的界面效果，显示更多的数据信息，并且数字显示的精准度也更高，甚至支持个性化定制，因此数字仪表得到迅速普及，目前已经成为智能汽车的标准配置，如图 6-3c 所示。

a)机械式仪表　　　　　　　　b)电气式仪表　　　　　　　　c)数字仪表

图 6-3　不同发展阶段的仪表样式

从人机工程学的角度，仪表是信息显示的理想区域，驾驶员仅通过最低程度的视线转移，就能够看到大量的行驶信息。数字仪表通常显示的是车辆的重要状态以及对车辆行驶影响较大的信息。其中车辆的重要状态包括车速、续驶里程、位置轨迹、功能状态、故障异常等，对车辆行驶影响较大的信息包括天气、时间以及周围交通环境的场景还原与重构等，如图 6-4 所示。

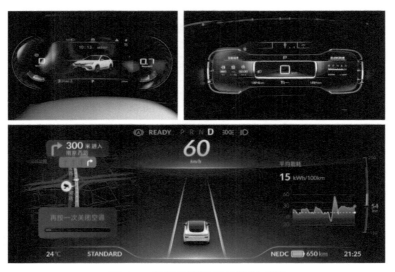

图 6-4　数字仪表显示的信息示例

2. 中控屏

从 20 世纪 80 年代开始，汽车座舱的中控区域开始出现屏幕，逐渐取代早期的收音机、CD（Compact Disc）机等部件，但屏幕的尺寸较小且可显示的信息量很少，只有简单的导航、车辆参数等信息，直到特斯拉的出现。作为中控大屏的引领者，特斯拉在中控区域仅靠一块 17in 的屏幕，就实现了大量数据信息的显示，并能提供多样化的功能与服务，如图 6-5 所示，可以说是对传统中控区域的颠覆，同时也得到了用户的喜爱和行业的关注与模仿。之后，受消费电子的影响，中控屏的屏幕尺寸越来越大，可显示的信息量越来越多，其承担的用途也越来越广，在人机交互中越来越重要。

目前的中控屏已经成为汽车智能化的代表性部件，是高度集成的主流显示界面，它能够显示车辆的几乎所

图 6-5　特斯拉的中控屏

有数据，并能提供多样化的功能服务，包括但不限于行驶状态显示、车辆与系统的所有设置项、实时交通环境、导航地图、影音娱乐应用等，如图 6-6a 所示。可以说，中控屏本质上已经成为重要的智能汽车生态入口，集成了车辆的绝大部分智能化功能和体验。

除了大量信息的显示外，中控屏也取代了传统的中控区域物理按键和旋钮等机械控制方式，化繁为简，通过虚拟的控制开关，集成化地实现了对车辆功能的控制与设置，如智能化功能的开关、空调开关与温度设置、音乐播放等，如图 6-6b 所示，提升了车辆功能的丰富度，并更易于满足用户的个性化需求。

a) 提供多样化服务　　　　　　　　　　b) 虚拟控制开关

图 6-6　典型的中控屏示例

通常中控屏显示的信息的重要程度比仪表信息重要程度低，这是由于用户在驾驶时，观察中控屏的耗时比仪表要长，因此开发者一般会把更重要的信息显示在仪表上，以提高行驶的安全性和交互的效率。不过，中控屏与数字仪表显示的信息并不是固定不变的，因为不同的开发者对信息重要程度的认知不统一，并且出于不同的风格和效果需要，会在仪表与中控屏中显示不同的数据内容，如小鹏汽车会在仪表上显示

局部地图信息，而蔚来汽车则只在中控屏上显示地图导航信息，仪表上不会出现，而特斯拉甚至没有仪表，只在中控屏显示所有信息。一般在开发过程中会综合考虑仪表和中控屏显示的内容，实现信息的联动显示和互补，做到全面完整、主次分明。

3. 抬头显示

读取仪表和中控屏的信息需要驾驶员将视线从前方道路转移到车内，会分散驾驶员注意力，虽然时间短暂，但仍然存在安全隐患。抬头显示（HUD）作为更加安全、便捷的显示方式，近年来逐渐得到普及。HUD 通过将车速、位置、导航等重要的行驶信息投影到驾驶员视线的正前方区域，能够让驾驶员在不低头的情况下，就看到所需要的信息，在提升车辆科技感的同时，避免由于驾驶员视线转移及注意力分散而造成的碰撞风险，提升行驶的安全性和人机交互体验，如图 6-7 所示。

图 6-7　HUD 示例

根据成像原理，HUD 主要分为组合式抬头显示（Combiner Head-Up Display，C-HUD）、直投风窗玻璃抬头显示（Windshield Head-Up Display，W-HUD）和增强现实抬头显示（Augmented Reality Head-Up Display，AR-HUD）三种，如图 6-8 所示。C-HUD 采用半透明的树脂板放置于仪表上方作为投影的介质，反射虚像，成像面积小，呈现效果较差。W-HUD 直接采用前风窗玻璃作为投影介质反射成像，具有成像区域大、成像效果好、显示信息丰富等优点，目前是 HUD 的主流方案。AR-HUD 结合了增强现实（Augmented Reality，AR）技术与 HUD 技术，直接将显示效果叠加到现实的道路环境中，能够提供与实景相结合的图像，同时增大成像面积与投影距离，还能直观地呈现车距、车道偏离等更为丰富的信息；受限于成本和技术的原因，目前 AR-HUD 还没有普及，仅在个别车型中有所应用。

a) C-HUD　　　　　　b) W-HUD　　　　　　c) AR-HUD

图 6-8　HUD 的三种类型

HUD 是视觉交互最安全、最高效的显示途径。通常 HUD 显示的内容是仪表显示内容的进一步提炼，是车辆行驶相关的核心信息，如车速、位置等。随着 HUD 技术的发展和车辆智能化程度的升级，HUD 显示的信息将会越来越全面。

4. 车内氛围灯

车内氛围灯是在汽车座舱内营造氛围的灯具，在满足车内照明需求的同时，也能够丰富内饰的色彩，优化驾驶体验，形成多样化、差异化的风格，给用户带来更具科技感的体验。车内氛围灯分布在座舱内的各个区域，如仪表台、中控区域、车顶、车门等，通常采用灯带或点状形式，如图 6-9 所示。

车内氛围灯通过不同种类的灯光和色彩效果（如灯光律动和色彩变换等），一方面可以提供沉浸式的座舱氛围、营造出具有科技感和未来感的氛围效果；另一方面，可以实现与行驶场景、用户喜好等相匹配的环境感知及功能提示。例如，奔驰 S 级车型的主动式环境氛围灯，能够根据天气状况和音乐风格，自动调整色调，以提供给用户更好的驾乘体验；并能在车辆转向或检测到安全风险时，发出红色的灯光，提示用户注意周围交通环境，避免碰撞。造车新势力的车型如小鹏 G9，其车内氛围灯，能够根据行驶场景、驾驶模式、用户情绪、影片、音乐等，自动改变颜色和亮度，营造全方位的氛围感。

a) 奔驰S   b) 小鹏G9

图 6-9　车内氛围灯示例

5. 车外交互灯

车外交互灯是在车辆外部，与车外的其他交通参与者互动的各类灯具。传统的车外交互灯包括前照灯、尾灯、转向灯、制动灯、危险警告灯（双闪灯）等，提供各类静态照明以及简单的提示和预警。汽车智能化带动了车外交互灯的技术创新，车辆的外部灯光效果也从传统的简单静态照明，转变为具有科技感和智能化的动态交互（如动态前照灯、投影技术、数字前照灯、特殊灯效等），在提供情感化与个性化照明效果的同时，也升级了自车与外部环境的交互能力，提升车辆行驶的安全性和效率，进一步改善用户的驾乘体验。

近年来，车外交互灯的智能化水平越来越高，科技感越来越强，并且更加注重提升用户感知度和场景化互动体验，典型案例有奥迪的矩阵式前照灯、奔驰的数字前照灯、智己汽车的智慧灯光系统、高合的智能交互灯光系统等，如图 6-10 所示。奥迪升级了新款 A8 车型的前照灯，最新的数字矩阵式发光二极管（Light Emitting Diode，LED）灯组在提高调节精度的同时，能够将车辆所在的车道单独增亮，提高用户对车道的感知度，确保不偏离车道。奔驰 EQS 车型的数字前照灯（Digitial Light）能够在不同行驶场景中显示多种图案，例如，当路边有行人时，车辆会有明显的指示箭头；车辆具备超车条件时，数字前照灯可以在道路上模拟出动态车道；前方有行人横穿时，车辆会在前方路面投射出人行横道，提示行人可以通行。智己与华域视觉合作，在智己 L7 车型上搭载了一套智慧灯光系统，将车辆化身成为一块大型交互屏幕，用户可以将个性化自定义信息显示于车灯位置的交互屏，形成智能化灯语；同时，智己 L7 能通过投影的方式，在导航时向路面投射清晰的指引标识，从而让用户更直观地获取车辆的前进方向。高合 HiPhi Z 车型包含可编程智能前照灯（Programmable Matrix Lighting，PML）和智能交互灯组（Intelligent Signal Display，ISD），能感知道路环境并自主决策，实现全场景的自适应照明以及与外界人、车的智能追踪与交互；可以实现在车辆的前、后、侧方显示屏上，显示用户自定义的文字和图案，并能实现光型随车速变化，此外，还能根据识别到的驾驶场景（车辆跟踪遮挡、行驶轨迹预测、车道偏离提示、盲区变道警告、低速转向辅助、主动水平调节），提供不同的照明效果。

图 6-10　车外交互灯示例

6. 其他区域视觉交互

除了以上 5 种主流的视觉交互途径外，在车辆的其他区域也会有特定的视觉交互途径，如图 6-11 所示。透明 A 柱，通过在 A 柱安装显示屏，显示被 A 柱遮挡的视野盲区环境，提升车辆行驶的安全性；电子外后视镜（Camera Monitor System，CMS），用摄像头取代传统的光学外后视镜，通过外部摄像头采集图像，经数据处理后显示在屏幕中；副驾和后排屏幕与中控屏联动，为副驾和后排的乘员提供相关信息的显示，以娱乐和舒适性内容为主。

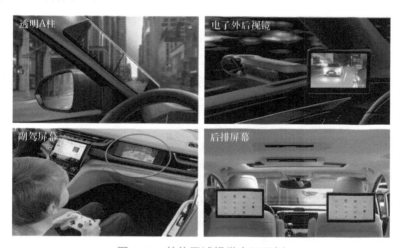

图 6-11　其他区域视觉交互示例

其他区域的视觉交互途径通常作为车辆行驶信息显示的拓展，为用户提供更加多样化和完善化的信息显示途径。

6.1.2　听觉交互

听觉是除视觉之外，人类在驾驶过程中的第二大感官通道，所谓"眼观六路、耳听八方"，因此听觉交互也是一种重要的人机交互方式。但是，由于听觉交互获取到的信息量不够丰富，交互用时也比视觉交互要长，并且听觉交互方式出现误差的概率比视觉方式大，所以听觉交互通常与视觉交互联动，作为视觉交互的重要补充方式。听觉交互的途径主要是车内外的各种电子提示音和车载语音助手。

1. 电子提示音

电子提示音是特定频率的单调机械化声音，具有警示效果，在车辆行驶过程中起到关键信息提示、安全风险预警等作用。电子提示音不仅是一种简单高效的听觉交互途径，同时在安全相关的警示提醒和快速反应方面具备视觉交互无法替代的作用。例如，主动安全功能中的预警类功能，通过不同频率和强度的电子提示音（如"滴滴"声），提醒驾驶员注意安全风险；另外，在驾驶员状态监测、接管提示等功能中，也可以通过电子提示音提醒驾驶员集中注意力。

2. 车载语音助手

语音助手是近年来逐渐成为主流的一种新兴的听觉交互途径，目前的智能化汽车上，普遍配备有智能语音助手，并且虚拟成"智能伙伴"的形象，为用户提供陪伴式的语音交互服务，例如小鹏的小 P、蔚来的 NOMI 等，如图 6-12 所示。一方面，语音助手能够向用户发出语音提示、告知用户必要的车辆行驶信息，并提示用户在特定场景下做出相应的行为和动作；另一方面，语音助手能够接收用户通过语音发出的指令，经分析处理后，按用户的意图控制车辆实现对应的功能，如开启空调、打开音乐等。通常语音助手的交互效果可以与仪表、中控屏的显示，以及氛围灯的效果联动，增强提示和警示效果。

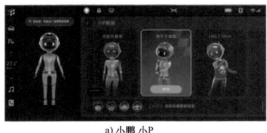 

a) 小鹏 小P   b) 蔚来 NOMI

图 6-12　车载语音助手示例

语音交互的效率高，符合人类交流习惯，交互方式自然，并且对用户的注意力和驾驶行为干扰小，能够让用户在与车辆交互的同时专注于车辆驾驶本身，提升用户的安全感和信任感，是一种较为理想的听觉交互方式。另外，受到手机等消费电子产品的影响，用户也越来越倾向于语音交互这种更加便捷和人性化的交互途径。在当前的人机共驾阶段，语音交互可以说是车内最直接、最人性化的交互方式。不过，由于自然语音的语义识别技术限制，目前还容易出现误识别的情况，所以语音交互的准确率和成功率有待提高。

6.1.3　触觉交互

触觉交互是通过用户的触控来实现的交互方式，包括屏幕触控、物理开关如机械按键或旋钮等，以及车辆对用户的触觉反馈，如方向盘振动、座椅振动、安全带拉紧等。

用户通过触觉方式对车辆的操控，是一种可靠且精准的交互方式，由于是用户主动有意识的操作，因此错误率低，能够准确反映用户的真实意图。传统汽车的触控以机械式的物理开关为主，通过机械式的开关，控制少量简单的功能；在智能化汽车时代，传统的物理开关不能满足多样化复杂功能的控制需求，因此高度集成的虚拟开关成为主流，用户通过屏幕触控的方式，实现对各种功能的控制，并能实现个性化的控制界面，如图 6-6b 所示。

车辆对用户的触觉反馈则通常与行驶安全相关，只有存在碰撞风险时才能通过触觉方式提示用户注意安全，作为视觉和听觉提示的补充，增强用户对安全风险的关注。例如，当前方有障碍物时，可以通过拉紧安全带，提示用户注意紧急制动；当车辆偏离车道线时，可以通过方向盘的振动提示驾驶员注意控制车辆的行驶方向，纠正车辆的偏离。

6.1.4　其他感官交互

除视觉、听觉、触觉这 3 种主要的交互方式外，车辆的人机交互还有嗅觉、体感等其他新兴的交互方式，为用户提供更加多样化、个性化的人机交互体验。

嗅觉交互目前主要是车内香氛和空气净化等，在特定氛围中，车辆可以自动释放香氛气味，改善车内气味，营造愉悦的氛围；在空气质量不好的路段，车辆可以自动净化空气，优化车内空气质量。

体感交互是用户不需要任何其他部件或设备，直接通过肢体动作就能实现与车辆交互的方式。目前常见的体感交互方式是手势交互。用户通过特定的手势表达操作意图和指令，能够控制车辆的特定功能，如空点手指可以接听电话，轻挥手掌可以拒接电话等。手势交互是比触控交互方式更加自然、更符合人类生理习惯的交互方式，能减少用户的注意力分散，提高交互效率，目前在宝马 7 系、上汽 Marvel R 等车型上开始有了手势交互的简单应用，如图 6-13 所示。

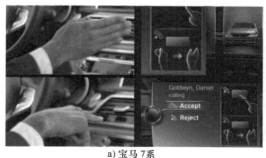

a) 宝马 7 系　　　　　　　　b) 上汽 Marvel R

图 6-13　手势交互示例

6.2　交互内容

人机交互的内容多样，根据不同的场景会有不同的交互内容，覆盖了用户用车全过程的方方面面，如车辆行驶状态、用户生态服务等。对于智能驾驶来说，人机交互的内容主要包括车对人的显示与提示（车 - 人），和人对车的操控（人 - 车）两大部分，其中车对人的显示与提示又可以分为对车内驾乘人员的显示与提示和对车外交通参与者的显示与提示。

6.2.1　车 - 人交互

车 - 人交互是指车对人的显示与提示，即车辆向用户显示数据信息，并在必要时给予用户适当的提示。车辆行驶的过程，是人 - 车 - 路闭环控制、相互影响的过程，因此车辆状态、外部环境、驾乘人员的状态都是重要的信息，需要实时传递给用户。另外，车辆有时需要向外部的交通参与者发出提示和预警，将自车的行驶状态同步给外部的车辆或行人，以加强安全性并提高行驶效率。

1. 车辆状态

车辆状态包括车辆的基本运行状态和智能驾驶的运行状态。

车辆的基本运行状态信息有很多，与智能驾驶相关的主要是车辆的行驶状态，包括位置姿态数据和具体的运动状态，在第 4 章中已经进行了详细的解读。作为基础且重要的信息，车辆行驶状态的数据会在仪表、中控屏或 HUD 中突出显示，如车速、行驶轨迹、位置、车身姿态等，以便用户在最短的时间内观察到，时刻了解车辆的行驶状态，如图 6-14 所示。

智能驾驶的运行状态是非常重要的、需要让用户清楚明确的信息，尤其在当前人机共驾阶段，智能驾驶的运行状态直接决定用户和智驾系统分别承担的驾驶任务，进而影响用户的驾驶行为，因此，智能驾驶的运行状态必须能够直观、清晰地显示给用户，并做出必要的提示。

图 6-14　车辆行驶状态显示

根据场景是否满足智能驾驶的 ODC 范围，运行状态分为可用状态与不可用状态；根据开关设置，功能运行状态分为开启状态与关闭状态；根据智驾系统的故障情况（包括硬件故障与软件故障），运行状态分为正常状态与异常（故障）状态。不过，车辆显示给用户的智能驾驶状态，是更加直观的表达，是以上几种运行状态的组合，通常智能驾驶会呈现给用户这几种状态：不可用状态（Unavailable）、关闭状态（Off）、待机状态（Standby）、激活状态（Active）、故障状态（Error），见表 6-1，表中 "—" 的内容，表示该项的优先级低于其他项，对智能驾驶的运行状态没有影响。从表 6-1 中可以看出，待机状态分为 2 种，与具体的智能驾驶功能有关，一种是满足 ODC 范围、系统没有故障，但开关关闭的状态，另一种是开关开启、系统没有故障，但不满足 ODC 范围的状态。激活状态是指满足 ODC 范围、开关开启、系统没有故障的状态，也就是智能驾驶正常运行、发挥作用的状态。

表 6-1　智能驾驶的运行状态

运行状态	ODC	开关设置	故障情况
不可用状态	不满足	—	—
关闭状态	—	关闭	—
待机状态 -1	不满足	开启	正常
待机状态 -2	满足	关闭	正常
激活状态	满足	开启	正常
故障状态	—	—	异常

当智能驾驶保持在某种状态时，通常会将该状态的信息通过特定的元素显示在仪表或中控屏上，如状态的图标、特定的动画效果等，有时也会通过 HUD 显示。用户可以根据仪表、中控屏或 HUD 上显示的特定元素获取当前的智能驾驶状态信息。图 6-15 所示为特斯拉的智能驾驶状态显示效果，包含了典型的智能驾驶状态元素，其中图标 a 表示车辆的目标巡航车速，图标 b 表示已激活横向控制，图标 c 表示道路的限速值，动画效果 d 表示车道线与车辆的行驶轨迹。

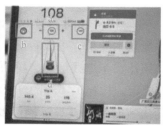

图 6-15　特斯拉的智能驾驶状态显示效果

当智能驾驶从一种状态切换到另一种状态时，应该能通过多种途径提示用户，让用户注意改变驾驶行为。尤其是从激活状态退出到待机状态或从待机状态进入激活状态时，由于车辆的控制权发生了变化，在纯人工驾驶和人机共驾状态之间切换，因此必须及时提示用户，以便用户做出正确的动作。例如，当纵向控制从激活状态退出到待机状态时，车辆的纵向速度控制权从智驾系统交给驾驶员，此时驾驶员需要及时控制加速或制动踏板，因此应该在仪表、中控屏或 HUD 的界面，通过视觉的方式直接告知用户纵向控制状态的变化，通常是如图 6-16 所示的文字与警示色（红色）提示；另外，为了增强用户的感知，一般还会在文字提示的同时，伴随声音的提示，如明显的电子提示音或语音播报。

图 6-16 智能驾驶状态切换的提示效果示例

2. 交通环境

交通环境是指行驶场景中的外部环境。车辆把检测到的外部环境场景要素经分析处理后，通过对应的虚拟模型，显示在仪表或中控屏界面，实现周围交通环境在车内的虚拟还原和重构，即交通场景重构（Traffic Status Indication，TSI）。

在第 4 章中已经知道，外部环境要素多种多样，包括道路场地、交通设施、交通参与者、气象条件等多类静态与动态要素。但是，并非所有的场景要素都需要显示到场景重构界面中，由于在车辆行驶时，驾驶员处理信息的时间有限，加上目前感知技术水平和屏幕画面尺寸的限制，因此会把场景要素按重要程度划分优先级，只显示优先级高、对车辆行驶影响大并且传感器容易实时检测到的重要场景要素，如道路拓扑、车道特征、车位特征、交通设施、交通参与者、障碍物等。图 6-17 所示为小鹏的交通环境显示效果，可以看出，其中显示了道路拓扑、车道线信息、机动车等基本的场景要素，构建了实时的场景模型。

图 6-17 小鹏的交通环境显示效果

除了重构出实时场景，当车辆周围出现安全风险，如有车辆紧急 Cut-in 或行人横穿马路时，车辆也会提供对应的安全风险提示，提醒驾驶员注意观察环境，准备采取措施，避免碰撞事故。由于涉及行驶安全，所以需要有多种交互途径，全方位地提示用户，常见的安全风险提示途径有仪表或中控屏的文字提示、特殊动画效果提示，座舱内发出强烈的电子提示音或语音播报，以及方向盘、座椅的振动和安全带的拉紧等。

图 6-18 所示为小鹏的安全风险提示效果，可以看到，显示界面中出现红色的警戒线效果，提示用户注意侧方车辆。

另外，导航信息也属于交通环境信息。当用户使用车载导航时，通常会在中控屏中显示从行驶起点到终点的全局地图，以及车辆在当前位置的局部导航信息，如车辆的实时定位、前方路况、

图 6-18　小鹏的安全风险提示效果

行驶路径规划等，如图 6-17 的左侧区域和右下角圆形窗口所示，让用户掌握全行程的路径和路况信息，提前做出预判，提高通行效率。

3. 用户状态

用户状态是指车上驾驶员和乘员的状态。对于智能驾驶来说，用户状态主要是指驾驶员的状态，包括生理状态和驾驶行为，这会直接影响到行驶的安全性和人机共驾的流畅性；而乘客的状态更多是与娱乐舒适性的服务相关，对车辆行驶本身的影响不大。车辆对驾驶员状态的交互包括车辆对驾驶员状态的实时监测和提示，以及提示驾驶员做出正确的行为动作。

根据 SAE 分级标准，对于 L3 级以下的智能驾驶，驾驶员仍然承担一定的驾驶任务，并且是车辆行驶安全的第一负责人，因此驾驶员需要保持良好的状态，并具备随时接管车辆的能力。车辆应能监测到驾驶员的状态，并在驾驶员状态异常、缺乏接管能力时及时发出提示。目前主要通过驾驶员监测系统（Driver Monitoring System，DMS）来获取驾驶员的生理状态和驾驶行为信息，并在驾驶员状态异常时，通过视觉与听觉的方式提示驾驶员恢复正常驾驶状态。驾驶员监测系统根据其工作原理，分为直接式 DMS 和间接式 DMS 两类。

直接式 DMS 通过车内摄像头和其他传感器识别驾驶员的面部特征、身体姿态和行为动作，并采用视觉跟踪、行为识别等技术，实时监测驾驶员的生理状态和驾驶行为，如图 6-19 所示。

驾驶员的生理状态主要指注意力是否集中于车辆行驶，典型的异常生理状

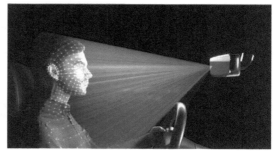

图 6-19　直接式 DMS

态有疲劳和注意力分散，如图 6-20 所示。当驾驶员疲劳时，摄像头可以检测到瞌睡、打盹，伴随眼睛闭合、轻微点头、揉眼等动作，并容易出现打哈欠及目光呆滞等表情；驾驶员注意力分散时，通常是在观察其他物体，注意力没有集中于交通环境，会伴随

有转头、低头、抬头、打电话、抽烟等行为。

图 6-20　驾驶员的异常生理状态监测

驾驶员的驾驶行为一般通过方向盘、座椅、安全带等区域的传感器检测，方向盘上的传感器能够检测出驾驶员手握方向盘的情况，即是否脱手，进而判断驾驶员是否能控制车辆的横向运动；座椅和安全带的传感器则通过驾驶员在座位中和系安全带的情况，检测出驾驶员是否处于正常驾驶的坐姿状态。目前方向盘上检测驾驶员手握状态的传感器有电容式和扭力式两种。电容式传感器利用电容变化来判断驾驶员是否双手脱离方向盘，效果好、准确率高，同时成本也高；扭力式传感器通过驾驶员施加在方向盘的扭力来判断脱手情况，存在一定的扭力临界值，误报和漏报的概率高，且容易与驾驶员的轻微转向动作混淆。

间接式 DMS 通过车辆状态的数据间接判断驾驶员的生理状态和驾驶行为。例如，当车辆长时间在直道中左右晃动、按 S 形路线行驶时，可以推测驾驶员可能处于疲劳、分心等注意力不集中的状态；当车辆在有交通信号灯的路口，绿灯亮起却长时间不起步行驶时，驾驶员可能正在分心做其他事情如低头看手机等。间接式 DMS 能够基于已有的车辆状态信息，实现对驾驶员状态的监测，不必再依赖摄像头和其他传感器的信号；但是，相比于直接式 DMS，间接式 DMS 的信息量有限，准确度不高，只能作为参考。

当 DMS 监测到驾驶员状态异常，失去对车辆的控制能力或接管能力，如疲劳、分心时，会通过多种途径及时发出提示，帮助驾驶员及时恢复正常驾驶状态，确保安全行驶。常见的提示途径有仪表或中控屏界面的文字提示及颜色变化（图 6-21）以及强烈的电子提示音或

图 6-21　DMS 的提示效果示例

语音播报，有时还会伴随氛围灯闪烁效果。另外，在保证提示效果的同时，还应该考虑到不过度打扰用户，因此提示的强度可以随时间逐步提升，例如，刚开始只通过单纯的视觉方式提示，然后升级成视觉＋听觉的方式，最后再加上触觉的方式。

除了对驾驶员状态的监测与提示外，车辆还会提示驾驶员做出正确的行为动作。在人机共驾中，接管是一项非常重要的驾驶员行为，其直接影响车辆行驶的安全性和智能驾驶的连续性与流畅性。当车辆的控制权发生变化，从智驾系统变成驾驶员时，智驾系统应该能够判断出合适的接管时机，并通过合适的方式及时提示驾驶员注意接管车辆，以确保继续安全地行驶。智能驾驶状态的变化和交通环境中的安全风险，是导致车辆控制权变化的主要原因，当智能驾驶从激活状态退出，或发生故障时，系统不再控制车辆的运动，此时驾驶员需要及时接管；当周围交通环境中出现安全风险、容易发生碰撞事故，且系统没有能力避免碰撞时，此时虽然功能没有从激活状态退出，但出于安全考虑，需要驾驶员人为介入，紧急接管并控制车辆，避免事故。

车辆提示驾驶员接管时，由于涉及行驶安全，应该通过视觉、听觉与触觉方式中的至少2种方式来发出提示信息，例如在仪表中的高亮色文字提示（图6-22）、强烈尖锐的提示音、语气紧急的语音播报、方向盘振动等。

图6-22 提示接管的效果示例

4. 车外交互

人机交互除了车辆与车内用户的交互外，还包含与车外的其他车辆、行人等交通参与者的交互，通过视觉、听觉等方式，向外部的车辆、行人发出预警和提示信息，以便车外的交通参与者理解自车的行驶行为和意图，并做出适当的反应，提前规避风险，提高行驶效率。

参考欧洲经济委员会（ECE）法规对于车外交互的规定，车外人机交互的内容包含必须项和建议项2类。必须项是车辆必须实现的交互内容，主要有：车辆制动时，制动灯必须亮起；车辆转向或变道时，对应方向的转向灯必须亮起并以固定频率闪烁；车辆驻车时，驻车制动灯必须亮起；车辆紧急制动（如触发AEB时），制动灯必须亮起，同时危险警告灯（双闪灯）也必须亮起并闪烁。建议项是非强制要求，但为了行驶安全，建议实现的交互内容，主要有：对自车产生安全风险的其他车辆或行人，建议使用远近光灯交替闪烁提醒；自车处于急转弯路段，视线范围受限时，建议使用远近光灯交替闪烁提醒，或鸣喇叭提醒。

此外，新兴的充满科技感与个性化的各种车外交互内容也逐渐普及，智能灯语、智慧灯光、智能投影等新技术，能够将车辆的行驶状态和驾驶员的意图，通过定制化、个性化的文字、图案等方式，传递给车外交通参与者。例如，图 6-10 所示的奔驰 S 级车型，在车辆前方路面投射出人行横道，告知车外的行人可以放心通行。

6.2.2　人 - 车交互

人 - 车交互是指人对车的操作和控制动作，包括对智能驾驶的设置操作和人工介入控制车辆行驶。

1. 设置操作

设置操作主要指智能驾驶的开关与参数设置。前面提到，智能驾驶存在开启状态与关闭状态，用户可以通过物理实体开关或虚拟触控开关切换智能驾驶的状态，有时还可以通过语音或手势来控制。

物理实体开关又称为硬开关，包括传统的按键、旋钮、拨杆等，其好处是有明显的触觉反馈，用户无须转移视线，仅凭触觉就能更改智能驾驶的状态，但硬开关需占用有限的操作空间，并且可控制的智能驾驶功能单一，缺少集成化控制的能力，难以满足多样、复杂的智能化趋势。典型的硬开关如图 6-23 所示。

a) 大众　　　　　　　　　　　　　　b) 蔚来

图 6-23　硬开关示例

虚拟触控开关又称为软开关，是借鉴消费电子产品的操作方式，在中控屏上布置虚拟的开关，用户通过触屏来设置智能驾驶的状态，满足了对多种复杂功能的集成控制需求，但是由于缺少明确的触感反馈，用户需要转移视线来操作，不利于安全行驶。为了解决软开关分散用户驾驶注意力的问题，通常的做法是根据智能驾驶不同功能的重要程度和使用频率，定义出各项功能开关的优先级，并通过合理的界面设计，将优先级高的功能开关，布置在屏幕中容易操作的位置；同时，在虚拟开关中增加模拟的触感反馈，一定程度上弥补软开关对用户操作反馈的缺失。典型的软开关如图 6-24 所示。

另外，语音控制和手势控制也是一种设置操作的方式，但是由于技术水平的限制，语音和手势的控制准确度低，很少用于对实时性和可靠性要求极高的行车场景，大多用于车速低、可随时停车的泊车场景。

a) 小鹏

b) 蔚来

图 6-24 软开关示例

　　智能驾驶的设置操作除了开关外，还有参数的设置，用户的不同驾驶风格与喜好可以通过不同的参数体现。例如，对障碍物检测的灵敏度存在高、中、低 3 档，如图 6-24 所示的小鹏前撞预警的"较早""适中""较晚"选项；如果用户选择高灵敏度即"较早"，则在障碍物与自车距离远、产生的碰撞风险低时，系统就会发出预警提示，如果用户选择低灵敏度即"较晚"，则只有在障碍物与自车距离近、产生的碰撞风险高时，系统才会发出预警提示。

　　2. 人工介入

　　当智驾系统控制车辆行驶时，经常发生驾驶员人工介入，获取车辆控制权的情况。驾驶员的介入方式通常是通过加速与制动踏板控制车辆的纵向运动，通过方向盘控制车辆的横向运动，或其他能够限制智能驾驶正常运行的方式。驾驶员的介入分为 2 类，一类是接管，另一类是干预。接管与干预都会造成车辆控制权由智驾系统转移到驾驶员的结果，但原因不同：接管是由于智能驾驶退出或没有能力控制车辆，驾驶员得到提示后，及时响应，介入控制，从而被动掌握车辆控制权的过程，是驾驶员的被动行为；干预是智能驾驶正常工作，控制车辆行驶时，驾驶员主动控制车辆的横纵向运动，强行获取车辆控制权的过程，是驾驶员的主动行为。驾驶员接管与干预的行为逻辑如图 6-25 所示。

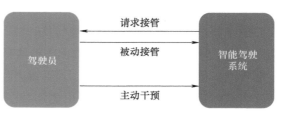

图 6-25 接管与干预的行为逻辑

在触发被动接管的原因中，智能驾驶的正常退出是可预期的事件，此时的接管属于非紧急状况的车辆控制权转换，应该尽早向驾驶员发出接管提示，以确保驾驶员有充足的时间响应，顺利完成接管动作；而智驾系统故障或外部环境中突然出现的安全风险，是不可预期的事件，此时的接管属于紧急状况的车辆控制权转换，此时难以保证驾驶员有足够的时间响应，因此需要加强提示的交互效果，最大限度地刺激驾驶员的感官，以便驾驶员尽快响应、及时接管，避免危险发生。驾驶员在接收到接管提示后，应该根据提示的内容尽快接管并执行驾驶任务。

在目前人机共驾的阶段，驾驶员仍然是车辆控制权的优先主体，因此驾驶员在主动干预时，智驾系统应该及时响应、退出运行，将对应的车辆控制权转移给驾驶员。当驾驶员的干预动作取消后，智驾系统可能存在 2 种响应：一种是系统自动恢复运行，重新获取对车辆的控制权，此时驾驶员的干预称为可逆干预，智驾系统的退出称为可恢复性退出；另一种是系统不再恢复运行，车辆处于失去控制的状态，如果驾驶员不及时采取措施，会引发安全风险，此时驾驶员的干预称为不可逆干预，智驾系统的退出称为不可恢复性退出。驾驶员干预导致智能驾驶状态发生变化时，系统应该实时发出提示，让驾驶员清楚地知道自身行为对智能驾驶状态的影响，以及当前智能驾驶的状态与车辆控制权的归属，以做出正确的行为动作，确保车辆正常行驶。

6.3　现状与发展趋势

目前汽车的人机交互，尤其是智能驾驶的人机交互，已经形成了区别于传统简单人机交互的新交互体验：通过多种交互方式与途径，全方位地将智能驾驶相关的信息在车辆与用户之间有效传递，增强用户对智能驾驶的信任度，提升智能驾驶的安全性和人机共驾的流畅性。多样化的交互方式与途径（如多区域的屏幕显示、声音、触觉反馈等），能够确保用户最大限度地接收到车辆行驶时的人 - 车 - 路信息，并且能够通过硬开关、软开关、语音、手势等，实现对智能驾驶的设置。在人机共驾中的车辆控制权切换方面，目前也能够保证切换的及时性，满足安全和流畅度的基本要求，不过，在切换的提示时机和系统响应时间方面，仍然有提升的空间。

随着汽车智能化进程越来越快，人工智能与汽车电子技术的不断突破以及新科技、新交互方式的引入，人机交互呈现出更加智能化、科技化、个性化和情感化的趋势，并给用户带来更多的交互途径和更好的交互体验，未来智能汽车的人机交互，将为我们开启全新的世界。

1. 智能化与科技化

人机交互作为用户与车辆交流的媒介，是汽车智能化的重要体现，也是高科技元素的集中地。通过高科技的加持和智能化的设计，人机交互让车内空间从传统的座舱逐渐成为智能座舱，让车辆从单一的交通工具逐渐转变为具有未来感与科技感的智慧移动空间。

屏幕显示作为视觉交互的主要途径，是座舱智能化的典型代表，能够直观地体现座舱的科技感。近年来，由于视觉显示技术的发展、显示内容和维度的快速增长以及消费电子产品的影响，座舱内部的屏幕呈现大屏化、多屏化的趋势，目前，多屏联动和屏幕一体化融合显示成为潮流，已经应用于部分车型，如图 6-26 所示的零跑 C11 三联屏、理想 ONE 四联屏等。伴随屏幕尺寸越来越大，其清晰度和分辨率也越来越高，高清甚至超清的屏幕逐渐普及，显示效果越来越好。

a) 零跑C11 三联屏　　　　　　　　b) 理想ONE 四联屏

图 6-26　多屏联动示例

创新外形和多区域布局也是屏幕发展的趋势。曲面屏、异形屏等新奇形状的屏幕开始应用于座舱内部，甚至出现三维屏幕，将信息显示的维度从二维升级成三维，达到立体化视觉交互的效果，如图 6-27a 所示。通过新型材质、新型工艺和传感技术，能够将传统的物理内、外饰以及车身的各部位，转变为信息显示的实体媒介，形成智能表面，结合在座舱多个区域布置的电子显示屏，实现物理实体与屏幕融为一体的效果，让视觉显示无处不在，如图 6-27b 所示。

用户对车辆的设置操作方式也出现新的形式，除了物理开关和触屏控制方式外，通过新材质的开发和新工艺的应用，形成全局化的新型开关，给用户带来全新的体验。以苹果公司的"强化版安全带（Augmented Safety Restraint）"方案为例，在安全带上布置按键，并将按键的控制范围和控制方式，交由用户自行定义，让用户通过安全带实现对特定功能的设置，如通过触摸按键进行通信，用户通过点按、滑动等方式调整音量、接听电话、唤醒 SIRI（注：SIRI 为苹果公司的智能语音交互助手）等。

曲面屏　　　　　　　　　　异形屏　　　　　　　　　三维屏幕

a) 创新外形

b) 多区域布局

图 6-27　新型屏幕示例

此外，人工智能、虚拟现实（Virtual Reality，VR）和增强现实等技术，也逐渐融入人机交互中，实现更丰富、更智能、更有想象空间的交互。例如 AR-HUD 将 AR 技术融入 HUD 中，提供虚实结合的交互体验，未来有望普及成为主流方案。

2. 个性化与情感化

满足用户的个性化需求是提升用户满意度的重要途径，人机交互将会向定制化、个性化的方向发展。不同用户对车辆的使用习惯是不同的，在人机交互方面尤其明显，因此车辆应该对不同的用户呈现出对应其特定习惯的交互效果。

通过对用户个人数据的收集与分析，经生物识别技术和先进感知技术处理后，能够实现针对用户的个性化功能和服务。例如，基于面部识别、语音识别、指纹识别等方式（图 6-28），识别出用户身份和用车权限，并记录特定用户的设置、喜好和驾驶习惯，这样，能够让人机交互适应用户的驾乘习惯，满足用户的个性化需求。不过，在提供个性化的功能或服务时，需要特别注意数据保密与数据安全，保障用户的隐私和权益。

相对于冰冷的机器，用户更喜欢与有感情的生命体交流，情感化的陪伴能够让人机交互更自然、更人性化、更有温度，目前人机交互正在往情感化的方向发展。基于机器学习、深度学习技术，车辆能够学会用人类交流的方式与用户交流，成为用户情感上的伙伴。其中语音交互是实现情感化的主要途径，使用人类的语音与用户沟通，能够达到最大程度的亲近感，带给用户情感化的体验。目前已经有小鹏、蔚来的部分车型搭载了虚拟的智能伙伴，实现与用户的简单对话，并理解用户的简单指令，如图 6-12 所示；未来，语音交互将承担更多的交互内容，成为能够帮助人、理解人的智能伙伴，也会升级成为更加智能、更接近人类的人工智能管家，类似钢铁侠的管家"贾维斯"一样的存在。

a) 面部识别　　　　　　　　　　b) 指纹识别

图 6-28　生物识别示例

3. 交互途径多样化

更多的交互途径是人机交互发展的又一趋势。通过对用户感官的全方位刺激，并将不同的交互方式融合，可以形成多模态的交互，提供多样化的交互途径。所谓的"模态"（Modality），在人机交互中指的就是用户的感官，多模态交互即多感官融合交互，通过融合视觉、听觉、触觉、嗅觉、味觉等多种感官的交互方式，能够实现更加准确、流畅和全面的人机交互，最大限度地减少用户驾驶时注意力的分散程度，提升人机交互的效率和便捷度。

目前已经有一些区别于传统汽车的新兴交互途径出现，如触屏、语音、手势等，但应用范围有限，只能实现简单的交互内容，如只有几种固定的手势能够被识别出来；未来这些多模态交互途径的应用范围将不断扩大，实现更多内容的交互。

更为前沿的交互途径也将应用于人机交互，例如，通过嗅觉、味觉交互，通过不同的气味，向用户传递不同的信息；通过温度交互，根据不同的场景，自动调整车内温度；通过面部交互，车辆识别出用户的面部表情，理解用户的意图并执行对应的动作；甚至可以通过用户的心电和脑电信号，监测用户的状态，判断用户意图，并接收用户的指令，实现"意念控制"的效果，目前已经有公司在研究脑机接口用于人机交互的可能性，如图 6-29 所示。

图 6-29　奔驰的脑机接口概念展示

另外，从广义上来说，多终端的控制也属于多模态交互，如通过手机 APP 或特定的设备，接收信息，并可以向车辆发出指令，实现多终端无缝连接的交互生态，如图 6-30 所示。

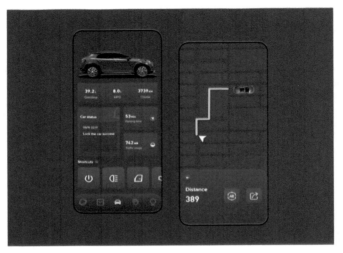

图 6-30　手机 APP 交互示例

传统的人机交互虽然也有多种交互途径，但属于独立式的交互，不同交互方式和途径相互独立且割裂、协同程度低，容易出现交互信息不同步的情况；而多模态交互能够将多种交互途径形成统一的交互层，多种途径融合后，集中处理交互信息，实现协同交互，如图 6-31 所示。

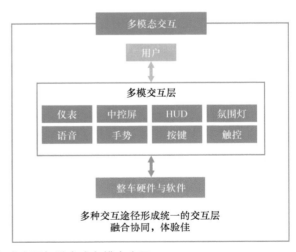

图 6-31　独立式交互与融合式多模态交互

4. 交互效果提升

除了智能、科技、个性、情感、多模态等"新"元素外，现有"旧"元素的进化升级，也是人机交互的发展趋势：①提升现有交互途径传递信息的成功率和准确率，如直接式 DMS、语音识别、手势控制等；②提升现有交互途径的便捷度，如更快更方便地向用户展示重要信息、让用户更快捷地更改功能设置等；③提升交互的流畅度，尤其是车辆控制权的切换，需要更好地平衡智驾系统和用户对汽车的控制权，实现无缝接管；④以驾驶任务为中心，减少交互时对用户手和眼睛的占用，增加 HUD、语音等途径的交互内容，减少对驾驶员注意力的分散，提高行驶安全性；⑤优化仪表和中控屏的界面显示效果，提供更合理、更美观的用户界面（User Interface，UI）。

总之，人机交互的趋势必然是以人为本，以用户为中心，不断进化，实现功能与体验的完美结合。

第3篇
智能驾驶产品设计

　　智能驾驶产品设计是智能驾驶产品开发的起点，也是智能驾驶产品诞生的源头。智能驾驶产品的设计方案作为后续开发的依据，直接决定一款智能驾驶产品的效果，其重要性不言而喻。智能驾驶产品设计是一项系统性的工作，有一套完整的流程，即市场调研→产品规划→功能定义。

　　本篇讲述智能驾驶产品设计的内容，详细解读智能驾驶产品设计应有的理念以及市场调研、产品规划、功能定义等一整套设计流程，并与大量的真实案例结合，具体介绍如何从0到1地设计一款智驾产品，形成一套系统、完整的方法论。

　　此外，本篇在讲述功能定义时，会以L1~L2级智驾功能作为案例，展开介绍智驾功能定义的具体内容，其结果可以作为智能驾驶产品经理的一项重要工作成果，即产品需求文档（Product Requirement Document，PRD），以指导智驾功能的后续开发工作。

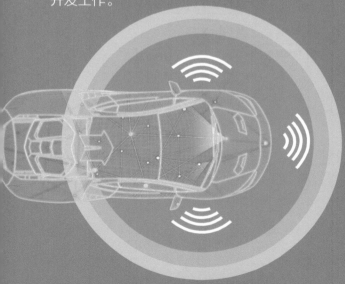

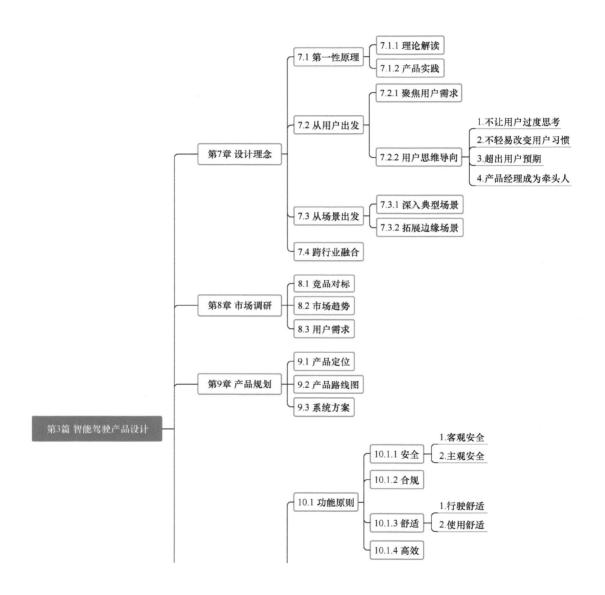

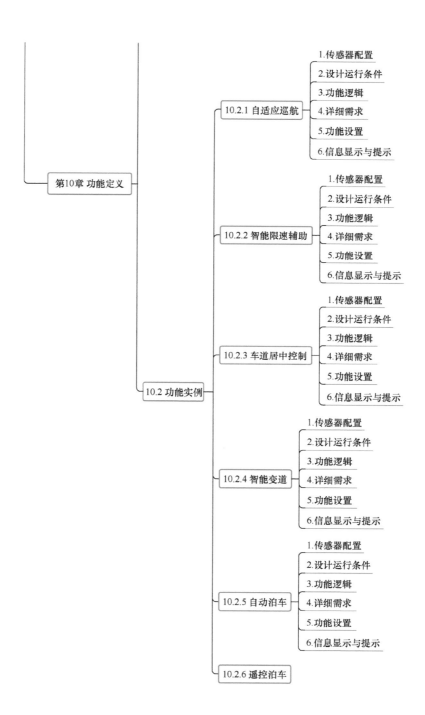

第 7 章　设计理念

产品设计理念是新产品设计的主导思想，它将赋予产品独特的定位和风格，是产品的灵魂所在。优秀的设计理念能够让新产品定位清晰、风格独特、充满亮点、专业度高，从而获得用户的喜爱，成为用户满意并且愿意买单的"爆款"。在设计智能驾驶产品时，通常应该将以下理念融入新产品：第一性原理、从用户出发、从场景出发、跨行业融合。

7.1　第一性原理

第一性原理（First Principle）是源于哲学和物理学的概念，在 2022 年成为汽车行业耳熟能详的名词，如今第一性原理已经成为一种思维方式和一种产品设计必备的理念。

7.1.1　理论解读

第一性原理最早由古希腊先哲亚里士多德提出："在任何一个系统中，存在第一性原理，它是一个最基本的命题或假设，不能被省略，也不能被违反。"他认为，任何事物的存在、任何现象的发生都不是无缘无故的，其背后一定存在一个本质原因。

同时，第一性原理也是一个物理学的概念："根据原子核和电子相互作用的原理及其基本运动规律，运用量子力学原理，从具体要求出发，经过一些近似处理后直接求解薛定谔方程的算法，习惯上称为第一性原理。"通俗地说，就是从源头计算，不需要任何经验参数，只用少量基本数据计算物质的各种性质。

从以上第一性原理的定义中可以看出，第一性原理是基石，是世界上所有事物的本质。第一性原理广泛存在于多种学科，甚至可以说所有的学科都是由最初的第一性原理演化而来，例如牛顿经典力学的第一性原理是"力的假设"与"惯性的假设"，爱因斯坦相对论的第一性原理是"光速恒定理论"与"相对性原理"，达尔文进化论的第一性原理是"遗传变异"与"生存竞争",经济学的第一性原理是"看不见的手"(供需平衡)等。

第一性原理存在已久,但近年来的普遍流行,则是硅谷"钢铁侠"马斯克的功劳。基于第一性原理,马斯克提出第一性原理思维(First Principle Thinking),这是一种从第一性原理出发,抓住事物本质,追踪问题源头的思维方式。第一性原理思维得到马斯克的推崇,他认为:"当在重要的问题上找不到解决方法的时候,应该像物理学一样,从源头寻找解决办法。"

第一性原理思维是一种刨根问底、追究最原始假设和最根本性规律的思维,即回溯事物本质,重新思考该怎么做。当面对复杂困难的问题时,按照第一性原理思维,应该剖析问题,找到根本原因,再从根本原因逐步推演,直到找出适合该问题的解决方法。

第一性原理思维有助于我们抛开其他干扰因素,去分析事物的本质,直击根源,从根本上解决问题,避免偏离正确的路线,陷入细枝末节的纠缠或者大量无意义的工作。回顾过往,有大量颠覆时代的案例,都是第一性原理思维的产物:从源头开始解决问题,而不是单纯的模仿和类比。

以手机为例,21 世纪初的手机提升输入体验的方式是不断改进实体键盘,出现了各式各样的键盘布局和效果,但无论怎么改进,始终没能脱离实体键盘,导致手机屏幕的尺寸始终被压缩,能够显示的信息量有限,难以处理复杂的任务。当时几乎每家手机厂商的做法都是在实体键盘的范围内,相互比较、模仿和超越。但是,从第一性原理出发,键盘存在的目的是为了输入信息,那么实体键盘并不是必需的,完全可以用其他方式来实现,于是有了从根源解决问题的方案——虚拟键盘。通过在屏幕中设置虚拟键盘,取代传统的实体键盘,让屏幕变大,可显示的信息更多,让手机能够处理更复杂的任务,从而逐渐诞生了如今的大屏智能手机。

7.1.2 产品实践

第一性原理及其思维方式不仅是理解事物、解决问题的利器,也是产品设计所必需的理念。如今市场上的智驾产品存在严重的同质化现象,同一水平的智驾产品所搭载的功能并无明显差异,所配置的硬件也趋同。面对这样的市场与产品现状,想要让一款新的智驾产品脱颖而出,就不能将产品设计限制在同类产品的框架内,只是在同类产品的基础上模仿或优化,而应该合理地运用第一性原理,从智驾产品的本质出发,从根源上突破与创新,从源头思考,重新设计,提出一套对市场同类产品"降维打击"的全新产品方案。

智能驾驶的第一性原理是什么？或者说，智能驾驶的本质是什么？智能驾驶，就是把人工智能技术应用到汽车上，从而让车变得足够"聪明"，能够部分甚至全部地取代驾驶员，自动完成驾驶行为。所以，智能驾驶的第一性原理，就是让汽车像人一样，能够在各种出行场景中，根据周围环境做出正确的行为。

　　从第一性原理出发，所有的智能驾驶产品，都应该围绕"让汽车像人一样"这一本质来设计，研究并迁移人类的驾驶行为和驾驶习惯，而不是简单的功能叠加，更不是单纯的硬件堆积。在第 1 章中已经介绍了智能驾驶的基本原理，分为感知定位、决策规划和控制执行三大模块，分别对应人工驾驶的眼睛耳朵、大脑和手脚。人类观察环境的方式是眼观六路、耳听八方，其中眼睛接收的是可见光，属于电磁波；耳朵接收的是声波，属于机械波；至于其他频段的电磁波和机械波，由于超出人类的生理极限，因此无法被驾驶员感知到。对于智能驾驶来说，虽然存在多种传感器，通过更多频段的电磁波或机械波来感知环境，如摄像头 - 可见光、毫米波雷达 - 毫米波、激光雷达 - 激光、超声波雷达 - 超声波等，但本质上来说，这些传感器与人一样，所依赖的都是电磁波、机械波，只是波长和频率不同而已。所以，目前主流的传感器配置，都不是必需的，只要能够通过电磁波或机械波感知到车辆周围的交通环境，就是合理的配置。

　　以特斯拉为例，特斯拉的环境感知走的是纯视觉路线，重点在于通过摄像头和强大的感知算法，识别环境；特斯拉没有用激光雷达，只用 1 个毫米波雷达补充前向测距的能力，同样能够实现准确的环境感知效果。所以，智能驾驶感知模块的方案设计，应该抓住环境感知的本质是通过电磁波、机械波获取环境信息，把重点放在扩大感知范围、增加感知距离、提升感知精度上。只要能达到环境感知的目标，激光雷达不是必需的，毫米波雷达也不是必需的，甚至，有些摄像头也不是必需的。

　　人类驾驶车辆时，能够通过观察到的环境预判出周围环境的变化，然后决定自己需要执行的动作并控制车辆行驶的轨迹。人工驾驶时，除了少数情况需要严格遵守交通规则外，大多数时候是没有固定规则的，完全依赖驾驶员对交通环境的预判，尤其是对动态物体移动的预判，结合驾驶经验，与周围环境动态博弈，从而实现安全、高效地通行。对应地，智能驾驶的决策规划模块也应该像人类驾驶员一样，具有对环境的预判能力，并模仿人类，灵活地完成任务决策和轨迹规划。所以，智驾产品在不同出行场景中的效果，除了必须遵守基本交通规则外，其他部分都不是固定不变的。

　　当前市场上的各项智驾功能大多还是基于规则的专家系统，也就是提前设定好在某种场景下，车辆应该按某种策略行驶。这种设计方案对于有限场景的简单功能是可行的，但是随着汽车智能化水平的提升和场景覆盖范围的不断扩大，已经难以满足高阶智驾功能的需求，例如 C-NOA 功能就很难通过传统基于规则的方法，来定义城市所有场景中的行驶策略。此时，就需要回归本质，重点提升决策规划模块的预判能力和学习人类驾驶的能力，而目前能够做到这一点的，非人工智能莫属。因此，决策规划模块的方案不必再和目前的同类产品一样，纠结于具体场景中的规则化表现，而是通过人工智能技术，通过大量数据训练神经网络模型，达到与人工驾驶同样的效果。实际上，很多开发者已经意识到了这一点，如今 AI 大模型在智能驾驶的应用正是人工智能代替专家系统的结果。

根据以上分析，按第一性原理思维设计智能驾驶产品，最重要的是通过电磁波和机械波感知环境并做出预判，以人类驾驶的方式控制车辆行驶。至于用几颗摄像头、要不要用激光雷达等问题，属于实现的路径，并不是智驾产品设计的核心。

除了智驾产品整体的第一性原理外，不同的智驾功能，也分别有各自的第一性原理。

主动安全功能的第一性原理是"安全"，必须把安全放在第一位，哪怕牺牲用户在其他方面的一些体验，也必须保证安全第一。比如，对于 AEB、AES 等紧急避险功能，在车辆处于紧急危险状态时，系统必须采用大的减速度和大的横向力矩，强行让车辆停止或转向，此时一切动作都服务于安全，驾乘的舒适性等体验是次要的。

L1~L2 级基础辅助驾驶功能的第一性原理是"辅助"，人为主、车为辅，人机共驾。此时用户高知高感的功能是非常重要的，会严重影响用户体验，比如用户对功能的信任感，功能带给用户的安全感、舒适感，以及人机交互的体验等。以 ILC 为例，如果能够在屏幕中显示车辆变道的实时过程并给予用户适当的语音提示，对于用户体验的提升是非常明显的。

L2+ 级以上高阶智驾功能的第一性原理是"高级"，最大限度地代替人工驾驶，让用户充分放松、不被打扰是最重要的。对于高阶智驾功能，关注点应该是车辆能否自动地完成行驶任务，不经常打扰用户，用户也不需要过多干预，从而放心地把车辆控制权完全交给智驾系统。例如 NOA 功能，其核心是控制车辆完成点到点的自动行驶，那么减少用户接管次数就是一项重要的研究内容和产品目标。

7.2　从用户出发

产品源于用户，可以说，产品的第一性原理就是满足用户需求，因此衡量一款产品的最重要标准，是能否满足用户的真实需求，解决用户的痛点问题，带给用户卓越的体验。对于智驾产品来说，研究用户的需求、提升用户的体验，尤其是在高频出行场景中的使用体验，是产品设计的出发点和终极目标。因此，在设计智驾产品时，应该从用户出发，站在用户的角度来设计产品方案，让用户定义产品，包括聚焦用户需求和用户思维导向两方面。

7.2.1　聚焦用户需求

产品的本质是满足用户需求的解决方案，一款产品能够满足用户需求的程度决定了该产品价值的大小，进而决定了用户对产品的评价和满意程度。因此，产品设计应该聚焦用户需求，把用户关注的痛点问题作为产品要解决的首要问题。

智驾产品最终是要搭载在汽车上供用户使用的，所以满足用户的需求是智驾产品的根本价值所在。普通用户在讨论智驾产品时，表面上在意的是产品具有哪些功能和配置，但实际上他们真正在意的是这些功能可以满足自己的哪些需求。因此，一款智驾产品是否能够获得用户的认可，根本上是由产品所能满足的用户需求决定的，而不是由开发者通常认为的各项智驾功能、各种高端配置决定的。

然而理想是丰满的，现实是骨感的：目前智能驾驶行业内只有少数开发者能够真正深入地挖掘用户需求，根据用户需求来设计产品方案。大部分厂商并非让用户定义产品，而是让老板定义产品，或者让内部开发者定义产品，所以我们会发现很多智驾产品并没有产生明显的价值，对用户意义不大，导致使用率低，用户不愿意买单，甚至引发用户的抱怨，这些都是由于产品没能满足用户需求而导致的。想要真正解决上述问题，就必须去了解用户、融入用户，发现用户的真实需求并将用户需求作为产品设计的核心，根据用户需求设计产品方案，而不是仅仅纸上谈兵。

那么如何聚焦到用户的真实需求呢？用户问卷和用户访谈是分析用户需求的 2 种常用途径。用户问卷是通过调查问卷的形式，通过特定的问题，收集用户的真实反馈，从而分析出用户的真实需求；用户访谈是针对某个具体的关注点，与少数重点用户深入谈话，从用户的言语中挖掘需求。

调查问卷的内容应该是全面的，不遗漏、不重复，最大限度地提供更多的选项。例如，在调研用户关注的智能驾驶特性时，安全、可靠、舒适、高效、便捷、智能等，都要包含在选项中，在调研用户使用智能驾驶的高频场景时，高速公路、城市快速路、城区道路、城际道路、乡村小路、山路、封闭场地、停车位等，都要提供给用户选择。

用户访谈的内容应该是深入的，不局限于表面，而是通过合理的提问，逐步挖掘出用户的深层想法，刨根问底，从而得到用户的真实需求。很多用户对智能驾驶并不熟悉，使用经验少，所以是需要被引导的，否则会产生大量诸如"更快的马"之类的伪需求。福特汽车创始人亨利？福特曾说过："如果最初我问消费者他们想要什么，他们应该会告诉我，'要一匹更快的马！'"如果不引导的话，用户很难意识到自己需要的不是"更快的马"，而是节省通勤时间。如果局限于表面的需求"更快的马"，汽车也许至今还未普及。

另外，用户群体是复杂的，不同用户群体之间存在一定的差异，所以必须明确哪些人是目标用户，并且根据目标用户群体在不同层面的特征，包括年龄、喜好、职业、婚育情况、驾龄、用车场景等生成用户画像。在设计智驾产品时，不仅应该满足用户的通用化需求，也应该根据用户画像，设计出满足用户个性化需求的产品方案。通常智驾产品与车型之间存在强关联关系，如果车型面向勇于探索、追求潮流的年轻人，那么炫酷的科技属性，通常应该作为智驾产品的重要特点；如果车型面向日常代步的上班族，那么城市场景，尤其是交通拥堵场景中的用户体验，将是智驾产品设计的重点；如果车型定位是家庭用车，那么智驾产品的安全与舒适，会是用户的重要关注点。

7.2.2 用户思维导向

传统汽车的产品设计基本是技术导向，即研发人员按自己工程师的思维模式去设计某项功能。开发完成后，让用户被动接受并适应这项功能，尤其传统合资主机厂和合资 Tier 1 供应商更是如此。传统汽车几乎是"一锤子买卖"，一款车型上市后，基本不会考虑功能的优化和迭代，车企开发成什么样，用户都只能接受，所以传统汽车的开发过程完全由工程师主导，只考虑方案如何实现，并没有把汽车当作一款产品，自然也不会考虑用户千人千面的需求和体验。因此，传统汽车的开发模式几乎都是工程师思维的技术导向。

在如今汽车的大变革时代，工程师思维的技术导向不再适用，取而代之的应该是用户导向，或者叫用户思维导向，智驾产品更是如此。智能汽车与传统汽车完全不同，不仅要根据用户的需求持续更新迭代，还要面对激烈的同质化市场竞争，所以必须把用户思维贯穿产品开发的始终，让用户思维引导产品的设计。未来，智驾产品一定是用户定义的，是去中心化的，用户的口碑和体验，是产品与品牌最大的赋能者。

智驾产品的设计从一开始就应该源于用户，从用户的角度、以用户的思维模式来考虑问题，将传统的工程师定义产品转变成用户定义产品。用户思维导向，就是像用户一样思考问题，从产品设计的源头开始，所有的功能和产品效果都从用户使用产品的角度来定义，以用户视角为核心，杜绝工程师的片面经验和主观判断。工程师思维存在主观性和局限性，容易把自以为的先进技术和产品方案给到用户，实际上与客户的真正需求大相径庭。普通用户的专业知识和思维方式和专业的工程师是不一样的，如果没有意识到这一点，那么所设计和研发的智驾产品很容易变成开发者"自嗨"的方案，用户很可能不买单。

从技术导向到用户思维导向不仅要转变思维模式，更要进行研发体系流程、组织架构等全局化的变革，最重要的是把用户需求和体验作为产品开发的最高目标，让一切工作都围绕这一目标开展。下面通过几个案例来介绍用户思维导向在项目实践中的应用。

1. 不让用户过度思考

智能驾驶产品的用户大部分是普通的车主或驾驶员，他们没有汽车专业知识储备，更没有像从业者一样的智能驾驶知识储备。所以，智能驾驶开发者要做的是让产品的逻辑简单清晰、易懂易用，而不是试图把复杂的专业知识灌输给用户，让用户花费大量时间去思考和理解。正如乔布斯所提倡的，应该"做不需要产品说明书"的产品。不让用户过度思考的最有效方式，是让智驾产品容易操作，简单快捷。

以主动安全功能的开关为例，作为智驾功能体系的重要组成部分，主动安全功能多达十余种。按照以往常规的功能设置方案，每项功能都需要一个软开关来控制功能的开启与关闭。在功能数量少的时候，这种方案无可厚非，但如果搭载了全方位的主动安全功能，传统的方案就会导致屏幕中出现大量的虚拟开关。一方面，屏幕的尺寸有限，大量的虚拟开关占据了显示画面，人机交互效果差；另一方面，用户不会频繁更改主动安全功能的开关设置，这些虚拟开关的使用频率低，长期显示的意义不大；同时，这些功能名词也增加了用户的学习成本，作为普通用户，没有必要去深入理解这些专业名词所代表的详细含义，用户所希望的，就是能简单地使用而已。

针对这个问题，有一种有效的解决方案如图 7-1 所示：设计 2 级虚拟开关，第一级的开关根据所防护的区域和方位来设置，如"前方安全守护""后方安全守护""侧方安全守护"等；第二级的开关是具体每项功能的开关，作为第一级开关的下级选项。在常规状态下，第二级开关隐藏不显示，当用户通过某种特定方式（如双击或滑动）操作第一级开关时，第二级开关可以弹出，供用户进行单独的个性化设置。这样，既能简化开关设置的选项，也更符合用户的使用习惯，省去用户对主动安全功能的学习成本，通过方位来选择功能，简单直接、容易理解。同时，如果用户想要个性化地设置具体的某项功能也有途径操作。

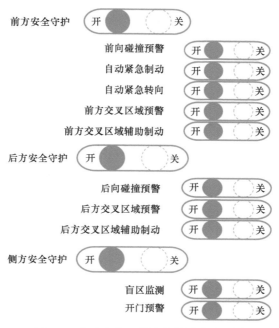

图 7-1　主动安全功能开关设计方案示例

2. 不轻易改变用户习惯

广大用户在长期驾驶车辆的过程中，已经积累了固定的行为习惯，尤其是与交通法规相关的驾驶习惯以及车内人机交互的操作习惯等，这些习惯是用户长久以来形成的，已经几乎成为肌肉记忆并且具有普遍性，是大部分车主的共同习惯。新的智能驾驶产品不应该轻易改变这些用户的长久习惯，否则会增加产品的学习成本，引起用户的不适和抱怨，降低用户体验。尊重用户的长久习惯有利于用户对新产品的认可和依赖。下面介绍两个不轻易改变用户习惯的真实案例。

在行车功能运行时，如果驾驶员踩下制动踏板，那么智驾系统会退出，交由用户控制车辆，这是在用户干预时的一种车辆控制权转移策略，多年来已经被用户广泛接受并形成习惯。目前所有行车功能都会把"驾驶员踩下制动踏板"作为功能退出的一项触发条件，包括 ACC、LCC、NOA 等。我们曾遇到过有工程师试图改变这一设定，在某些场景中，让驾驶员踩下制动踏板的干预动作，不再作为 ACC 等功能退出的触发条件，理由是担心用户误碰导致功能误退出。我们从用户体验的角度评估后，认为这一方案不可取，因为驾驶员已经非常习惯"踩下制动踏板，退出行车功能"，几乎成为默认的统一规则，如果贸然改变，既会导致用户的不适，也会让用户难以区分一些场景中的人机共驾状态，因为不知道此时功能是否退出。针对这一方案，我们也开展了用户访谈，得到用户的普遍反馈是"不希望这样设计，因为已经习惯了踩刹车退功能"，这个结论验证了我们的评估结果。

虚拟按键的触感反馈也是一个典型的案例。在第 6 章中已经介绍，智能汽车用虚拟按键代替传统的物理按键，在满足对多种复杂功能的集成控制需求的同时，也让汽车中控台简洁美观。但是，用户长期使用物理按键，已经习惯了实体的触感，甚至无须观察，凭触感就能操作，而通过屏幕显示的虚拟开关没有触感反馈会让用户一时间难以适应，甚至产生了恢复实体按键的诉求。针对这一问题，为了不改变用户的长久习惯，一些开发者在虚拟按键中增加了模拟的触感反馈，即在屏幕中模拟实体按键的触感，当用户点击时，能够得到与实体按键相同的触感反馈。这样在保留虚拟按键优势的同时，也尊重了用户的长久习惯，让用户不再拒绝虚拟按键，开始接受并逐渐依赖。

3. 超出用户预期

由于传统汽车长期以来的技术导向，加上大部分用户对智能驾驶的了解不多，导致用户对智能驾驶产品的需求和期待有限，我们通过调查问卷和用户访谈所得到的可能只是用户的基本需求，至于更多能提升用户体验的需求，就需要我们主动替用户思考。从目前市场上的智驾产品来看，大部分产品能够满足用户的基本需求，但是难以超出用户预期，此时如果想要新产品与众不同，在激烈的竞争中脱颖而出，超出用户预期的产品体验会带来极大优势。试想，如果用户使用我们的智驾产品，得到了比其他产品更多的惊喜，那么一定会感到满意。

超出用户预期是不容易的，需要在产品设计时，走在用户的前面，想用户所想、急用户所急，发现任何可以打动用户的细节，并提出合理的方案，从而让新产品不仅是一款满足用户基本需求的产品，也是一款让用户感到舒服、贴心、惊喜的产品。下面通过 3 个案例，说明如何让智驾产品超出用户预期。

目前市场上智驾产品所提供的 ACC 功能，在自车前方没有目标物也没有障碍物时，会一直向前行驶，不会主动停车。在城区道路中，由于存在大量的路口，ACC 功能经常需要用户主动干预退出，否则会导致闯红灯等危险行为；频繁地切换 ACC 功能状态，会严重降低功能的连续性，导致用户体验下降。虽然用户能够接受这一现状，但不代表用户不希望能在城区体验到连续流畅的 ACC 功能。针对这一问题，可以在产品设计时，把 ACC 功能与交通信号灯识别相结合，让信号灯指引 ACC 控制车辆，绿灯通行，红灯或黄灯停车等待，在符合交通规则的前提下，实现路口自动停车等待的功能。这样就能让 ACC 功能在城区场景中保持功能的连续性，从而超过用户对 ACC 功能的预期，提高使用率。

目前市场上的很多智驾功能会与 DMS 关联，例如 NOA 功能运行时，如果 DMS 检测到驾驶员疲劳，此时 NOA 会退出，同时提示驾驶员接管。从功能适用范围的角度，这种退出策略无可厚非，但如果更进一步地为用户考虑，既然用户已经疲劳了，此时强行让用户接管未必是最好的方案。如果能够在用户疲劳时，自动靠边停车，或者自动控制车辆行驶到最近的停车场，也许会超出用户对智能驾驶的预期，感到惊喜。

HPA 作为一项 L2+ 级的泊车功能，目前尚未得到普及，能达到的效果也有限。其实 HPA 有很多细节可以优化，通过提供更加完善的方案，让功能的效果超出用户预期。例如，在学习和记忆路线时，可以让系统识别出用户的不规范驾驶行为，比如通道中靠左行驶、压线行驶、S 形行驶等，并将轨迹点和路线自动调整为靠右行驶。目前 HPA 记录的路线还只能供自车使用，如果能够将自车所记录的路线分享给其他用户，那么其他用户的车辆就能获取特定停车场的地图和有效路线，这样，只要记录一次路线，用户及其亲朋好友就都能使用 SLAM 构建的地图和记录的路线；甚至如果能够综合分析多位用户分享的地图和路线，开发者就能够在后台绘制出停车场的完整地图，这种众包模式获取的地图可以有效解决停车场高精地图的成本问题，进一步直接用于 AVP 功能。在按路线寻找车位的过程中，让自车绕行障碍物，可以减少 HPA 功能的中断和用户接管次数，增加车外交互内容，可以提高安全性。这些方法都能有效地让 HPA 超出用户预期，提高功能的使用率。

4. 产品经理成为牵头人

产品经理（Product Owner），是近年来从互联网行业引入到汽车行业的岗位，在汽车智能化方向发挥了重要作用。根据岗位的定义，产品经理在新产品的开发中，起到领头人和大脑的角色，不仅是市场端与研发端的桥梁，提出新产品的完整方案，而且要对新产品的最终效果负责，是一个非常重要的角色。可以说，一款产品的成功与否，有一半取决于产品经理。

然而，传统技术导向的车企研发部门通常没有产品的概念，更没有产品经理的角色，新功能往往由领导或者研发工程师提出，然后根据自己的理解和经验，开始具体的研发工作，功能实现的目标也是由工程师单方面设立，与市场和用户脱离。即使有些公司的研发部门存在产品经理，也往往受限于部门领导的意志和研发技术水平，难以提出并坚持有亮点、有特色的产品方案，甚至有些传统车企把产品经理当作专职的项目经理。

想要充分发挥产品经理的作用，就要打破这种传统的组织架构，把产品经理从研发部门分离出来，成为新产品的提出者和牵头人，成为平行于整个研发部门的角色，不再受限于研发端，并且产品经理的想法应该能够直达公司决策者，而不是止步于技术部门的领导，如图 7-2 所示。这样，产品经理就可以有权限去链接市场、链接用户，并且让基于用户需求的产品方案得以执行，最大限度地减少传统技术导向对产品落地的影响。

庆幸的是，目前造车新势力和一些传统车企已经意识到产品经理的重要性，也把产品经理作为真正的 Owner，牵头并引导新产品的全生命开发周期。

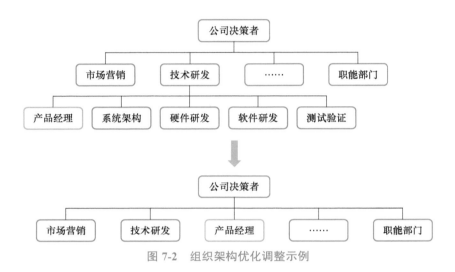

图 7-2　组织架构优化调整示例

7.3　从场景出发

第 4 章中已经提到，场景是用户需求的来源，出行场景是智能驾驶应用的基础。用户在评价智驾产品时，也是通过产品在各种出行场景中的使用体验来给出答案的。因此，设计智驾产品时，出发点应该是通过新产品解决哪些出行场景中的需求和问题，针对不同的场景，可以有什么样的功能与之匹配。对产品设计来说，场景是用户端的因，功能是工程端的果。在新产品设计过程中，应该从因出发，推导出果，而不是本末倒置。

实际上，当技术水平足够的时候，就不应该区分这么多种功能，而是把所有出行场景融合在一起，开发出一项全栈功能，叫作"全场景的智能驾驶"。当前由于技术水平有限，所以才会区分不同场景中的不同功能，可以认为是过渡阶段。从场景出发主要包含两方面：深入典型场景和拓展边缘场景。

7.3.1 深入典型场景

典型场景是用户经常遇到的高频场景，具有普遍性和规则性，智驾产品在典型场景中的表现占据了用户体验的大部分内容。第 5 章已经分析了用户在各类典型场景中所产生的各项需求，并根据用户需求点提出了对应的解决方案（即智驾功能），形成了一套完善的智驾功能体系。然而，在设计智驾产品时，仅仅停留在"有什么功能"的层面是远远不够的，还需要针对各类典型场景，深入研究，将场景进一步细化，将用户需求继续分解，并考虑场景关键要素的变化对功能造成的影响等。下面列举一些深入典型场景的案例。

Cut-in 是一类存在安全风险的高频场景，当 ACC 功能运行时，如果相邻车道有其他车辆 Cut-in，通常会导致自车减速避让。但是当旁车紧急切入时，仅靠 ACC 的舒适性减速，难以完全避免碰撞风险，此时需要 AEB 功能介入，提供紧急制动。所以应该针对 Cut-in 场景，提供一套满足不同紧急程度工况的方案，尤其是设计一套合理的车辆减速度与 Cut-in 紧急程度的关系模型，从而让 ACC 与 AEB 综合发挥作用，在保障安全的前提下，提供最舒适的行驶体验，而不是简单地通过 ACC 或 AEB 单一功能，来应对 Cut-in 这一复杂场景。

路口通行是城区道路的典型场景，要素种类多，存在多种可能的情况。如果想要 C-NOA 控制车辆自动通过路口，就需要根据导航规划的路径判断车辆在路口的行驶方向，并分析路口的关键场景要素，对应地提出具体的功能点，如识别交通信号灯，识别停止线、斑马线，自动控制车速，自动转向，遵守转弯让直行、直行让右行、右转让左转等交通规则，礼让行人等。将各项功能点汇总融合后，提出 C-NOA 在路口通行场景中应该达到的效果。

弯道巡航是考验 LCC 保持车道居中度的典型场景，通过弯道时的安全性与舒适性，是评价 LCC 能力的重要指标。在第 4 章中介绍过，由于道路结构尤其是弯道曲率的不同，弯道存在多种细分场景：小曲率弯道、大曲率弯道、急转弯、连续弯道。另外，车速也是过弯效果的重要影响因素，如高速过弯、低速过弯等。在这些弯道巡航的不同细分场景中，LCC 的效果相差很大，所以需要针对不同的细分场景，具体讨论 LCC 的性能，提出对应的不同要求。

目前虽然已经有 H-NOA 和 C-NOA 功能，能够分别在半开放道路和全开放道路区域实现按导航点到点的自动行驶，但由于目前在收费站等地理区域之间的连接路段中还不能实现自动通行，因此 H-NOA 和 C-NOA 是割裂的，未能无缝连接、流畅切换。但是回归到"点到点自动行驶"的需求，不应该因为地理区域的不同，导致功能中断、不连续。如果能够针对收费站等场景提出自动通行的要求，那么就能打通不同地理区域，将 H-NOA 和 C-NOA 融合成全场景的导航辅助驾驶（Full-Navigate on Autopilot，F-NOA），让用户可以在高速、城市快速路与城区、城际道路中，自由选择 NOA 的起始点，不再受到地理区域的限制。

7.3.2　拓展边缘场景

边缘场景出现的频率远低于典型场景，但通常与安全强相关，因此容易给用户留下深刻印象，如"鬼探头"、暴雨暴雪等。智驾产品在边缘场景中的表现会对用户的直观感受造成较大冲击，甚至让用户只记住产品在某次边缘场景中的效果，忽略其他方面的表现。所以，在设计智驾产品时，应该分析可能遇到的边缘场景都有哪些，最大限度地拓展边缘场景，让产品覆盖更多的边缘场景。在第 4 章中提到，边缘场景主要来源于复杂的交通环境和恶劣的天气环境。

在行车场景中，复杂的交通环境包含难以通行的道路结构、临时出现的道路可变要素和难以预判的交通参与者等。例如，危险山路场景不仅路段狭窄、通行空间受限，而且存在山体滚石与滑坡的风险，难以顺利通过，能够充分体现智驾产品的安全性和智能化水平；城区交通拥堵场景中，容易出现非机动车与行人占用快车道、突然横穿等情况，智驾产品要能提前检测到这些危险的交通参与者，控制车辆及时避让。

在泊车场景中，复杂的交通环境主要是泊车空间狭小造成的泊车困难。如果停车位尺寸太小或者停车位受周边物体影响，导致可用空间太小，都会增加泊车的难度，如垂直车位左右停放的车辆距离太近、侧边墙体的距离太近等（图 5-7）；在老旧小区中，由于停车位规划不规范，并且车辆活动空间严重受限，也会导致泊车过程受阻，难以泊入车位的情况。此时需要智驾产品规划泊车轨迹的能力极高，并且能精准地控制车辆按轨迹泊车。

7.4　跨行业融合

智能驾驶是跨学科、跨行业的新兴方向，是人工智能与车辆工程深度结合的新生事物，涉及计算机视觉、机器学习、车辆工程、人机工程、电子工程、信息工程、大数据等多门学科，同时包含科技行业、互联网行业和传统汽车行业的内容与方法论。因此，在设计在多学科交叉、多领域协同的智能驾驶产品时，要融合不同的思维模式，从而设计出既有竞争力、又能够工程化落地的产品。下面以互联网思维与工程化思维的融合为例，展开介绍智驾产品设计的跨行业融合理念。

互联网行业突出的特点是迭代、极致与跨界。迭代，就是允许不足、不断试错，在持续的产品迭代升级中，逐渐完善产品，耳熟能详的"敏捷开发"就是基于迭代的一种典型的互联网开发流程；极致，就是把产品和用户体验做到最好，不放过每一个细节，提供超出用户预期的产品，解决用户的所有痛点；跨界，就是打破固有的边界，万物互联，建立生态体系。

传统汽车行业重视的是工程化落地，量产为王。作为高度精密的工业产品，最重要的是能够工程化地生产，保证高度安全可靠，因此很少允许试错，也不允许为了某个细节而影响整体的平衡。传统的汽车产品是稳定的，不会有快速的迭代，也不会有过多与外界的联通和交互。任何创新与升级，都需要充分考虑到工程化和批量化的可行性。

智能驾驶产品兼具互联网产品和传统汽车产品的双重属性。一方面，智能驾驶涉及先进的算法、海量的数据、无穷无尽的场景，并且极致的用户体验是产品的目标，因此在产品设计时，必须融入互联网思维模式；另一方面，智能驾驶作为汽车整体的一部分、需要保证安全性、可靠性，并且容易工程化落地、实现批量生产，无论多么先进的技术，都要以量产交付为目标，落地为王，因此应该融入工程化思维模式。

看起来截然不同的两种思维方式该如何去融合？对不同的案例会有不同的方案，不能一概而论。总体来说，这是一个权衡利弊、动态博弈的复杂过程。图 7-3 所示的是面向智能驾驶的硬件系统和不同软件系统的一种迭代策略。

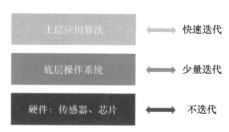

图 7-3　智驾产品不同部分的迭代策略

对于直接搭载在车上，与整车的生产制造强相关的部分，例如各类传感器和芯片等硬件，需要严格按工程化的方式来开发。在设计初期就考虑到全生命周期的各种情况，形成可靠的平台化方案。

底层操作系统虽然不是直接装配在车上的硬件，但是智能驾驶软件开发的基础和框架，应该在初期就全面考虑，使其具备通用性，尽量减少后期的变更；但为了保持一定的灵活性，可以在操作系统的某些模块中，预留一些接口，保留更多的可能性。

上层应用算法建立在底层操作系统和中间层软件的基础之上，通常是模块化的软件。其单独的变更不影响整体的系统架构，也不会涉及其他模块，因此在满足安全要求的前提下，可以快速迭代、不断优化，通过 OTA 的方式逐步升级，允许一定的试错成本。

第8章 市场调研

所有产品，最终目的都是推向市场，因此了解市场、分析市场，是产品设计的前提，所谓"知己知彼方能百战不殆"。市场调研能够获取市场的现状与趋势，包括同类产品、前沿趋势、用户需求等各方面的信息。市场调研主要有以下3方面内容：竞品对标分析、市场趋势分析和用户需求分析。

8.1 竞品对标

竞品对标对于新产品的开发，有着重要的参考意义。通过对市场上已有或潜在的同类产品进行深入的分析，能够得到现有产品的全面信息以及优劣势，一方面有利于新产品取长补短、突出自身亮点和特色；另一方面有利于开阔思路，从竞品的方案中学习、完善自己的产品方案。

竞品对标分析的重点在于竞品的选择和对标的方法：选择竞品时应充分考虑自己新产品的定位，准确地找到市场上的同类型产品；对标的方法应该能够系统化地全面分析竞品的各项信息，并突出需要重点关注的内容。

智能驾驶的竞品对标内容通常包括硬件配置、实现功能、性能效果等。其中硬件配置是指竞品所配置的传感器、域控制器及芯片等硬件的情况以及参数信息；实现功能是指竞品能够实现哪些智驾功能，如 ACC、H-NOA、APA 等；性能效果是指竞品在各类场景中、各项功能的具体表现，包括客观的量化性能参数以及用户的主观评价等。

竞品的硬件配置与实现功能可以通过公开的车型及产品信息，结合实车体验，分析并得出结论，在必要时也需要对实车进行拆解。竞品的智驾性能效果，则需要通过系统化的测试与评价（以下简称"测评"），通过一套完善的智驾产品评价体系，得出完整的对标结果，本书将在第4篇中详细展开。

目前市场上头部新势力车型的智驾产品硬件配置的对标结果见表8-1，包括特斯拉、小鹏、蔚来、理想等多款车型。

从表 8-1 中可以看出，智驾产品各自都有自己的家族化名称，特斯拉命名为 AutoPilot，小鹏命名为 X-Pilot，蔚来经历了智驾系统的全面升级，由第一代的 NIO Pilot 升级为第二代的 NAD，理想也经历了智驾系统升级，在 AD 的基础上，增加高配的智驾系统 AD Max。

在电子电气架构方面，除了蔚来和理想的上一代车型（蔚来 ES8 和理想 ONE）外，其他车型都已经达到 2.0 阶段的域集中式 EEA，小鹏 G9 甚至已经实现 3.0 阶段的中央集中式 EEA，可见搭载智能驾驶的主流车型，都已经全面进入 EEA 的 2.0 阶段，正在迈向 3.0 阶段。

域控制器作为智能驾驶的"大脑"硬件，是体现智能化水平的重要部分；SoC 作为域控制器中的 AI 计算单元，直接决定域控制器的处理能力。2022 年后，走在前列的智驾产品普遍采用 AI 算力超过 100TOPS 的大算力芯片，并且除特斯拉采用自研的 FSD 芯片外，小鹏、蔚来、理想都采用 NIVIDA Orin-X 芯片，蔚来 ET7 甚至配置了 4 颗 Orin-X，实现超过 1000 TOPS 的超大 AI 算力。

传感器是智能驾驶感知环境的硬件，很大程度上体现了智驾产品的先进程度。特斯拉的传感器配置方案是 8V（View）1R（Radar）12U（USS），没有环视摄像头。小鹏的传感器配置方案从 P7 车型的 12V5R12U，升级成 G9 车型的 11V5R12U2L（Lidar），用 800 万像素的摄像头取代 200 万像素的摄像头，并且增加 2 颗激光雷达，极大提升了传感器的性能。蔚来的传感器配置方案从 ES8 车型的 7V5R12U 升级成 ET7 车型的 11V5R12U1L，不仅增加 4 颗侧视摄像头，还增加 1 颗激光雷达，并且配置了 7 颗 800 万像素的摄像头，配置堪称豪华。理想的传感器配置方案从 ONE 车型的 5V5R12U 升级成 11V1R12U1L，前视摄像头用双目取代单目，增加 4 颗侧视摄像头，同时增加 1 颗激光雷达，虽然减少了 4 颗角毫米波雷达，但整体的传感器性能得到了质的提升。不难发现，在最新一代车型上，小鹏、蔚来、理想都采用了全车 11 颗摄像头（800 万像素前视双目 +4 侧视 +1 后视 +4 环视）+ 毫米波雷达 + 超声波雷达 + 激光雷达的相似配置，代表了现阶段智能驾驶传感器硬件配置的最高水平。特斯拉则采用纯视觉感知路线，不配置激光雷达，并且将环视摄像头省去，仅靠全车的 8 颗 120 万像素摄像头（前视三目 +4 侧视 +1 后视）+1 颗前毫米波雷达 +12 颗超声波雷达，实现对交通环境的感知。

高精地图属于智能驾驶的软件，在这里作为一项配置，与硬件放在一起对标。特斯拉坚持纯视觉感知路线，因此没有配置高精地图，主要靠摄像头实现环境感知和相对定位；国内的小鹏、蔚来、理想则与高德或百度合作，让高精地图成为智能驾驶的标准配置。

表 8-1 头部智驾产品的硬件配置①

内容		特斯拉 Model 3	小鹏 P7	小鹏 G9	蔚来 ES8	蔚来 ET7	理想 ONE 2021	理想 L9 Max
概况	国内交付时间	2019 年②	2020 年	2022 年	2018 年	2022 年	2021 年	2022 年
	智驾系统名称	AutoPilot	X-Pilot	X-Pilot	NIO Pilot	NAD	AD	AD Max
	电子电气架构	域集中式	域集中式	中央集中式	分布式	域集中式	分布式	域集中式
(域) 控制器③	SoC 芯片型号	FSD	NVIDIA Xavier	NVIDIA Orin-X	Mobileye EyeQ4	NVIDIA Orin-X	Horizon Journey 3	NVIDIA Orin-X
	SoC 芯片数量	2	1	2	1	4	2	2
	AI 算力	144TOPS	30TOPS	508TOPS	2.5TOPS	1016TOPS	10TOPS	508TOPS
前视摄像头	数量	3（三目）	3（三目）④	2（双目）	3（三目）	2（双目）	1（单目）	2（双目）
	分辨率（像素）	120 万	200 万	800 万	180 万	800 万	800 万	800 万
	探测距离	250m-150m-60m	180m-80m-40m	不详⑤	200m-150m-30m	不详	200m	不详
	H-FOV	35°-50°-120°	28°-52°-100°	30°-120°	28°-52°-150°	30°-120°	120°	30°-120°
侧视摄像头	数量	4	4	4	0	4	0	4
	分辨率（像素）	120 万	100 万	290 万	—⑥	800 万	—	800 万
	探测距离	80m*2、100m*2	40m	不详	—	不详	—	不详
	H-FOV	90°*2、60°*2	100°	不详	—	不详	—	不详

（续）

内容		特斯拉 Model 3	小鹏 P7	小鹏 G9	蔚来 ES8	蔚来 ET7	理想 ONE 2021	理想 L9 Max
后视摄像头	数量	1	1	1	0	1	0	1
	分辨率（像素）	120万	200万	200万	—	800万	—	200万
	探测距离	50m	80m	不详	—	不详	—	不详
	H-FOV	140°	52°	不详	—	不详	—	不详
环视摄像头	数量	0	4	4	4	4	4	4
	分辨率（像素）	—	不详	200万	不详	300万	130万	200万
	探测距离	—	5m	不详	10m	不详	不详	不详
激光雷达	型号	—	—	速腾聚创 M1	—	图达通 猎鹰 K	—	禾赛 AT128
	数量	0	0	2	0	1	0	1
	激光波长	—	—	905nm	—	1550nm	—	905nm
	角分辨率	—	—	水平 0.2° 垂直 0.2°	—	水平 0.06° 垂直 0.06°	—	水平 0.1° 垂直 0.2°
	探测距离（10%反射率）	—	—	150m	—	250m	—	200m
	H-FOV	—	—	120°	—	120°	—	120°
	V-FOV	—	—	25°	—	25°	—	25.4°
	点频	—	—	78万/秒	—	80~100万/秒	—	153万/秒

（续）

内容		特斯拉 Model 3	小鹏 P7	小鹏 G9	蔚来 ES8	蔚来 ET7	理想 ONE 2021	理想 L9 Max
前毫米波雷达	数量	1	1	1	1	1	1	1
	频段	77GHz	77GHz	77GHz	77GHz	77GHz	77GHz	77GHz
	探测距离	170m	210m	220m	160m	210m	210m	210m
	H-FOV	±45°	±60°	±45°	±45°	±50°	±60°	±60°
	V-FOV	±9°	±15°	±9°	±3°	不详	±15°	±15°
角毫米波雷达	数量	0	4	4	4	4	4	0
	频段	—	77GHz	77GHz	77GHz	77GHz	77GHz	—
	探测距离	—	120m	120m	80m	84m	120m	—
	H-FOV	—	150°	150°	150°	150°	150°	—
	V-FOV	—	±15°	±15°	±3°	不详	±15°	—
超声波雷达	数量	12	12	12	12	12	12	12
	探测距离	8m	4m	不详	6.5m	不详	不详	不详
高精地图	供应商	—	高德	高德	百度	高德	高德	高德

①表中所列车型，均为该车型最高配+智能驾驶选装表包含对应的配置。

②特斯拉 Model 3 的国内交付时间，是指国产化车型的交付时间。

③严格来说，分布式电子电气架构中的控制器并不是域控制器，此处为了简化描述，统称为"域控制器"。

④小鹏 P7 的前视摄像头虽然在车有 4 颗，但由于其中 1 颗用于安全冗余，是前视三目摄像头失效情况下的感知冗余传感器，因此通常认为前视摄像头数量是 3 颗。

⑤表中"不详"表示目前该信息难以从公开途径获取。

⑥表中"—"表示没有该项配置。

表 8-2 是截至 2023 年 12 月底，特（特斯拉）、小（小鹏）、蔚（蔚来）、理（理想）的智驾产品所实现功能的对标结果。为了保证对标结果的系统性，本章以第 5 章中建立的功能体系为基准来对标各车型所实现的功能情况。在表 8-2 中，"√" 表示该车型实现该功能，"×" 表示该车型未实现该功能，"√ -" 表示该车型虽然实现了该功能，但功能的效果不能完全达到第 5 章中所解读的效果。

行车功能中，特斯拉、小鹏、蔚来和理想都实现了除 C-NOA 之外的其他功能，区别在于各项功能实现的程度不同。以第 5 章对各项功能的解读为基准，ACC、ISA、LCC、LCW、ILC、H-NOA 的效果在所对标的车型中，都得到了完整的实现；LSS 在特斯拉和小鹏、蔚来、理想的新一代车型中，都实现了 LDW+LKA+ELK 的所有效果，而在小鹏、蔚来、理想的上一代车型中，都缺少 LDW、LKA、ELK 中的一种或两种。C-NOA 只在小鹏和理想的新一代车型上实现，不过所覆盖的范围有限，目前只覆盖了少数城市的部分区域范围。不过，作为智能化水平的代表性功能，各家公司对导航辅助驾驶的命名各不相同，特斯拉和理想称其为 NOA 功能，小鹏称其为 NGP 功能，蔚来则称其为 NOP 功能。

泊车功能中，L0~L2 级的功能在所对标的车型中都已经实现，其中 PDC 实现了完整的效果；AVM 在特斯拉的车型中仅实现了行驶方向与侧方的实时影像显示，即后方 + 左侧 + 右侧或前方 + 左侧 + 右侧的环境画面，没有实现 360° 的全景影像效果，这是由于特斯拉没有环视摄像头，只能显示前视、后视与侧视摄像头感知到的环境信息；APA 在特斯拉和蔚来的车型中，没有实现自动泊出的效果；RPA 在特斯拉 Model3、蔚来 ES8 和理想 ONE 中，只能通过手机 APP 控制车辆的前进与后退，而不能让车辆自动实现 APA 的泊车效果。L2+~L3 级的泊车功能目前应用较少，HPA 只有小鹏的车型实现，AVP 在所对标的车型中都尚未实现，SS 只有特斯拉 Model3 在实现，但也仅限于室外露天停车场区域，并且用户距离车辆最远不能超过 65m，不能算作 L3 级功能。

主动安全功能中，前方安全避障的 FCW 和 AEB，在所对标的车型中都已经实现，AES 目前尚未实现，可能是由于紧急转向造成的相邻车道碰撞风险，目前还难以控制；前方横向穿行物体预警的 FCTA，仅在蔚来的车型中实现，更进一步的紧急控制，即 FCTB，目前还没有在所对标的车型中实现；后方横向穿行物体预警的 RCTA，在小鹏、蔚来和理想的车型中都已实现，对应的 RCTB，只在蔚来的车型中实现，但蔚来 RCTB 的制动，主要起到预警和提醒的效果，仅提供短暂的制动，不会制动至停车，所以不是完整的 RCTB 功能；后向的安全预警 RCW，目前只在小鹏的车型和理想 L9 实现；侧方的安全预警类功能 BSD 在所对标的车型中均已实现，DOW 只有特斯拉没有实现，其他车型中都已经实现。

除了表 8-2 中的功能外，特、小、蔚、理的车型还实现了一些其他的功能，例如小鹏的智能远光灯控制、智慧躲闪，蔚来的误加速抑制，理想的起步提醒、临车靠近避让等。但由于这些功能属于各家车企的特色小功能，更多起到的是锦上添花的作用，同时考虑到对标结果的系统性，所以在此对这些特色功能不作展开。感兴趣的读者可以查看各车型的用户手册，了解相关功能的详细介绍。

表 8-2 头部智驾产品实现的功能

	功能	特斯拉 Model 3	小鹏 P7	小鹏 G9	蔚来 ES8	蔚来 ET7	理想 ONE 2021	理想 L9 Max
行车功能	自适应巡航 ACC	√	√	√	√	√	√	√
	智能限速辅助 ISA	√	√	√	√	√	√	√
	车道偏离辅助 LSS	√	√ -	√	√ -	√	√ -	√
	车道居中控制 LCC	√	√	√	√	√	√	√
	变道预警 LCW	√	√	√	√	√	√	√
	智能变道 ILC	√	√	√	√	√	√	√
	高速导航辅助驾驶 H-NOA	√	√	√	√	√	√	√
	城市导航辅助驾驶 C-NOA	×	×	√	×	×	×	√
泊车功能	泊车雷达辅助 PDC	√	√	√	√	√	√	√
	全景影像 AVM	√ -	√	√	√	√	√	√
	自动泊车 APA	√ -	√	√	√ -	√ -	√	√
	遥控泊车 RPA	√ -	√	√	√ -	√ -	√ -	√ -
	记忆泊车 HPA	×	√	√	×	×	×	×
	自主代客泊车 AVP	×	×	×	×	×	×	×
	智能召唤 SS	√	×	×	×	×	×	×
主动安全功能	前向碰撞预警 FCW	√	√	√	√	√	√	√
	自动紧急制动 AEB	√	√	√	√	√	√	√
	自动紧急转向 AES	×	×	×	×	×	×	×
	前方横穿预警 FCTA	×	×	×	√	√	×	×
	前方横穿辅助制动 FCTB	×	×	×	×	×	×	×
	后方横穿预警 RCTA	×	√	√	√	√	√	√
	后方横穿辅助制动 RCTB	×	×	×	√ -	√ -	×	×
	后向碰撞预警 RCW	×	√	√	×	√	√	√
	盲区监测 BSD	√	√	√	√	√	√	√
	开门预警 DOW	×	√	√	√	√	√	√

需要说明的是，表 8-1 和表 8-2 中的各项数据，是基于车主手册以及多种渠道的公开信息整理而成的（截至 2023 年 12 月），由于公开信息的时效性和车型换代、OTA 等原因，可能导致表 8-1 和表 8-2 中的少数信息存疑，但整体而言，95% 以上的信息都是准确无误的。

8.2　市场趋势

竞品对标是对市场现状的分析，市场趋势则是对市场未来的判断。通常一款智驾产品从立项到最终交付量产，中间需要经过 1~2 年的时间，作为产品的主导者和规划者，要考虑的是产品在 1~2 年后在市场上的竞争力，而不仅仅立足于当下，因此对市场趋势的分析和预测也是非常重要的。

对智驾市场趋势的分析要能根据市场上的产品发展历程、行业前沿技术、量产落地方案等，准确判断未来的发展趋势和主流路线，洞察市场与行业的走向。下面，本书以 2023 年上海车展发布的智驾方案（表 8-3）为例，分析从车展中发现的智能驾驶市场趋势。

在 2023 年的上海车展，智能驾驶的各路"玩家"纷纷发布自己的新一代智能驾驶产品和解决方案，甚至有些公司在车展前夕，就已经迫不及待地召开发布会。小鹏、理想、智己等主机厂以及华为、百度、毫末智行、地平线、黑芝麻、四维图新、禾赛科技等智能驾驶解决方案提供商都有新的产品和方案发布。

表 8-3　2023 年上海车展发布的智驾方案

公司	发布内容	核心重点
小鹏	扶摇架构与新车 G6	• X-EEA 电子电气架构，中央超算 + 域控 • XNGP 智驾系统，打通出行全场景，实现不依赖高精地图的城市 NGP
理想	升级智驾系统 AD Max 3.0	• 智能驾驶从高速场景进入城市场景，推送城市 NOA • 逐步摆脱对高精地图的依赖，更多基于传感器实时感知、决策、规划
智己	AI4M（AI for Mobility）战略与 D.L.P（Deep Learning Planning）人工智能模型	• 高速 NOA 功能上线 • 公测城市 NOA 功能和替代高精地图的数据驱动道路环境感知模型
华为	升级智驾系统 ADS 2.0	• 通用障碍物检测（General Obstacle Detection，GOD）网络 • 不再依赖高精地图，完全通过传感器感知环境

（续）

公司	发布内容	核心重点
百度	智驾系统 Apollo City Driving Max	• 两颗英伟达 Orin-X 芯片，实现 508TOPS 的算力 • "轻地图"的方案，将高精地图减"轻"约 80%
毫末智行	生成式大模型 DriveGPT 雪湖·海若	• 行业内首个自动驾驶生成式大模型 • 采用人类反馈强化学习（Reinforcement Learning from Human Feedback，RLHF）技术 • 实现城市 NOH（Navigation on HI-Pilot，毫末对导航辅助驾驶功能的命名）
地平线	升级 BPU 智能计算架构	• 智能驾驶最强大脑 • 基于软硬结合自研的智驾专用计算架构
黑芝麻	新一代芯片华山二号 A1000 Pro	• 目前国内算力最强的自动驾驶芯片
四维图新	场景地图	• 更加动态智能地适应智能驾驶的应用场景 • 解决城市道路缺少车道线，以及在路口、匝道、弯道等感知资源要求高的场景难题
禾赛科技	新款激光雷达 ET25	• 超薄，雷达机身只有 25mm 高 • 舱内激光雷达，安装在前风窗玻璃内 • 实现超高清的远距三维感知
纵目科技	行泊一体解决方案 Amphiman 3000/8000 与舱驾一体解决方案 Trinity 3000/8000	• 高度集成、高性能、高性价比 • 满足不同层次的需求
魔视智能	行泊一体域控制器 MagicPilot	• 单颗 SOC 上实现行泊一体，覆盖市场主流的行车与泊车功能

通过表 8-3 中的产品方案信息，可以从 2023 年车展的发布中，发现智能驾驶市场的一些典型趋势。

1）C-NOA 进入落地期：继 H-NOA 之后，C-NOA 成为各家争抢的又一块蛋糕。由于城市场景比高速场景更加开放、复杂，不确定性高，对智能驾驶系统的感知能力和决策规划能力都提出了更高的要求，因此之前仅有个别公司在少数城市的部分区域实现了 C-NOA 功能。2023 年车展，理想、上汽、毫末等多家公司都针对 C-NOA 的落地时间和覆盖范围提出了自己的规划，并且都集中在 2023—2025 年。可以预见，未来三年内，将会有多家车企和解决方案提供商实现 C-NOA 的量产落地，并且覆盖范围逐步从少数城市，扩大到全国。因此，在规划新产品的方案时，如果想要让产品的先进性在市场上具备竞争力，那么需要将 C-NOA 功能作为重点考虑。

2）重感知轻地图成为共识：高精地图对智能驾驶的重要性一直是热门话题，选择特斯拉的纯视觉感知路线还是传感器＋高精地图融合感知的路线，一度引发行业内的广泛讨论。2023 年车展上，这个问题似乎有了答案：地图对感知的重要性被弱化，重感知轻地图成为多家公司选择的路线，基于 BEV 算法的融合感知方案，正在逐渐取代传感器＋高精地图融合的方案，成为行业内更广泛的选择。回顾各家在车展期间的发布情况，小鹏的城市 NGP 将于 2023 年摆脱高精地图；理想 AD Max 3.0 系统逐步摆脱高精地图；智己将用数据驱动道路环境感知模型替代高精地图；华为 ADS 2.0 宣称不需要高精地图，有图无图都能开；百度虽然没有直接抛弃高精地图，但也强调了轻地图的方案；毫末智行则更是最早提出重感知轻地图的厂家。看来关于高精地图的路线之争已经有了定论，智能驾驶的感知方案也将更侧重于传感器而弱化甚至取消高精地图，更加依赖传感器实现环境感知。

3）ChatGPT 带来的冲击：ChatGPT 作为人工智能领域的重大突破，在引发热议的同时，也给智能驾驶带来了冲击。ChatGPT 的重要革命性意义在于让 AI 模型进入知识和推理的时代，而当前智能驾驶的一大难点就是决策规划不够智能，所以 ChatGPT 对于智能驾驶，尤其是决策规划模块，具有重要的学习和参考意义。毫末智行发布的 DriveGPT 雪湖·海若，正是采用了 ChatGPT 的 RLHF 训练方法。车展上，多家公司提到 AI 大模型的概念，如智己、毫末智行等，其实与 GPT 这一大规模通用预训练语言模型也有些类似之处。基于大数据、大参数的大模型，能够让智能驾驶系统学习和训练到更多的环境场景，持续提升决策水平，助力智能驾驶更上一层楼。

4）硬件配置升级：硬件的升级始终是智能驾驶技术发展的重要方向，自从智能驾驶量产应用以来，智能驾驶的硬件配置在持续升级。从传感器的数量、种类、性能，到芯片的算力等，都在不断优化，尤其是高分辨率摄像头、激光雷达、超大算力芯片等硬件逐渐上车后，智能驾驶的硬件配置堪称豪华。从车展上看，硬件配置仍在不断升级，无论是黑芝麻发布的国产最强算力芯片华山二号 A1000 Pro，还是禾赛科技发布的超薄激光雷达，都在全方位地提升智驾硬件性能，使其更好地服务于智能驾驶的功能。

5）行泊一体与舱驾一体加速落地：行泊一体和舱驾一体在 2022 年就已经是智能驾驶的热点话题，而在 2023 年的上海车展上，已经能够看到多家公司的行泊一体产品和舱驾一体产品亮相。如纵目科技的行泊一体解决方案 Amphiman3000/8000 和舱驾一体解决方案 Trinity3000/8000、魔视智能的行泊一体产品 MagicPilot 等。行泊一体与舱驾一体的方案，既符合智能驾驶发展的集成化趋势，也大幅降低了成本，目前行泊一体和舱驾一体产品正在加速落地，未来将会有越来越多的量产产品出现。

8.3 用户需求

所有的产品最终都服务于用户，能够让用户满意的产品才是好产品，因此对用户需求的分析和理解是智驾产品市场调研中至关重要的内容。用户问卷和用户访谈作为分析用户需求的主要方法，我们可以通过调查问卷横向全面了解用户的关注点，通过用户访谈纵向深入挖掘用户的具体想法，从而全面、深入地获取用户的需求。

用户访谈涉及具体的关注点和问题需要具体情况具体讨论，在此不作展开。不过，用户访谈的内容应该是专注而深入的，参与的用户应该是重点目标用户，这样才能得出有效的结论。下面举例说明用户问卷的调研内容与结论。

图 8-1 所示为一些专业机构关于智能驾驶的用户问卷调查结果，数据来源于奥迪、美国汽车协会、易车研究院、今日头条等公司和研究机构，从用户对智能驾驶的使用意愿、认知、关注度等方面，反映了用户的真实需求。

图 8-1a 显示，在回答"智能驾驶是否购车时的重要考虑因素"时，83.9% 的用户回答"是"。说明用户对于智能驾驶的需求是广泛存在的，因此智能驾驶产品的开发，是有重要意义和价值的。

图 8-1b 是关于用户不使用智能驾驶原因的问卷结果，可以发现，用户不用智能驾驶的原因主要包括"没有需求""不知道如何使用，也就是不会用""操作太复杂""担心不安全"以及其他原因。其中"不知道如何使用"和"担心不安全"所占比例较高。可见，想提高智能驾驶的使用率，需要重点关注用户的学习成本，让智能驾驶易学易用，同时提高智驾产品的安全性，让用户放心使用。

从图 8-1c 中可以看出，广大用户对智能驾驶的态度是"高度好奇，同时又存在担忧"。大量用户认为智能驾驶可以让出行更加丰富、便利和安全，但同时也有大量用户担心智能驾驶车辆会失去控制，会存在冗余风险等，从而对智能驾驶的技术持怀疑态度，表示焦虑。其中只有 8% 的用户能够完全解释什么是智能驾驶。说明用户普遍对智能驾驶的认知不足，因此提升用户对智能驾驶的认识和理解也是从业者需要考虑的重点。

图 8-1d 是用户对不同的智能驾驶功能的关注度分析结果。可以发现，对于碰撞的监测、预警和辅助控制等主动安全功能是用户最关心的功能，如行人碰撞预警（Pedestrian Collision Warning，PCW，针对行人的前方碰撞预警）、自动紧急制动（AEB）、以及盲区监测（BSD）、车道偏离预警（LDW）、车道保持辅助（LKA）等。而高级别的智能驾驶功能如特斯拉的 Autopilot 等，用户的关注度相对不高，说明用户对智能驾驶产品的安全性需求明显高于智能化需求。

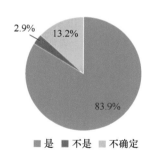

a) 智能驾驶是否购车时的重要考虑因素

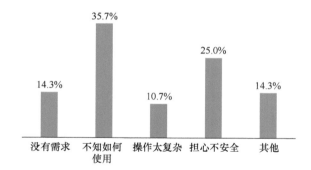

b) 用户不使用智能驾驶的原因

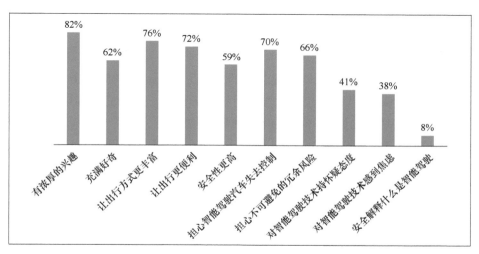

c) 用户对智能驾驶的态度

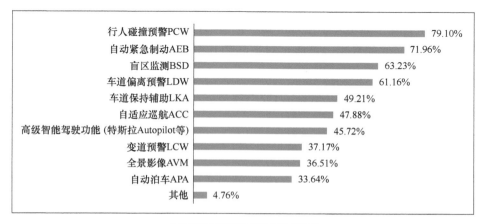

d) 智能驾驶不同功能的用户关注度

图 8-1　用户问卷调查结果示例

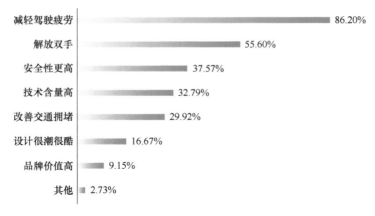

e) 用户对智能驾驶功效的关注点

图 8-1　用户问卷调查结果示例（续）

从图 8-1e 中可以看出，在智能驾驶起到的效果方面，减轻驾驶疲劳、解放双手、提高行驶安全性，是用户最为关注的地方，而技术含量高、改善交通拥堵、设计很潮很酷、品牌价值高等功效也是用户的关注点，但优先级不高。

根据图 8-1 的用户问卷调查，本书可以得出以下结论：用户对智能驾驶的需求是广泛存在的，并且需求优先集中于安全可靠和减轻疲劳；现阶段大部分用户对智能驾驶的了解和认知有限，还需要加以引导。基于以上结论，设计智驾产品时应该重点关注以下几点：

1）安全是用户最大的需求，是车辆行驶的最基本要求。在智驾产品的诸多特性中，安全性是第一位的，是一票否决项，即一款智驾产品无论多么智能、多么先进，如果不够安全，大部分用户都会放弃使用。智能驾驶市场在不断进步，趋势在不断更新，技术在不断发展，但安全作为用户最基本的需求，是始终存在的。

2）可靠，指智驾产品不容易出现故障，正常工作；即使发生故障，也具有高鲁棒性，能够避免严重问题的发生。可靠是对产品的基本要求，是产品质量的一部分，是获取用户信任、让用户放心的重要前提。

3）场景覆盖度高，尽可能地包含多种出行场景，让用户在各种场景中都能使用智能驾驶，减轻用户的驾驶疲劳。

4）学习和使用成本低，用户容易快速理解各项功能，并且使用方便、操作快捷、容易上手。

5）与用户合理互动，既能在必要时提供准确的提示，告知用户必要的信息，也能在不必要时减少对用户的打扰，避免干扰用户或者造成误解。

除了上述结论外，不同的用户群体也会有各自的个性化需求，需要在设计智驾产品时充分考虑，最大限度地满足用户的需求，提升产品的用户体验。

第 9 章　产品规划

产品规划是从全局维度整体布局新产品的形态、效果和开发内容等，对于明确新产品的开发目标、实现路线和整体方案有十分重要的意义。产品规划需要综合考虑市场、用户、成本、技术等多方面因素，明确新产品的定位，制定产品路线图（Roadmap）和系统方案。

9.1　产品定位

明确新产品的定位是产品设计的第一步，是基于市场调研的结果，结合产品的战略目标、用户群体、项目成本、周期、技术水平等限制因素综合分析的结果。产品定位应该根据自身的实际情况，突出产品的优势，打造有特色的产品，如"极致安全的智能驾驶""懂用户的智能驾驶""到哪儿都能用的智能驾驶"等。

以特斯拉为例，特斯拉的智能驾驶产品定位是智能化，并且在缓解疲劳、场景范围和使用便捷度等方面，都有突出的表现。因此虽然特斯拉的安全性和可靠性引发质疑，但并不影响特斯拉智能驾驶在行业内的领先地位。特斯拉凭借其先进的算法水平开发出智能驾驶的标杆产品，那么我们自己的智驾产品应该如何定位？自身的优势是什么？应该满足用户哪些方面的体验？这些问题都是在产品定位时需要思考的。

目前国内领先的智驾计算平台几乎清一色 Orin-X 和 $n \times 254$TOPS 的算力。行业头部的"玩家"们有财力、有底气展开"军备竞赛"，但适合自己吗？自己的新产品，一定要上千 TOPS 的大算力来支撑吗？新产品走性价比路线还是豪华路线？这些也是需要思考的。

目前市场上的智驾产品分布情况，可以归纳为 4 种主要的产品定位：

1）低成本的入门级智驾产品，通过最简单的硬件配置，实现基础的 L2 级以下行车功能、车辆前方的主动安全功能和低速时的障碍物检测功能，主要应用于车道内行驶的场景。入门级智驾产品适用于对成本要求极为严格，同时对智能驾驶要求不高的低端车型，通常售价不超过 10 万元。

2）高性价比的标配级智驾产品，通过最优的传感器配置和芯片选型，达到成本与功能的平衡，在有限的成本范围内，尽可能地覆盖更多的场景，实现更多的功能，包括所有的 L2 级以下行车功能与泊车功能，以及车辆前方、后方、侧方的主动安全功能。标配级智驾产品适用于成本有限，同时也要求智能驾驶能够达到市场中等水平的车型，通常售价位于 10 万~20 万元区间。

3）高阶智能的进阶级智驾产品，在标配级智驾产品的基础上，通过全方位的传感器分布和大算力计算平台，实现部分 L2+ 级智驾功能，典型的是 H-NOA 功能和 HPA功能。进阶级智驾产品适用于对成本有一定控制，同时要求智能驾驶不止于基础 L2 级水平的车型，通常售价位于 20 万~30 万元区间。

4）前沿先进的领先级智驾产品，通过多样化的大量高性能传感器和超大算力计算平台，实现几乎所有的 L3 级以下智驾功能，包括 C-NOA 功能和 AVP 功能，覆盖用户出行全场景。领先级智驾产品对成本不敏感，适用于主打高科技、高智能化的高端车型，通常售价超过 30 万元。

在设计智驾产品时，可以根据所搭载车型的情况，结合项目成本与周期要求，初步确定新产品属于入门级、标配级、进阶级、领先级的哪一种，然后再对新产品的特色和优势进行更详细的定位。

9.2 产品路线图

基于新产品的定位，根据产品所覆盖的场景和实现的功能，可以制定出分阶段的产品实现计划，也就是产品路线图（Roadmap）。Roadmap 是一种基于时间轴的产品演变发展规划，反映了产品的目标定位和所实现的功能，包括产品里程碑事件、时间周期以及功能范围等内容。

在规划智驾产品所实现的功能时，应该基于新产品的定位，结合市场调研的结果，合理规划各项功能以及所覆盖的出行场景。一方面，做到系统、全面、不遗漏，能够完整地满足新产品应该满足的用户需求；另一方面，在满足用户需求的基础上，深入挖掘用户痛点问题，给用户带来意料之外的惊喜体验，打造新产品的特色亮点功能，做到"人无我有""人有我优"，用创新的思维去开拓新的功能。

图 9-1 所示为特斯拉、小鹏、蔚来和理想的智能驾驶产品演化路线（基于公开资料整理），由于这几家头部公司的产品迭代版本较多，在此主要列出各家产品的里程碑事

件和对应的时间点，以及各阶段所实现的主要功能（功能名称保留各家自己的命名方式）。需要说明的是，图中的时间点，是指新的平台、系统正式上市或推送的时间，而不是宣传发布的时间；图中所列出的功能，是基于某个阶段的智驾平台或系统，持续OTA 的结果，而不一定是某个时间点的全部功能。

从图 9-1 中可以看出，特、小、蔚、理都采用渐进式的产品路线，即从低等级的辅助驾驶起步，先实现基础的 L2 级功能，然后通过硬件升级和软件迭代，逐步扩展应用场景和实现的功能，向最终的全场景智能驾驶迈进。

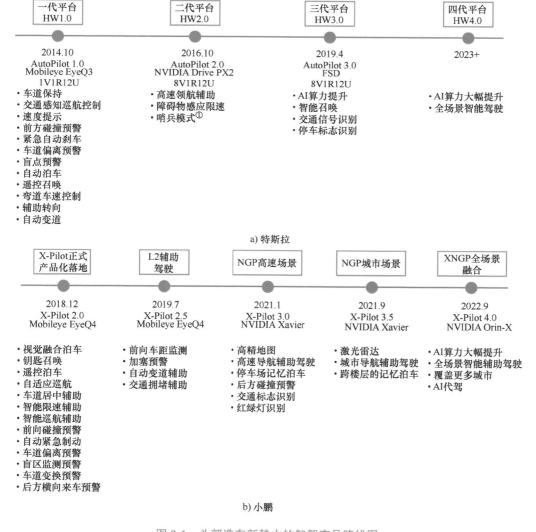

图 9-1　头部造车新势力的智驾产品路线图

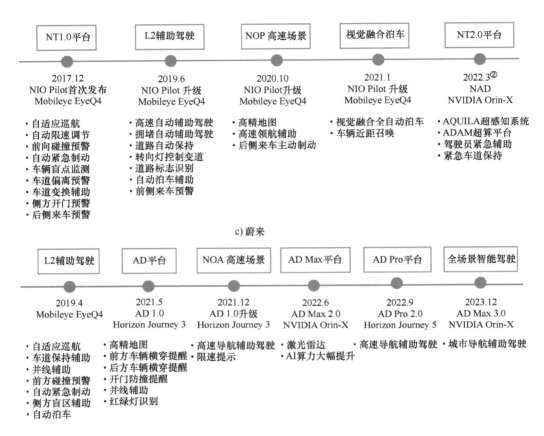

NT1.0平台	L2辅助驾驶	NOP 高速场景	视觉融合泊车	NT2.0平台
2017.12 NIO Pilot首次发布 Mobileye EyeQ4	2019.6 NIO Pilot 升级 Mobileye EyeQ4	2020.10 NIO Pilot升级 Mobileye EyeQ4	2021.1 NIO Pilot 升级 Mobileye EyeQ4	2022.3② NAD NVIDIA Orin-X

- 自适应巡航
- 自动限速调节
- 前向碰撞预警
- 自动紧急制动
- 车辆盲点监测
- 车道偏离预警
- 车道变换辅助
- 侧方开门预警
- 后侧来车预警

- 高速自动辅助驾驶
- 拥堵自动辅助驾驶
- 道路自动保持
- 转向灯控制变道
- 道路标志识别
- 自动泊车辅助
- 前侧来车预警

- 高精地图
- 高速领航辅助
- 后侧来车主动制动

- 视觉融合全自动泊车
- 车辆近距召唤

- AQUILA超感知系统
- ADAM超算平台
- 驾驶员紧急辅助
- 紧急车道保持

c) 蔚来

L2辅助驾驶	AD平台	NOA 高速场景	AD Max平台	AD Pro平台	全场景智能驾驶
2019.4 Mobileye EyeQ4	2021.5 AD 1.0 Horizon Journey 3	2021.12 AD 1.0升级 Horizon Journey 3	2022.6 AD Max 2.0 NVIDIA Orin-X	2022.9 AD Pro 2.0 Horizon Journey 5	2023.12 AD Max 3.0 NVIDIA Orin-X

- 自适应巡航
- 车道保持辅助
- 并线辅助
- 前方碰撞预警
- 自动紧急制动
- 侧方盲区辅助
- 自动泊车

- 高精地图
- 前方车辆横穿提醒
- 后方车辆横穿提醒
- 开门防撞提醒
- 并线辅助
- 红绿灯识别

- 高速导航辅助驾驶
- 限速提示

- 激光雷达
- AI算力大幅提升

- 高速导航辅助驾驶

- 城市导航辅助驾驶

d) 理想

图 9-1　头部造车新势力的智驾产品路线图（续）

① 从用户需求的角度，严格来说，哨兵模式是一种安全监控和防盗功能，只是借助智能驾驶的传感器实现而已，因此本书不将哨兵模式作为智能驾驶功能考虑；不过，由于哨兵模式是特斯拉的一项代表性功能，并且与传感器相关，所以在特斯拉的产品路线中列出。

② 蔚来 ET7 是首款基于 NT2.0 平台、搭载 NAD 系统的车型，该车型的上市时间是 2021 年 1 月，但正式交付时间是 2022 年 3 月，上市与交付时间相差明显，因此以交付时间作为 NT2.0 平台和 NAD 系统对应的时间点。

　　图 9-2 是某真实项目案例中的智驾产品 Roadmap 实例，从中可以看出，该产品的定位是领先级智驾产品，目标是达到市场领先水平，覆盖了用户出行的全场景和主流的全部功能。新产品的智能化水平横跨 L0~L3 级别，从简单的预警类功能到基础的驾驶辅助功能，再到高阶的 NOA、AVP 等功能，实现了对人机共驾时代的不同层次智能化的覆盖。首先快速实现 L2 级以下的基础功能，实现"从无到有"；然后通过 3 年的升级迭代，分阶段、分区域实现 NOA、AVP 等高阶功能，从点到面，从特定路段到更多路段，逐步落地，最终覆盖所有路段范围。

图 9-2 智驾产品 Roadmap 实例

9.3 系统方案

规划智驾产品不仅要明确产品定位、规划场景和功能，也要规划产品的系统方案，包括技术路径、系统架构和配置方案。

技术路径主要指感知定位的实现路径。目前智能驾驶的环境感知存在纯视觉感知与融合感知（视觉＋激光雷达）2 种路径，即是否配置激光雷达；特斯拉通过强大的软件算法能力实现了先进的纯视觉感知效果；国内头部玩家通过摄像头与激光雷达融合，提高环境感知的精准度。简单来说，如果能够通过视觉感知算法，达到精准度高、可靠性好的感知效果，那么可以省去激光雷达，走纯视觉感知路径；如果软件算法能力有限，需要激光雷达的点云数据作为参考和冗余，那么就要走融合感知路线，同时配置摄像头和激光雷达。

目前智能驾驶的相对定位存在有图（高精地图）与无图 2 种路径。特斯拉从第一性原理出发，坚持纯视觉，走的是无图路径；国内头部玩家则普遍采用高精地图与传感器结合的方式，实现相对定位。同样，是否需要高精地图，取决于软件算法的水平是否达到了可以省去高精地图的程度。

产品规划阶段的系统架构指的是智驾系统的整体拓扑结构，属于基础的系统框架，包括感知定位、决策规划和控制执行 3 大模块之间的结构与连接关系，体现了智驾系统硬件之间的拓扑关系。以目前流行的行泊一体为例，行泊一体架构方案通过同一个域控制器，实现所有的智驾功能，连接所有的传感器，因此对计算平台的算力等参数有较高要求，并且要求软件算法集中部署在一个域控制器中；而非行泊一体的架构方案则通过 2 个控制器分别实现行车功能和泊车功能，对计算平台的要求相对不高，软件算法也分别部署在 2 个控制器中。另外，行泊一体方案与非行泊一体方案的数据流、信号流，也各不相同，因此其系统架构需要在早期制定并明确，如图 9-3 所示。

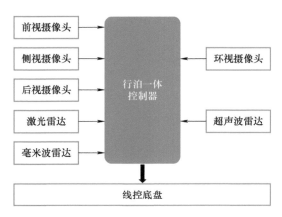

a) 行泊一体系统架构

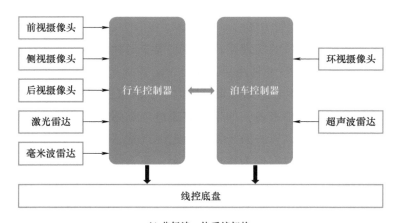

b) 非行泊一体系统架构

图 9-3　系统架构示例

　　智驾产品的配置方案主要体现在硬件的配置，主要是感知、定位的硬件和计算平台。在规划智驾的配置方案时，主要依据产品需要实现的功能，根据各项功能所需要的硬件来决定智驾产品的整体配置，即"功能定义配置"。另外，市场调研尤其是竞品对标的结果可以作为产品配置方案的重要参考，同时需要考虑成本这一重要的限制因素。

前面提到的，目前市场上主要的 4 种不同定位的智驾产品的配置方案及所能实现的功能见表 9-1。

表 9-1　不同定位的智驾产品配置与功能

配置与功能		入门级智驾产品	标配级智驾产品	进阶级智驾产品	领先级智驾产品
摄像头	前视单目摄像头	√	√	×	×
	前视双目摄像头	×	×	√	√
	侧视摄像头	×	×	√	√
	后视摄像头	×	×	√	√
	环视摄像头	×	√	√	√
雷达	激光雷达	×	×	×	√
	前毫米波雷达	√	√	√	√
	角毫米波雷达	×	√	√	√
	超声波雷达	√	√	√	√
定位	高精地图	×	×	√	√
	组合惯导	×	×	√	√
芯片	小算力芯片（5-TOPS）	√	×	×	×
	中等算力芯片（5~30TOPS）	×	√	×	×
	大算力芯片（30~200TOPS）	×	×	√	×
	超大算力芯片（200+TOPS）	×	×	×	√
行车功能	自适应巡航 ACC	√	√	√	√
	智能限速辅助 ISA	√	√	√	√
	车道偏离辅助 LSS	√ -	√	√	√
	车道居中控制 LCC	√	√	√	√
	变道预警 LCW	×	√	√	√
	智能变道 ILC	×	√ -	√	√
	高速导航辅助驾驶 H-NOA	×	×	√	√
	城市导航辅助驾驶 C-NOA	×	×	×	√
泊车功能	泊车雷达辅助 PDC	√	√	√	√
	全景影像 AVM	×	√	√	√
	自动泊车 APA	×	√	√	√
	遥控泊车 RPA	×	√	√	√
	记忆泊车 HPA	×	×	√	√
	自主代客泊车 AVP	×	×	×	√
	智能召唤 SS	×	×	×	√

（续）

配置与功能		入门级智驾产品	标配级智驾产品	进阶级智驾产品	领先级智驾产品
主动安全功能	前向碰撞预警 FCW	√	√	√	√
	自动紧急制动 AEB	√ -	√	√	√
	自动紧急转向 AES	×	√	√	√
	前方横穿预警 FCTA	×	√	√	√
	前方横穿辅助制动 FCTB	×	√	√	√
	后方横穿预警 RCTA	×	√	√	√
	后方横穿辅助制动 RCTB	×	√	√	√
	后向碰撞预警 RCW	×	√	√	√
	盲区监测 BSD	×	√	√	√
	开门预警 DOW	×	√	√	√

可以看出，入门级智驾产品通过前视单目摄像头 + 前毫米波雷达实现车辆前方的环境感知，实现 ACC、ISA、LSS（无 ELK）、LCC 等车道内行驶场景的行车功能，以及前向的主动安全功能 FCW、AEB（仅前向），由于 AES 需要检测车辆侧方的危险源，因此无法实现；通过超声波雷达，实现低速的障碍物检测和预警，即 PDC 功能；入门级智驾产品所需要的 AI 算力不高，5TOPS 以内完全可以满足。

标配级智驾产品通过前视单目摄像头 + 前毫米波雷达 + 角毫米波雷达，实现 L2 级以下的各项行车功能（ILC 仅指令变道），以及全方位的主动安全功能；通过环视摄像头 + 超声波雷达，实现 L2 级以下的泊车功能；标配级智驾产品通常需要 5~30TOPS 的 AI 算力。

进阶级智驾产品通过前视双目摄像头 + 侧视摄像头 + 后视摄像头 + 前毫米波雷达 + 角毫米波雷达 + 高精定位，在标配级产品实现功能的基础上，增加 H-NOA 功能；同时通过全方位的摄像头布置 + 毫米波雷达 + 超声波雷达，实现 L2+ 级的 HPA 功能；进阶级智驾产品通常需要 30~200TOPS 的 AI 算力。

领先级智驾产品通过搭载最全的传感器和定位硬件（尤其是激光雷达），可以实现最全面的智能驾驶功能，尤其是目前智能化程度最高的 C-NOA、AVP 和 SS 功能；由于领先级智驾产品涉及的场景最为全面和复杂，加上激光雷达的大量点云数据，因此通常需要 200TOPS 以上的超大 AI 算力支持。表 9-1 中的硬件配置方案可以通过图 9-4 更为直观地理解。

在规划智驾产品的配置方案时，可以参考表 9-1 中的内容，根据新产品所包含的实际功能，在市场现有配置方案的基础上适当调整，规划出适合新产品的硬件配置。另外，硬件配置只是实现功能的基础，能否实现某项功能以及功能的具体效果，还取决于软件算法的水平。

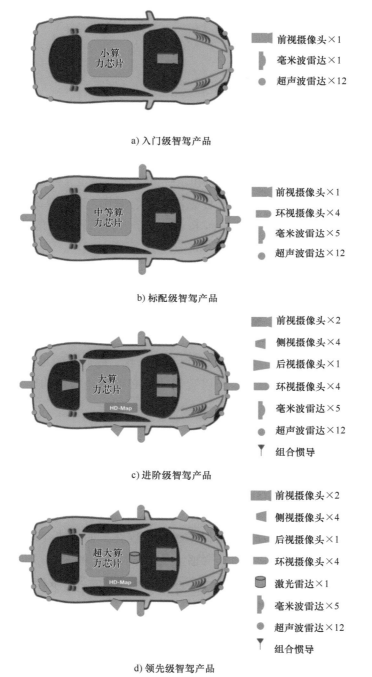

a) 入门级智驾产品

b) 标配级智驾产品

c) 进阶级智驾产品

d) 领先级智驾产品

图 9-4　不同定位的智驾产品配置示例

第 10 章　功能定义

现阶段的智驾产品，通过落实到各项功能来满足用户在不同场景中的需求，因此产品规划完成后，需要根据产品路线图和系统方案进一步定义产品路线图中各项功能的详细内容，包括功能实现的效果、传感器配置、适用范围、实现逻辑、详细需求、应用场景、人机交互等，并形成产品需求文档，作为新产品开发的源头和目标，指导下游的具体研发工作。

10.1　功能原则

功能定义的原则是在定义各项智驾功能时必须遵循的标准和准则，体现在所定义功能的每个细节中。由于智驾功能搭载在汽车上实现，因此在满足智能化需求的同时，也要满足工业级和车规级的要求，所以智驾功能必须符合特定的原则：安全、合规、舒适、高效。

10.1.1　安全

安全作为用户最基本的需求，同时也是智驾功能的第一原则，是智能驾驶量产应用的前提。智驾功能的安全包含客观安全和主观安全两个方面，客观安全指行驶策略安全，是车 - 环境层面的安全，即智驾系统在面对外部的复杂环境和紧急状况时能够控制车辆安全行驶、降低事故的发生概率和危害程度，如保持合理车距、避免碰撞、远离大型车等；主观安全指用户的安全感，是车 - 人层面的安全，即通过合理的人机交互方案，带给用户安全感和信任感，如准确及时的提示、有效的信息显示等。

1. 客观安全

客观安全要求智驾系统在各类场景中都能准确地识别环境，并根据周围环境及时做出合理的任务决策，规划出风险系数最低的行驶轨迹；当面临碰撞风险时，能提供有效的安全风险警示和紧急避险动作，最大限度地避免碰撞。

准确的环境感知是保证安全性的前提，智驾系统通过传感器获取到的环境信息越精准、丰富，用于决策规划的依据就越完善，车辆的行为就越安全。智驾系统应该能够识别到常见的场景要素，并且识别结果的准确度与可信度高，从而精准地还原出车辆所在的实时场景。以十字路口为例，如果能准确识别出各类地面标线和信号灯等交通设施以及路口的所有交通参与者状态，那么车辆通过路口的轨迹就安全合理；但如果感知不准确，漏识别斑马线的行人，或者漏识别信号灯，那么安全性就会明显降低，容易发生碰撞事故。

面对同一场景，车辆可能存在多种通行策略，从安全第一的要求出发，智驾系统应该选择最安全、风险系数最低的策略，并控制车辆按最安全的轨迹行驶。例如，LCC 控制车辆在车道内居中行驶时，如果相邻车道有大型车辆或过于靠近车道线的车辆，此时出于安全的考虑，应该控制车辆往相反的方向横向偏移，与大型车辆或贴近的车辆拉开距离，提高安全性。

主动安全功能直接影响智驾产品的客观安全，是保障行驶安全的重要功能。面对来自不同方位的碰撞风险，对应的主动安全功能可以通过预警或紧急控制的方式，避免发生事故。在定义预警类功能时，应该给用户预留足够的反应时间，并且发出足以引起用户重视的预警信号；在定义紧急控制类功能时，应该响应及时、控制时机合理，以最大限度地避免碰撞。

当前人机共驾的时代，车辆控制权的切换策略也是安全性的一部分。用户不同程度介入时，应该在多长时间内接管车辆控制权？车辆控制权是暂时人工接管，还是持续人工接管？只转移车辆的部分控制权还是全部控制权？智驾功能能否自动恢复？这些都对安全性有影响，需要认真思考，制定合理的方案，避免车辆控制权混乱。

功能降级策略也与安全性息息相关，当功能 ODC 不满足时，除了提示用户接管外，功能本身也应该有合理的降级策略，以确保车辆行驶安全。以 H-NOA 为例，当车辆驶出半开放道路区域时，H-NOA 功能降级为 LCC/ACC，如果 LCC/ACC 的 ODC 不满足，则需要用户完全接管；但是，如果用户没能及时接管，此时车辆处于不被控制的状态，为了保障安全，应该缓慢减速停车。

2. 主观安全

主观安全要求充分考虑人机交互方案对用户生理和心理的影响，能够让用户产生充足的安全感与信任感。作为高知高感的部分，人机交互提供给用户直观感受到的安全，让用户通过多感官的交互，时刻知晓智驾功能和车辆的安全状态。

实时、准确、全面的场景重构是主观安全的重要来源，通过虚拟还原场景，让用户掌握当前的交通环境信息，让用户知道当前状态是安全的。场景重构显示越及时、准确、全面，用户的可控感和信任感就越强，也就越觉得安全。

以 LCC 为例，屏幕中应该实时显示车道线信息、自车居中度信息以及车道前方的其他交通参与者信息等。通过以上信息的显示，能够让用户直观地知道 LCC 控制车辆的效果，从而产生可控感，做到"心中有数"。再以 ILC 为例，当 ILC 开始控制车辆自动变道时，在屏幕中应该准确地重构出本次变道的场景，尤其是本车道和目标车道的环境，如车道线、自车当前位置、自车预计落位、是否有危险车辆等，并且通过听觉与触觉方式，提示驾驶员当前正在变道，让用户清楚地知道当前车辆的状态和周围环境的状态，直观感受到本次变道是安全的。

对于 NOA 等高阶智驾功能，主观安全不仅要求基本的场景重构能力，还要求对典型场景重点还原，突出场景特征和核心要素，例如匝道场景要突出行驶路线和匝道要素等，路口场景要突出道路结构和交通信号灯等。

除了高度还原现实的场景重构外，及时准确的风险提示也是主观安全的内容。当车辆周围出现安全风险时，应该通过特殊的图案或动画效果，结合文字、声音、触觉等方式，给予用户必要的提示，让用户随时获取实时的风险情报。例如，当用户发出变道指令，触发 CLC 时，如果目标车道有危险车辆，智驾系统可以在屏幕中高亮显示危险车辆，同时将变道侧的车道线变成红色显示，结合语音播报告知用户此时变道可能发生碰撞；当 ACC 功能运行时，如果本车道的车道线附近出现行人，可以在屏幕中将该行人标记为红色，提醒用户注意。

10.1.2　合规

合规是智能驾驶车辆上路行驶的前提，智驾功能搭载在汽车上实现，必须符合相关标准或法规的要求。第 4 章中的表 4-1 已经整理了目前常用的智能驾驶相关标准和法规。下面对表 4-1 中的各项标准、法规，作简要的说明，各项标准和法规的文件封面如图 10-1 所示。

中国新车评价规程（China-New Car Assessment Programme，C-NCAP），是中国汽车技术研究中心发布的一项针对国内汽车安全性能的测试与评价标准。除了对乘员保护、行人保护等被动安全的要求外，C-NCAP 也包括对主动安全的性能指标与评分标准。在 C-NCAP 的主动安全部分，提出了针对 AEB、FCW、LKA、LDW、SAS、BSD 等功能的性能参数、测试和评价方法，尤其是详细定义了 AEB 和 FCW 的测评标准，已经成为行业内具有普遍应用的一项标准。

中国智能汽车指数管理办法（Intelligent Vehicle Integrated Systems Test Area，i-VISTA），是中国汽车工程研究院发布的一项专门针对国内智能汽车的测试与评价标准。i-VISTA 包含智能行车、智能泊车、智能安全、智能交互和智能能效等 5 部分的内容，其中智能行车、智能泊车和智能安全属于智能驾驶的测评范围。通过设定多种测试场景与评价指标，i-VISTA 制定了一套能够测试多项智能行车功能——ACC、LCC、ISA，智能泊车功能——APA、RPA 和辅助安全功能——AEB、FCW、LDW、LDP（Lane Departure Prevention，相当于 LKA）、ELK、BSD、DOW 的评分标准，是目前国内官方发布的智能驾驶评价标准中，涉及的功能与场景较为全面的一套方案。

图 10-1　智能驾驶标准与法规文件封面示例

中国智能网联汽车技术规程（China Intelligent-connected Car Assessment Programme，C-ICAP），是由中国汽车技术研究中心发布的一项基于交通场景的智能网联汽车性能评价标准。C-ICAP 包含辅助驾驶和智能座舱的内容，后续还会增加自动驾驶和隐私保护的内容；其中辅助驾驶分为行车辅助部分与泊车辅助部分，行车辅助部分又分为基础行车辅助与领航行车辅助，泊车辅助部分又分为基础泊车辅助与记忆泊车辅助。C-ICAP 的测试与评价方法，在强调安全的基础上，还注重舒适与效率，突出了场景对智能驾驶的重要意义，更加贴近用户，能够聚焦影响用户体验的关键点。另外，C-ICAP 提出的高阶智能驾驶功能——NOA、HPA 的测评规则，走在了国内外的前列，对于高阶智驾评价标准的发展，有着积极的探索意义。

中国汽车消费者研究与评价规程（China Car Consumer Research and Testing Programme，CCRT），是中国汽车技术研究中心发布的一项聚焦消费者实际使用体验的测试与评分标准。CCRT 包含乘员健康、节能环保、驾驶辅助、驾乘性能、感知质量等直接影响消费者体验的内容，其中驾驶辅助部分通过设立分级的评价指标，逐步细分场景和测试项目，基于出行场景，实现对智能行车功能——ACC、LCC、TJA、HWA、ILC，智能泊车功能——APA、RPA，主动安全功能——AEB、FCTA，以及针对交通事故场景、施工场景、常见危险场景如前方大车走走停停等的紧急避险能力的评分。另外，CCRT 在驾驶辅助部分，还加入了智能驾驶人机交互的评分标准，更加接近消费者的真实体验。

中华人民共和国国家标准（Guo Biao，GB），简称国标，是国家标准化管理委员会发布的标准，分为强制标准（GB）和推荐标准（GB/T）。国标对多项智能驾驶功能提出了要求，包括详细的参数要求等，如 TJA、ACC、FCW、AEB、BSD、LDW、LKA 等。

欧盟新车安全评鉴协会（The European New Car Assessment Programme，E-NCAP），是针对量产车型的安全性进行测评的机构，也是目前国际上最权威的汽车安全认证机构。国内的 C-NCAP 标准，很大程度上参考和借鉴了 E-NCAP 的内容。E-NCAP 的测评内容包括成人成员保护、儿童成员保护、弱势道路使用者（Vulnerable Road-Users，VRU）保护以及安全辅助（Safety Assist，SA）等 4 部分，其中 VRU 保护与 SA 部分，涉及到多种智能驾驶的功能如 AEB、FCW、LDW、BSD、LKA、ELK、ISA 等，以及对应的不同场景。

欧洲经济委员会（Economic Commission of Europe，ECE），是旨在促进成员国经济整合与合作的平台，致力于促进可持续发展和经济繁荣，其发布的汽车法规，可以作为重要参考标准。ECE 对多项主动安全功能，都提出了详细要求，如 LDW、倒车影像等，尤其是 2022 年发布的欧盟通用安全法规（General Safety Regulation，GSR），作为欧盟制定的一项确保产品质量与安全性的法规，涉及机械设备、电器与电子设备、儿童玩具、汽车、化妆品等多个行业，在汽车产品相关的内容中，GSR 对智能驾驶的AEB、ISA、ELK 等功能，提出了详细的要求。

国际自动机工程师学会（Society of Automotive Engineers，SAE，原称"美国汽车工程师学会"）是汽车工业界有重要影响的学术团体，SAE 发布的标准通常是汽车行业通用的全球性标准，前面提到的 SAE J3016 标准，就是 SAE 的一项关于智能驾驶分级的权威标准。此外，SAE 还有关于 FCW、LDW 等多项智能驾驶功能的标准，提出了对相关功能的具体要求。

联邦机动车安全标准（Federal Motor Vehicle Safety Standards，FMVSS），是美国公路交通安全管理局（National Highway Traffic Safety Administration，NHTSA）具体负责制定并实施的法规，目前包含 5 大类：FMVSS100 系列、FMVSS200 系列、FMVSS300系列、FMVSS400 系列、FMVSS500 系列，其中 FMVSS100 系列与主动安全功能相关，提出了对 20 多项主动安全功能的要求，如 AEB 等，以避免交通事故。

国际标准化组织（International Organization for Standardization，ISO）是标准化领域的国际组织，负责全球多数领域的标准化活动，ISO 发布的标准涉及多个领域行业，在汽车行业的内容中，ISO 提出了对多项智能驾驶功能的标准要求，包括 ACC、APA、

BSD、FCW、LDW、LKA 等。

在定义智驾功能时，除了对智驾功能直接提出要求的法规外，还应该遵守一项重要的法规，也是车辆在道路中行驶的基本要求，即国家或省、市级的交通法规，如《中华人民共和国道路交通安全法》（以下简称《交通法》）等。相比于表 4-1 中的法规或标准，交通法规直接要求了不同出行场景中，车辆行驶应该遵守的规则，但却往往容易被智能驾驶从业者忽略。下面通过几个案例，说明当前市场上的智驾产品对于交通法规的考虑不周之处，并提出相应的改进方案。

第一个案例，目前市场上大多数 H-NOA 功能，都把最左侧车道作为默认的行驶车道。但是根据《交通法》，高速公路中的不同车道存在不同的限速要求，车辆应该选择合适的车道行驶，如图 10-2 所示。

如果用户使用 H-NOA 功能时，设定的车速值是 90km/h，H-NOA 系统却控制车辆在最左侧车道长期行驶，显然是不符合《交通法》的，不仅违规，而且在快速车道内低速行驶，也存在严重的安全风

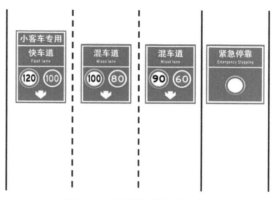

图 10-2　不同车道限速示例

险。因此，在设计 H-NOA 时，应该能够让系统根据用户设定的车速值，结合当前道路的具体环境，选择合法、合理的车道行驶，而不是简单地把最左侧车道作为行驶车道。

第二个案例，目前市场上几乎所有的智驾功能，在前方即将经过路口时，只要通行条件满足，几乎都会按原车速行驶，而不会因为路口场景适当提前减速，以避免路口突然冲出其他车辆或行人的情况，无论 ACC、LCC，还是 C-NOA，都是如此。但是《交通法》规定：车辆经过路口时，应该减速慢行，并注意避让行人与其他车辆。因此，在识别到前方即将经过路口时，无论是路口有无信号灯，无论信号灯颜色是什么，也无论路口大小，都应该提前减速，以预留足够的准备时间，消除可能存在的碰撞风险。

第三个案例，目前市场上的大多数 ILC 功能，在变道指令发起、转向灯亮起后，如果环境符合变道要求，就会迅速开始变道动作。虽然国家没有统一的要求，但是目前有些城市如深圳，明确要求转向灯亮起 3 秒后，才能开始变道。考虑到车辆可能会在这些已经提出"3 秒要求"的城市内行驶，所以应该改进当前的 ILC 方案，即无论交通环境如何，ILC 系统都应该在转向灯亮起后等待至少 3 秒，再开始变道动作，同时也可以通过时长 3 秒的等待，进一步确认目标车道无危险源，提高安全性，避免因系统短暂地漏识别造成的碰撞风险。

10.1.3 舒适

舒适是一项重要的用户体验内容，直接影响用户对智能驾驶的使用意愿和满意度。智能驾驶的舒适包含行驶舒适和使用舒适，行驶舒适的含义是能够缓解驾驶疲劳，并且车辆行驶平稳、平顺；使用舒适的含义是功能的使用方式简单便捷、人机交互效果好、用户接受度高。

1. 行驶舒适

行驶舒适关注的是车辆在交通环境中的表现。为缓解用户的驾驶疲劳，智驾系统应该能尽可能地控制车辆自主通行，避免频繁接管打扰用户；同时，车辆的控制策略必须考虑用户的驾乘感受，确保平稳和平顺。

增加场景覆盖度和功能种类是提升行驶舒适性的有效方法，智驾功能越全面、覆盖的场景越广泛，需要接管的情形就越少，用户的驾驶疲劳就越能得到缓解。例如，LCC 功能通过检测车道线来识别车道，控制车辆保持在车道内居中行驶，常规的 LCC 应用场景是两侧有清晰车道线的车道；如果能将场景扩展，路沿或隔离带也可以作为车道线，那么 LCC 功能在缺少车道线的最边侧车道也能起作用，而不会轻易退出，频繁让用户接管，如图 10-3 所示。

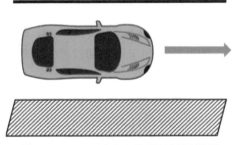

图 10-3　LCC 缺少车道线的场景示例

面对复杂场景时，系统控制车辆行驶的平稳性和平顺性是用户舒适度感受的主要影响因素，甚至在一定程度上，平稳性和平顺性能够代表舒适性。

车辆行驶的平稳性可以通过动力学参数来表征，纵向运动的平稳性主要体现在纵向加速度 a_x，过大的加速度值表示存在急加速或急减速，导致行驶平稳性差。另外，系统控制车辆加速或减速时，加速度 a_x 的值应该是恒定的，这样车辆的加速或减速过程是线性的，能够有效提升平稳性。横向运动的平稳性主要体现在横摆角速度 ω 和侧向加速度 a_y，横摆角速度 ω 能够通过方向盘的转动速度直接感受到，方向盘转动越快，横摆角速度越大，车辆平稳性越差，所以除了紧急避险外，应该避免大的横摆角速度出现，让转向或变道过程平稳舒适。侧向加速度 a_y 是车辆转向时的离心力所产生的加速度，侧向加速度越大，离心力越大，平稳性越差；侧向加速度的计算公式是 $a_y=v^2/r$，其中 v 是车速，r 是转弯半径，转弯半径与方向盘转动角度负相关。从侧向加速度的计算公式可以看出，当车辆变道时，由于车速 v 变化不大，如果要减小 a_y 的值，则应该增大 r 的值，也就是减小方向盘的转动角度，即小角度变道；当车辆通过弯道时，由于道路曲率是固定的，导致转弯半径 r 固定，此时降低车速 v 是减小 a_y 的有效方式，即低速过弯。

车辆行驶的平顺性主要与车辆的振动有关。车辆行驶时，容易收到来自地面的冲击，引发车辆不同程度的振动，从而让驾乘人员产生冲击感和颠簸感。智驾系统控制车辆时，应该尽可能地避免地面的冲击或者降低冲击带来的影响。智驾系统应该能够提前检测到地面冲击的来源（通常是地面不平的凸起与凹陷，如减速带、塌陷等），并采取相应的控制策略。降低车速是减轻冲击与振动的有效方式，车速越低，地面传递给车辆的振动能量越小，平顺性越好；当然，如果系统有能力控制车辆避开冲击源，则更能提升平顺性。

行驶舒适不仅存在于行车功能和场景，也存在于泊车功能和场景。就目前广泛普及的 APA 来说，泊车过程中，系统应该控制车辆平稳和平顺行驶，并在泊车完成后，达到合理的停放位姿。

泊车过程的平稳性除了前面提到的避免急加速、急减速，还要注意符合人类的停车习惯，做到"丝滑、不机械"。目前市场上的大多数 APA 功能，都存在静止状态转方向盘和左右晃动方向盘的情况，这是违反人类泊车习惯的，会带来极大的不适感，应该杜绝。

泊车完成后车辆的位置和姿态也会影响舒适性。以垂直标线车位为例，当泊入车位完成后，车辆的位置通常在车位正中间，这种方案并无不妥，但如果能根据车位左右两侧的物体，适当让车身远离障碍物，则不仅能方便用户打开车门下车，也能避免可能存在的磕碰，如图 10-4 所示。

图 10-4　泊车完成后的车辆位姿示例

2. 使用舒适

使用舒适性关注的是智能驾驶的人机交互表现。高舒适度的人机交互方案应该能让智驾功能的使用方式简单便捷，并且能提供优秀的信息显示与提示效果，与用户的互动性好（图 10-5）。

便捷的使用方式能够让产品"好用""易用"，主要通过优化各项功能的开关与参数设置方式来实现，让用户以最方便、最容易的操作切换智驾功能的工作状态，并根据需要设定参数。各项智驾功能的开关设置与参数设置方式应该达到步骤简单、容易记忆、操作方便的效果。例如，特斯拉和小鹏通过单个拨杆，实现 ACC 与 LCC 的状态切换，特斯拉通过单个滚轮的滚动，实现对 ACC 跟随前方目标物距离的调节，让用户通过非常便捷的方式，实现对智驾功能的设置和操作（图 10-5）。

图 10-5　特斯拉的智驾功能控制开关

很多智驾功能的开关设置和参数设置会涉及系统是否记忆并保留用户设置的问题。如果让系统记忆用户的设置，那么该功能开关状态和参数将长期保留用户的设置，除非用户主动更改；如果让系统不记忆用户的设置，那么该功能的开关状态和参数将在车辆重新启动后恢复到原先固定的设置。开关与参数记忆的设计，对智驾功能的舒适性有显著影响：用户的个性化需求，导致其对某项功能存在特定的喜好，比如喜欢用或者不喜欢用，因此应该自动记忆用户的设置，每次车辆启动后都保持用户设定的状态，避免每次都让用户自行更改。对于舒适性为主的功能，在定义功能时应该注意记忆和保留用户的设置，例如 ACC 功能的跟随距离、ISA 功能是否开启等。不过，对于更强调安全性的功能或者法规对开关状态有要求的功能，就必须以安全为主，例如 AEB 功能应该自动默认为开启状态，用户如果想要关闭 AEB，必须每次都手动关闭，并且根据法规要二次确认。

信息显示与提示的效果，能够从视觉、听觉、触觉等多种交互途径，刺激用户的感官，影响舒适性。

不同交互方案的屏幕显示风格不一样，或简洁或丰富，但无论何种风格，都应该能够清晰地显示出智驾功能的运行状态以及必要的功能与场景信息；同时，显示的内容应该有优先级顺序，重点明确、一目了然。这样用户既能获取系统与车辆的状态，又能抓住重点，不被大量信息困扰。以 ACC 为例，ACC 涉及 2 项参数：巡航车速和跟随距离，如图 10-6 所示，其

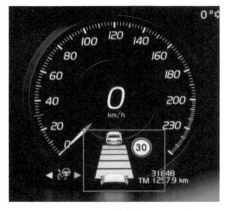

图 10-6　ACC 的参数显示示例

中巡航车速是用户需要随时了解的信息，应该常显在屏幕上，而跟随距离只有当用户认为不适合时才会查看和更改，对车辆行驶的影响程度低，所以不必常显，只在用户设置时显示即可。

当遇到危险状况需要用户提高注意力时，通常会发出声音和振动，提醒用户注意。但是，不同用户对声音提示和振动提示的接受程度不同，大部分用户并不希望被经常打扰，如果在非必要时频繁提示，用户容易产生抵触情绪。所以，应该仔细研究需要发出提示的场景，只在危急场景发出提示，并且对提示的时长、次数、频率、强度等具体的方式，制定让用户接受度高的策略。例如，用户开启 ISA 功能，系统检测到用户超速时，应该及时发出声音提示，但如果用户在接收到超速提示后，长时间不减速，甚至继续加速行驶，表明此时用户有比超速更紧急的事情；此时系统已经起到提示作用，如果继续长时间发出声音，反而会起到反作用，所以应该在持续提示一段时间（如 1min）后，就不再提示，让用户专心处理驾驶任务。再如，用户开启 FCTA 功能，如果在人流量密集的路段行驶，尤其是十字路口或者有斑马线的学校门口等，横穿马路的大量行人会频繁触发 FCTA 的预警提示，而实际上此时用户已经注意到了过往的行人，并且正在谨慎驾驶，频繁的提示声音反而会干扰用户，因此 FCTA 对于低速且多行人的场景，应该考虑固定时间间隔的提示策略，而不是一旦检测到行人就提示。

10.1.4 高效

高效是智能驾驶的初衷之一，也是智驾功能在出行场景中应该达到的基本效果。车辆在路上行驶时，除了保证安全外，高效通行也是一项基本要求。高效通行不仅能让自车耗时短，尽快到达目的地，而且也能提升整体交通流的通行效率。除了安全行驶外，高效行驶是衡量智能驾驶水平的另一项重要因素。

在各种出行场景中，智驾系统应该选择通行效率最高的行驶策略，控制车辆快速通行，尤其是对于复杂的场景，更应该让行驶变得高效、简单。不同的出行场景各自有不同的高效通行方案，下面通过几个典型场景加以说明。

城区道路中，通常左侧车道的整体通行效率高于右侧，并且右侧车道遇到的来自行人或两轮车等的干扰，要明显多于左侧车道，更降低了右侧车道的整体车速。因此，C-NOA 功能应该控制车辆尽可能地左侧车道行驶，避免在长期最右侧车道内行驶；另外，当前方有路口时，应该控制车辆尽快驶入正确的车道，为在路口的直行或转弯提前做准备，避免因交通拥堵等因素导致的来不及进入正确车道而无法在路口按导航路径行驶的情况。

交通信号灯是城区与城际道路中常见的交通设施，用于在路口控制交通。如果车辆能够在每个路口都遇到绿灯，那么通行效率无疑会得到提升，避免了等红灯造成的延误。通过大数据分析，能够估算出每个路口的交通信号灯状态以及等待时间；再结合导航地图，根据车辆当前位置与下一个路口的距离，可以计算出赶上路口绿灯的行驶车速，系统只要控制车辆按照该车速行驶，就能够在路口处绿灯通行。如果能够获取各路口交通信号灯的实时状态，则准确性比基于大数据的估算结果更好。目前高德地图和百度地图已经具备交通信号灯计时的功能，国内多个城市也已经在道路中提示了"绿波车速"，即车辆可以避免红灯的合理车速。

对于用户经常行驶的路段，系统应该记忆该路段的交通流信息，在得到足够的样本量数据后，分析出最高效的行驶路线。例如，G2 京沪高速在上海江桥收费站到中环高架路之间的免费路段存在一段三车道变两车道的道路，该段道路经常发生拥堵。根据经验，在拥堵时，该三车道路段内的最右侧车道通行效率最高，肉眼可见地高于左侧的 2 条车道。H-NOA 功能如果能够记住这段道路的情况，以后每次经过该路段时都控制车辆自动在最右侧车道行驶，直到合流汇入两车道路段，那么就能明显提升通行效率，快速通过拥堵路段。

10.2 功能实例

基于上述的功能原则，根据出行场景和用户需求，我们可以定义出智驾功能的详细内容。下面，本书从传感器配置、设计运行条件、功能逻辑、详细需求、功能设置、信息显示与提示等多个方面，对第 5 章功能体系中的 L1~L2 级功能进行详细定义，作为智驾功能定义的参考案例。另外，各项功能所实现的效果，也属于功能定义的内容，在第 5 章中已经作了详细解读，直接参考即可。

10.2.1 自适应巡航

1. 传感器配置

ACC 依赖于对前方交通环境的感知，需要及时准确地检测出自车前方的交通参与者，因此需要配置前视摄像头 + 前向毫米波雷达实现对前方交通参与者种类、数量的识别以及距离、速度的探测。此外，激光雷达能够提升环境感知结果，如成本允许也可以配置。

2. 设计运行条件

设计运行条件描述了智驾功能正常运行所必需的条件，明确了智驾功能的可用范围和局限性，是定义智驾功能的前提。根据《自动驾驶系统设计运行条件白皮书》，设计运行条件包含设计运行域、车辆状态和驾乘人员状态等（详见附录 B）；参考第 4 章中建立的场景体系和场景要素，可以将设计运行域细分为道路 / 场地、交通设施、交通参与者和气象条件。

ACC 的设计运行条件见表 10-1，可以看出，ACC 对道路的适应性强，对道路结构、车道特征等要素都没有特别的要求，只要地面没有明显反光，对摄像头的检测效果没有明显影响，ACC 就能在道路中使用。ACC 与交通设施没有必然关系，所以适用于任何交通设施的情况。与 ACC 有关的交通参与者，是自车前方的目标物，包括机动车、非机动车、行人等常见的种类，但是对数量和属性没有特别要求，通常 ACC 只会把传感器探测范围内，距离自车前方最近的交通参与者作为跟随目标。ACC 需要摄像头和毫米波雷达的感知结果，因此对气象条件有一定要求，不能在极端恶劣天气以及过强或过弱的光照条件下使用。在车辆状态方面，除了基本的正常行驶状态外，要求车辆没有制动状态，处于 D 档，并且对车速有上限值要求，以保障安全性。在驾驶员状态方面，要求驾驶员有随时接管车辆的能力，所以生理状态和驾驶行为都要满足条件。

表 10-1　ACC 的设计运行条件

ODC 项		ODC 范围
道路	地理区域	半开放道路、全开放道路、封闭场地道路
	道路结构	无要求
	车道特征	无要求
	地面特征	地面无明显反光，不会大幅降低摄像头的检测效果
	附属物	无要求
	障碍物	无要求
交通设施	固定交通设施	无要求
	可变交通设施	无要求
交通参与者	种类	机动车、非机动车、行人
	运动属性	无要求
	几何属性	无要求
气象条件	天气条件	好天气、轻度坏天气（阴天、小雨、小雪）
	光照条件	白天、夜晚有路灯
车辆状态	启动状态	车辆已启动，电动车上电、燃油车点火
	门盖状态	车辆的四门两盖（车门、前盖和后盖）关闭，充电口或加油口关闭
	制动状态	无制动

（续）

ODC 项		ODC 范围
车辆状态	车速	(0，130] km/h
	档位	D 档
	系统状态	ACC 系统的软件、硬件均正常工作，无故障和异常
	OTA 状态	不处于 OTA 升级状态
	关联功能	无要求
驾驶员状态	生理状态	无疲劳和注意力分散的情况，有随时接管车辆的能力
	驾驶行为	在座位上，系好安全带，不脱手

3. 功能逻辑

ACC 功能存在 4 种状态：不可用状态、待机状态、激活状态和故障状态。不可用状态是指当前的条件不满足 ODC 要求，ACC 功能无法使用的状态；待机状态是指当前的条件满足 ODC 要求，但用户没有通过开关开启功能的状态；激活状态是指当前条件满足 ODC 要求，并且用户主动开启功能，ACC 功能正常工作的状态；故障状态是系统的软件或硬件发生故障，功能无法使用的状态。ACC 功能状态的说明见表 10-2。

表 10-2 ACC 功能状态

ACC 功能状态	ODC	开关设置	故障状态
不可用状态	不满足	—	—
待机状态	满足	关闭	正常
激活状态	满足	开启	正常
故障状态	—	—	异常

根据 ACC 能够实现的效果，ACC 可以分为以下 3 个子功能，分别对应不同的应用场景：定速巡航、跟随行驶和跟随起停（Stop&Go），见表 10-3。

表 10-3 ACC 的子功能

子功能	应用场景	说明
定速巡航	前方无交通参与者	自车保持恒定的车速，巡航行驶
跟随行驶	前方有交通参与者移动	自车保持恒定的距离，跟随前方目标物行驶
跟随起停 Stop&Go	前方目标物静止 / 起步	自车跟随前方目标物减速至停车，并能跟随目标物从静止状态自动起步

根据 ACC 的功能状态和子功能，再考虑到用户介入的情况，可以整理出 ACC 的详细逻辑，并画出 ACC 的功能流程图，如图 10-7 所示。

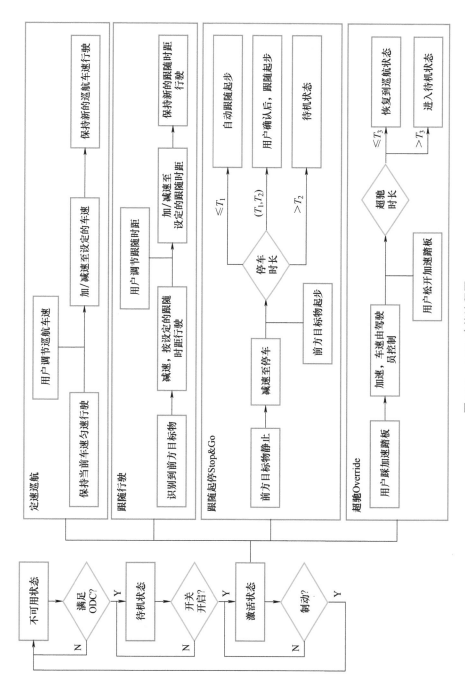

图 10-7 ACC 功能流程图

221

4. 详细需求

ACC 的详细需求是指 ACC 功能在不同场景中对车辆表现的详细要求，以及所能达到的详细效果。ACC 的详细需求主要体现在各子功能的效果，以及用户介入时的表现。

（1）定速巡航

定速巡航适用于前方无交通参与者、畅通无阻的场景，如图 10-8 所示；其效果是让车辆保持恒定的车速巡航行驶，该车速是由用户设定的速度值。

图 10-8　ACC 定速巡航的场景

1）ACC 功能刚进入激活状态时，默认的巡航车速是此时车辆的实际车速。

2）用户能够通过某种交互方式，设定巡航车速的值，作为目标车速；目标车速范围是（30，130] km/h，交互方式可以是按键、滚轮或其他方式。

3）ACC 能够控制车辆加速或减速，达到用户设定的车速值，加、减速的过程应保持车速线性变化，避免较大的纵向加速度值，让用户有舒适感。

4）达到用户新设定的巡航车速后，车辆能重新保持巡航车速，匀速平稳行驶，车速值的波动范围不超过 2km/h。

5）只有在 ACC 处于激活状态时，才能设定和改变巡航车速的值；在其他状态尤其是待机状态时，用户对巡航车速的设置无效。

（2）跟随行驶

跟随行驶适用于前方有交通参与者导致车辆低于目标车速行驶的场景，如图 10-9 所示；其效果是将前方交通参与者作为目标物，让车辆保持恒定的距离跟随目标物行驶，该距离是由用户设定的时距值。

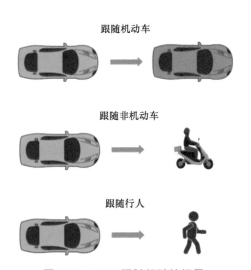

跟随机动车

跟随非机动车

跟随行人

1）用户能够通过某种交互方式，设定自车与前方目标物的距离，由于车辆是高速运动的，因此与自车与前方目标物的距离不能仅用固定的距离值来表示，而应该考虑车速的影响，通过"时距"来体现。时距是以时间来描述距离的一种方式，指通过某段特定距离所需要的时长，时距 = 距离 / 速度；时距虽然是一个时间

图 10-9　ACC 跟随行驶的场景

值，但反映的是距离的远近程度，时距的值越大，表示自车与目标物的距离越远。

2）当自车前方有目标物处于用户设定的时距范围内时，ACC 控制车辆减速进入跟随行驶的状态，减速过程应保持车速线性变化，避免较大的纵向加速度值，让用户有舒适感。

3）达到跟随行驶状态后，系统能够控制车辆按用户设定的时距值平稳行驶。

4）用户可以随时通过某种交互方式改变时距的值，设定新的跟随时距。

5）只有在 ACC 处于激活状态时，才能设定和改变跟随时距的值；在其他状态尤其是待机状态时，用户对时距的设置无效。

6）前方目标物离开时距范围，系统能够控制车辆进入定速巡航状态，加速过程应保持车速线性变化，避免较大的纵向加速度值，让用户有舒适感。

7）当前方存在多个交通参与者时，仅将自车行驶路径上距离最近的交通参与者作为唯一的目标物。

（3）跟随起停 Stop&Go

跟随起停适用于前方目标物静止以及目标物从静止状态开始移动的场景，属于跟随行驶的特殊场景；跟随启停的效果是让车辆跟随前方目标物减速至停车状态，并且能跟随目标物自动起步。

1）当前方目标物处于静止状态时，系统能够控制车辆减速至停车状态，减速过程应保持车速线性变化，避免较大的纵向加速度值，让用户有舒适感。停车后，自车与目标物的距离应处于合理范围，通常是 2m 左右，既不能太小以保证安全，又不能太大否则容易被加塞。

2）当前方目标物从静止状态开始移动时，根据停车的时长，自车应该存在以下 3 种状态：

a. 停车时长 $\leqslant T_1$，自车自动跟随目标物起步，无须用户任何操作；

b. $T_1 <$ 停车时长 $\leqslant T_2$，需用户确认（如轻踩加速踏板）后，自车跟随前车起步；

c. 停车时长 $> T_2$，ACC 功能退出，车辆进入驻车状态，如需继续使用 ACC 功能，用户须重新通过开关激活。

此处的 T_1 和 T_2 应该是合理的时间阈值，既不宜过大，以保证安全（停车时间太久，用户容易走神，并且场景变化大，引发安全风险），也不宜过小，以保证 ACC 的流畅性，建议 T_1 取值 1min，T_2 取值 3min。

（4）用户介入

用户对 ACC 的介入，包括主动踩制动踏板干预、主动踩加速踏板干预以及接管纵向控制等情况。

1）当用户主动踩下制动踏板时，车辆处于制动状态，不满足 ODC，因此 ACC 应该完全退出且不可恢复，不再控制车辆的纵向运动，车辆控制权交给用户。

2）当用户主动踩下加速踏板时，ACC暂时退出对车辆的纵向控制，允许用户自主控制车速，此时状态定义为超驰状态（Override）。用户松开加速踏板后，根据用户介入的时长，即踩下加速踏板持续的时长，存在以下2种状态：

a. 介入时长 ≤ T_3，ACC可以自动恢复，重新控制车辆的纵向运动；

b. 介入时长 >T_3，ACC不可自动恢复，如需继续使用ACC功能，用户须重新通过开关激活。

综合考虑功能的安全性和流畅性，通常 T_3 取值范围（3，5］min。

3）如果用户踩下加速踏板，导致自车车速超过ACC工作车速的上限值130km/h，则不满足ODC，ACC完全退出且不可恢复。

4）当系统提示用户接管车辆且用户及时接管时，ACC应及时将车辆纵向运动的控制权转移给用户，转移过程应流畅无明显延迟和卡滞。

5. 功能设置

ACC功能的设置是用户对车辆的设置操作，包括功能的开关以及目标车速、跟随时距等参数的设置，属于人机交互的部分。

（1）ACC开启与关闭

当满足ODC要求，ACC进入待机状态时，用户可以通过某种交互方式开启ACC功能，使其进入激活状态；ACC处于激活状态时，用户可以通过相同的交互方式，关闭ACC功能，使其进入待机状态。

通常的交互方式是硬开关的方式，通过拨杆或按键控制ACC的开启与关闭，与方向盘的整体方案有关，如图10-10所示。当使用拨杆方式时，用户可拨动1次拨杆，开启ACC功能，反向拨动1次，关闭ACC功能；当使用按键方式时，用户按下按键，开启ACC功能，再次按下按键，关闭ACC功能。

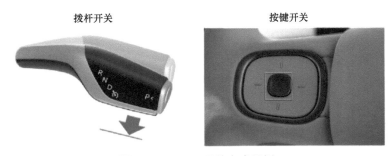

图 10-10 ACC 开关方式示例

（2）ACC参数设置

根据前面对ACC的详细需求，ACC所涉及的参数有两项：目标车速和跟随时距。

对 ACC 参数的设置方式通常是硬开关的方式，通过方向盘上的滚轮或按键调节参数值，与方向盘的整体方案有关，如图 10-11 所示。

通过滚轮的滚动设置目标车速时可实现无级调节，即将目标车速设定为任意数值。通过按键设置目标车速时，存在固定的调节步长，如 10km/h、5km/h、1km/h 等，即每按一次按键，目标车速对应地增加或减少一个步长的数值，且只能按步长设定为固定的数值，如步长为 10km/h 时，目标车速只能设定为 10 的整数倍；可以通过长按、短按的区别，以不同的步长来调节目标车速，例如长按（持续 2s 以上）按键时，调节步长为 1km/h，短按（不超过 2s）按键时，调节步长为 5km/h。

用户设置跟随时距时通常不是设置一个具体的数值，而是通过不同的等级来控制时距，时距值可以按大小分为若干等级，用户通过滚轮或按键调节时距的等级，从而设定跟随时距。通常将时距分为 3、5、7 个等级，以 5 级时距为例，当用户设定为 1 级时，时距最小，自车跟随目标物的距离最近，当用户设定为 5 级时，时距最大，自车跟随目标物的距离最远；为保证参数状态清晰，通常不允许循环调节，即不支持 1-2-3-4-5-1-2-3-4-5 的顺序，只能实现 1-2-3-4-5-5-5-5-5-5 的时距调节结果，否则用户容易调节次数过多时，容易造成混淆。

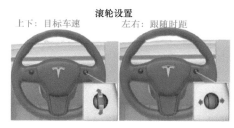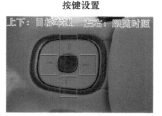

图 10-11　ACC 参数设置示例

6. 信息显示与提示

ACC 的信息显示与提示是指车辆向用户显示 ACC 功能的相关信息并在必要时向用户发出提示，包括 ACC 功能的状态、ACC 各项子功能的显示、用户介入的提示等，也属于人机交互的部分。

（1）ACC 功能状态显示

前面提到，ACC 的功能状态包括不可用状态、待机状态、激活状态和故障状态，每种状态都对应不同的显示效果，以告知用户当前 ACC 所处的状态。通常用图标来表达不同的状态，见表 10-4，ACC 在不可用状态下不显示任何图标，待机状态显示灰色的目标车速图标，激活状态显示蓝色的目标车速图标，故障状态显示专门的 ACC 故障图标。

表 10-4　ACC 功能状态图标

ACC 状态	图标效果
不可用状态	不显示
待机状态	80
激活状态	80
故障状态	自适应巡航系统故障

除了 ACC 处于不同状态时的显示信息外，在 ACC 功能状态发生变化时也要有提示内容，通常通过文字＋电子提示音／语音的方式来提示用户 ACC 的状态已经改变，需要注意。比如，当不满足 ODC 要求导致 ACC 从激活状态退出到不可用状态时，应在屏幕中显示"自适应巡航已退出"，同时伴随明显的电子提示音或者与文字内容一致的语音播报提示。

（2）定速巡航显示

车辆定速巡航时，除了 ACC 状态图标显示已经激活的效果外，还可以在 TSI 界面中自车前方，通过箭头显示自车的前进方向，表示此时 ACC 功能正在运行，类似图 10-8 所示的效果。

当用户更改目标车速时，屏幕中显示的 ACC 目标车速值应跟随用户的设定实时变化。当目标车速达到上限值（130km/h）或下限值（0km/h）时，如果用户继续增大或减小目标车速，此时目标车速值不再变化，同时 ACC 功能状态图标闪烁，伴随电子提示音，提示用户目标车速已达到极限值。

当用户更改目标车速时，车辆会加速或减速，此时 TSI 界面可显示车辆加速或减速的效果，类似赛车游戏中的动画效果。

（3）跟随行驶显示

车辆跟随前方目标物行驶，除了定速巡航时的显示内容和效果外，还应显示一些跟随行驶的特定内容，主要是前方目标物信息以及跟随时距，ACC 跟随行驶的显示效果如图 10-12 所示。

当 ACC 识别到前方有目标物，进入跟随状态时，TSI 界面中将前方目标物渲染成浅蓝色，表示已经锁定目标物；同时弹窗显示当前的时距等级，进一步告知用户已开始跟随前方目标物行驶，并且跟车时距是当前屏幕所显示的等级。

当用户更改跟随时距的等级时，应弹窗显示新的时距等级，直到用户停止操作 3s 后，弹窗不再显示。跟随行驶过程中，自车加速或减速时，TSI 界面同样显示加速或减速的动画效果。

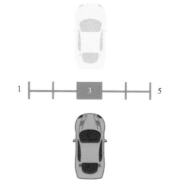

图 10-12　ACC 跟随行驶的显示效果

（4）跟随起停显示

跟随起停的显示内容与效果基本与跟随行驶一致，也是前方目标物和跟随时距的内容。在此基础上，当由于停车时间过长，自车无法自动跟随起步时，应该在屏幕中以文字的形式提示用户执行相应的动作，并同时有声音提示。例如，当 $T_1<$ 停车时长 $\leq T_2$ 时，可提示"轻踩加速踏板以恢复自适应巡航"；当停车时长 $>T_2$ 时，可提示"停车时间过长，自适应巡航退出，请注意接管"。

（5）用户干预提示

用户干预 ACC 时，应该及时发出提示，告知用户当前的车辆状态，以及用户需要执行的动作。

用户踩下制动踏板时，ACC 功能退出，屏幕应有文字提示"自适应巡航退出，请注意接管"，并可伴随电子提示音或语音播报。用户踩下加速踏板时，车速由用户控制，且车辆处于加速状态，此时屏幕应有文字提示"加速踏板踩下，自适应巡航暂停工作"，伴随声音提示，并且 TSI 界面显示自车加速的动画效果。如果用户踩下加速踏板时间过长导致 ACC 退出，屏幕应有文字提示"加速时间过长，自适应巡航已退出"，伴随声音提示；如果用户控制车速超过 ACC 工作车速的上限值（130km/h），应有文字提示"车速过高，自适应巡航已退出"，伴随声音提示。

（6）接管提示

当遇到紧急情况，ACC 无法保证车辆安全行驶，需要用户紧急接管时，应该通过视觉 + 听觉的方式，及时提示用户接管车辆。例如当相邻车道有车辆紧急 Cut-in 时，系统判断 ACC 无法及时减速避障，应在屏幕中弹窗文字提示"危险，请踩制动踏板接管"，并红色高亮显示 Cut-in 的车辆，如图 10-13 所示；另外，同步发出高频的电子提示音，

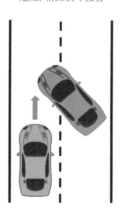

危险, 请踩刹车接管

图 10-13　ACC 的接管提示效果

给予用户听觉刺激，尽快接管车辆。

10.2.2 智能限速辅助

1. 传感器配置

ISA 依赖于对限速信息的识别以准确地判断出当前道路的限速值，因此需要配置前视摄像头识别限速标志牌或电子显示屏中显示的限速信息。

2. 设计运行条件

ISA 的设计运行条件见表 10-5，ISA 与限速信息强相关，因此要求道路中有限速标志牌或在电子显示屏上显示限速信息；除此之外，ISA 对道路、交通参与者、气象条件等没有太多要求，只要不影响摄像头正常工作，识别限速信息即可。ISA 对车辆状态的要求很简单，车辆处于 D 档正常行驶且 ISA 系统无异常即可。ISA 对驾驶员的状态没有特别要求。

表 10-5　ISA 的设计运行条件

ODC 项		ODC 范围
道路	地理区域	半开放道路、全开放道路、封闭场地道路
	道路结构	无要求
	车道特征	无要求
	地面特征	无要求
	附属物	无要求
	障碍物	无要求
交通设施	固定交通设施	限速标志牌
	可变交通设施	电子显示屏
交通参与者	种类	无要求
	数量	无要求
	属性	无要求
气象条件	天气条件	好天气、轻度坏天气（阴天、小雨、小雪）
	光照条件	白天、夜晚有路灯
车辆状态	启动状态	车辆已启动，电动车上电、燃油车点火
	门盖状态	无要求
	制动状态	无要求

（续）

ODC 项		ODC 范围
车辆状态	车速	无要求
	档位	D 档
	系统状态	ISA 系统的软件、硬件均正常工作，无故障和异常
	OTA 状态	不处于 OTA 升级状态
	关联功能	无要求
驾驶员状态	生理状态	无要求
	驾驶行为	无要求

3. 功能逻辑

ISA 功能存在 4 种状态：关闭状态、待机状态、激活状态和故障状态。关闭状态是指用户未开启 ISA 的开关导致 ISA 功能关闭的状态；待机状态是指用户已经开启 ISA 的开关，但当前的条件不满足ODC要求的状态，典型的情况是没有识别到限速标志牌；激活状态是用户开启 ISA 开关，并且条件满足 ODC 要求、ISA 功能正常工作的状态；故障状态是系统的软件或硬件发生故障，功能无法使用的状态。ISA 功能状态的说明见表 10-6。

表 10-6　ISA 功能状态

ISA 功能状态	ODC	开关状态	故障状态
关闭状态	—	关闭	—
待机状态	不满足	开启	正常
激活状态	满足	开启	正常
故障状态	—	—	异常

ISA 可以分为以下 3 个子功能，分别实现不同的效果：显示限速（Speed Limit Information Function，SLIF）、提示超速（Speed Limit Warning Function，SLWF）和自动控速（Speed Control Function，SCF），见表 10-7。

表 10-7　ISA 的子功能

子功能	关联功能	说明
显示限速 SLIF	—	前摄像头检测到限速标志牌或电子限速信息，将限速值显示在屏幕界面
提示超速 SLWF	—	人工驾驶时，如当前车速不满足限速要求，则向用户发出提示
自动控速 SCF	ACC	ACC 激活时，自动将车速控制在限速范围内

根据 ISA 的功能状态和子功能，再考虑到用户介入的情况，可以整理出 ISA 的详细逻辑，并画出 ISA 的功能流程图，如图 10-14 所示。

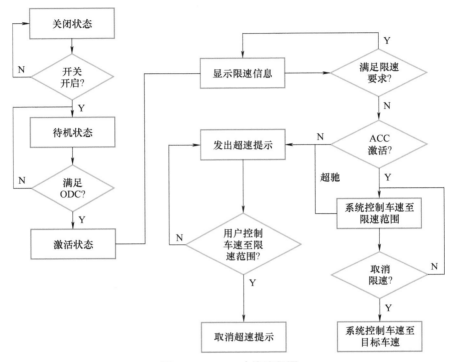

图 10-14　ISA 功能流程图

4. 详细需求

ISA 的详细需求主要体现在各子功能的效果，以及用户介入时的表现。ISA 的主要应用场景是道路有限速标志，并且当前车速不满足限速要求。

（1）显示限速 SLIF

SLIF 能够将摄像头识别到的道路限速信息，显示在 TSI 界面，告知用户当前路段的限速范围。

1）通过前摄像头识别道路中的限速标志牌或电子显示屏显示的限速值，如图 10-15 所示。

2）车辆经过限速标志牌或电子显示屏时，及时在 TSI 界面显示所识别到的限速值，同时可以通过电子提示音或语音播报提示用户，如"道路限速 60"。

3）在识别到下一个限速标志牌或电子限速信息前，屏幕应长期持续显示当前的限速值。

图 10-15　SLIF 的场景

（2）提示超速 SLWF

SLWF 能够将自车的车速与道路限速进行对比，判断当前车速是否满足道路限速要求；如果此时车辆处于人工驾驶状态，当车速不满足限速要求时，则提示用户注意控制车速。

1）根据识别到的道路限速信息判断当前车速是否满足限速要求，包括是否超出最高限速以及是否低于最低限速。

2）如果车速满足限速要求，则不发出提示；如果车速不满足限速要求，则发出提示，提示的方式应包含视觉 + 听觉。

3）提示信号应持续一段时长，达到明显的提示效果后再消失；如果用户及时控制车速，满足限速要求，则提示信号不持续，短暂出现后即消失。

（3）提示超速 SCF

SCF 能够将自车的车速与道路限速进行对比，判断当前车速是否满足道路限速要求；如果此时 ACC 激活，当车速不满足限速要求时，则系统主动控制车速，通过加速或减速，让车速满足限速要求。

1）根据识别到的道路限速信息，判断当前车速是否满足限速要求，包括是否超出最高限速以及是否低于最低限速。

2）如果车速高于道路最高限速，则系统自动减速至道路最高限速，减速的过程应保持车速线性变化，避免较大的纵向加速度值，让用户有舒适感。

3）如果车速低于道路最低限速，且自车前方无目标物，不处于跟随行驶状态，则系统自动加速至道路最低限速，加速的过程应保持车速线性变化，避免较大的纵向加速度值，让用户有舒适感。

4）如果车速低于道路最低限速，但处于跟随行驶状态，则应优先满足 ACC 跟随时距的要求，继续跟随行驶，不主动加速。

5）识别到新的限速信息后，应控制车速满足新的限速要求；如果识别到取消限速的信息，则控制车速恢复成用户设定的 ACC 目标车速。

（4）用户介入

SLIF 和 SLWF 主要是显示和提示作用，车辆控制权一直属于用户，因此不涉及用户介入。SCF 功能中用户的介入实质上可以理解为是用户对 ACC 功能的介入，是对 ACC 控制车速过程的干预和接管，因此可以参考 ACC 中关于用户介入的详细需求和场景；如果用户介入导致车速不满足限速要求，则触发 SLWF。

5. 功能设置

ISA 功能的设置指的是用户对 ISA 的开启与关闭，在中控屏中有 ISA 功能的虚拟开关，用户通过这种软开关的方式，即可开启或关闭 ISA 功能。考虑到不同用户的喜好和驾驶习惯有所不同，可以在软开关中细化 ISA 的开启程度，即只开启或关闭 ISA 的某项子功能，如图 10-16 所示。

图 10-16　ISA 开关示例

6. 信息显示与提示

ISA 的信息显示与提示内容包括 ISA 功能状态的显示和 ISA 各项子功能的显示与提示效果。

（1）ISA 功能状态显示

ISA 的功能状态包括关闭状态、待机状态、激活状态和故障状态，除故障状态外，其余 3 种功能状态不需要专门的显示，故障状态则显示专门的 ISA 故障图标，如图 10-17 所示。

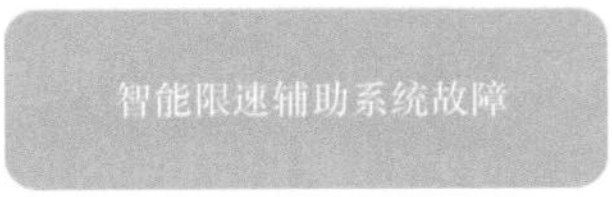

智能限速辅助系统故障

图 10-17　ISA 故障状态显示

（2）SLIF 显示

SLIF 的效果是将道路限速信息告知用户，在 TSI 界面中，应显示识别到的道路限速值，并伴随电子提示音或语音播报。限速值的显示效果与实际的限速牌一致，最高限速显示数字＋红色框圆圈的效果，最低限速显示数字＋蓝底圆圈的效果。当道路限速信息变化，如限速值改变或取消限速时，屏幕中显示的限速信息应同步变化，同时伴有声音提示，SLIF 显示限速信息的效果如图 10-18 所示。

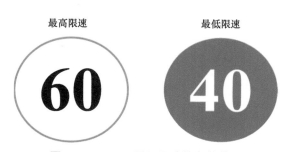

图 10-18　SLIF 显示限速信息的效果

（3）SLWF 提示

SLWF 的效果是提示用户当前车速不满足道路限速要求。当车速高于道路最高限速时，屏幕中应弹窗文字提示："您已超速，请减速"；当车速低于最低限速时，则提示："车速过低，请适当加速"。在文字提示的同时，应同时发出电子提示音，或语音播报与文字相同的内容。另外，如果超速严重，屏幕界面可呈现红色背景的闪烁效果，增强视觉提示。

（4）SCF 显示

SCF 的效果是自动将车速控制在限速范围内，因此显示是加速或减速的效果。SCF 与 ACC 功能深度关联，SCF 控制车速变化时，可复用 ACC 控制车速的加速或减速动画效果。另外，应该在屏幕中弹窗文字提示，告知用户车速变化的原因是道路限速，同时发出声音提示。

10.2.3　车道居中控制

1. 传感器配置

LCC 需要感知车辆前方的交通环境，并能识别车道线与道路边缘等，因此前视摄像头＋前毫米波雷达是必须配置；为了提高环境检测的效果和精度，可以增加侧视摄像头与角毫米波雷达，以提升 LCC 的性能。如果能将传感器的感知结果与定位信息结合，那么 LCC 实现的效果会更好。此外，激光雷达能够提升环境感知结果，如成本允许，也可以配置。

2. 设计运行条件

LCC 的设计运行条件见表 10-8，可以看出，LCC 作为建立在 ACC 基础上的功能，其 ODC 在交通设施、交通参与者、气象条件、车辆状态和驾驶员状态等方面与 ACC 一致。在道路方面，LCC 对车道特征有特别的要求：由于需要保持车辆在车道内居中行驶，因此要能识别到车道线，所以 LCC 要求车道线清晰，能够被摄像头识别到；另外，当车道太窄或太宽时，由于摄像头的探测范围受限，可能会识别不到车道线，因此车道宽度应该适中，符合国家标准范围，不能过小或过大。

表 10-8　LCC 的设计运行条件

ODC 项		ODC 范围
道路	地理区域	半开放道路、全开放道路、封闭场地道路
	道路结构	无要求
	车道特征	车道线清晰，车道宽度符合国家标准范围
	地面特征	地面无明显反光，不会大幅降低摄像头的检测效果
	附属物	无要求
	障碍物	无要求
交通设施	固定交通设施	无要求
	可变交通设施	无要求
交通参与者	种类	机动车、非机动车、行人
	运动属性	无要求
	几何属性	无要求
气象条件	天气条件	好天气、轻度坏天气（阴天、小雨、小雪）
	光照条件	白天、夜晚有路灯
车辆状态	启动状态	车辆已启动，电动车上电、燃油车点火
	门盖状态	车辆的四门两盖（车门、前盖和后盖）关闭，充电口或加油口关闭
	制动状态	无制动
	车速	（0, 130］km/h
	档位	D 档
	系统状态	LCC 系统的软件、硬件均正常工作，无故障和异常
	OTA 状态	不处于 OTA 升级状态
	关联功能	无要求
驾驶员状态	生理状态	无疲劳和注意力分散的情况，有随时接管车辆的能力
	驾驶行为	在座位上，系好安全带，不脱手

3. 功能逻辑

LCC 功能与 ACC 一样，存在 4 种状态：不可用状态、待机状态、激活状态和故障状态。不可用状态是指当前的条件不满足 ODC 要求，LCC 功能无法使用的状态；待机状态是指当前的条件满足 ODC 要求，但用户没有通过开关开启功能的状态；激活状态是指当前条件满足 ODC 要求，并且用户主动开启功能，LCC 功能正常工作的状态；故障状态是系统的软件或硬件发生故障，功能无法使用的状态。LCC 功能状态见表 10-9。

表 10-9　LCC 功能状态

LCC 功能状态	ODC	开关设置	故障状态
不可用状态	不满足	—	—
待机状态	满足	关闭	正常
激活状态	满足	开启	正常
故障状态	—	—	异常

LCC 在 ACC 功能的基础上增加对车辆的横向控制，根据 LCC 能够实现的效果，LCC 可以分为以下 3 个子功能，分别对应不同的应用场景：纵向自适应巡航、车道居中保持和减速过弯，见表 10-10。

表 10-10　LCC 的子功能

子功能	应用场景	说明
纵向自适应巡航	同 ACC	实现 ACC 的所有纵向运动控制效果
车道居中保持	车道内行驶，相邻车道无安全风险	横向控制车辆，保持在车道内居中行驶
减速过弯	弯道	弯道场景中适当减速，平稳通过弯道

根据 LCC 的功能状态和子功能，再考虑到用户介入的情况，可以整理出 LCC 的详细逻辑，并画出 LCC 的功能流程图，如图 10-19 所示。

4. 详细需求

LCC 能够保持车辆在车道内居中行驶，其详细需求主要体现在各子功能的效果以及用户介入时的表现。

（1）纵向自适应巡航

LCC 对车辆的纵向控制就是 ACC 的效果，需求与 ACC 一致。

（2）车道居中保持

在控制车辆纵向运动的同时，LCC 应能根据车道线或道路边缘信息控制车辆保持在车道中央行驶。

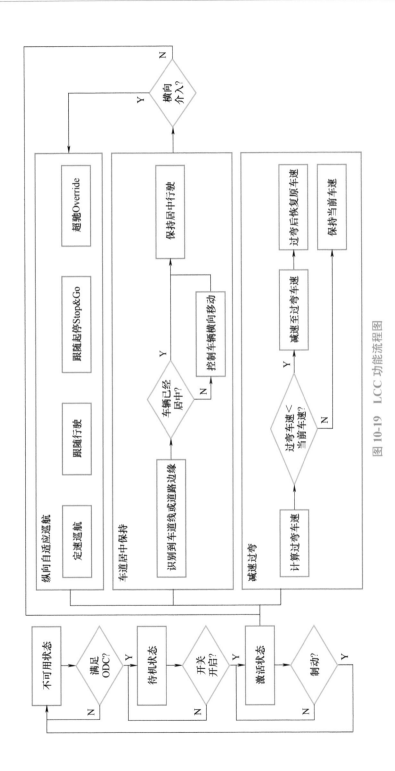

图 10-19 LCC 功能流程图

1）系统能够通过摄像头检测到的车道线作为车辆居中行驶的参照依据。系统应能获取车道线的特征，至少能检测出车道线的线型，如果能区分颜色则更佳。

2）如果道路边缘无车道线，但有路肩、绿化带、锥桶、栏杆等作为道路边缘的分界线，则系统应能够将这些道路附属物或障碍物，等同于车道线处理。

3）系统能够实时计算车辆的位置和姿态，尤其是车辆中心线到两侧车道线的横向距离，并控制车辆的横向运动，保持车辆居中行驶。如果车辆此时不位于车道中央，则施加转向力矩，把车辆"拉"到车道中间位置；如果此时位置居中，则继续保持。

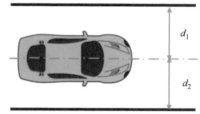

4）真实车道中，车辆很难完全在车道中央行驶，因此对居中度允许一定偏差。居中度是车辆中心线与车道中心线的横向偏差，通常 10cm 以内的偏差，可以认为满足居中要求，如图 10-20 所示。

$$|d_1-d_2| \leqslant 10cm$$

图 10-20　车辆居中度示例

5）在对车辆的横向控制过程中，需保持驾乘的平稳性和舒适性，即保持方向盘无大角度转动，无明显晃动，转动速度不宜过快。

6）考虑到车道线实际存在难以避免的模糊和缺失现象，为了保证功能体验的连续性和流畅性，LCC 应该具有虚拟拟合车道线的能力，即当短暂地无法识别车道线时，可以通过算法拟合生成一段虚拟的车道线，作为车辆居中行驶的参考。

7）当遇到车道分流或合流，即车道线一分二或二合一时，系统应该能控制车辆平稳地驶入新车道，没有明显的晃动和横向超调现象。

（3）减速过弯

LCC 在弯道场景中，应能根据弯道曲率计算出合理的过弯车速，并控制车辆按过弯车速行驶，平稳地通过弯道。

1）根据车道线和道路边缘的信息，判断车辆即将进入弯道或正在弯道中。

2）根据弯道曲率，计算出过弯车速，过弯车速需保证车辆能够保持在车道内平稳地居中行驶，并且驾乘人员主观体验舒适。过弯车速的计算可根据 $a_y=v^2/r$ 来计算，过弯车速 v 应能保证在曲率半径为 r 的弯道中让车辆的侧向加速度保持在舒适范围内。

3）比较当前车速与过弯车速的大小，如果当前车速大于过弯车速，则系统控制车辆减速至过弯车速，减速过程应保持车速线性变化，避免较大的纵向加速度值，让用户有舒适感；如果弯道曲率不发生明显变化，则应稳定地保持过弯车速行驶，车速波动不超过 2km/h。如果当前车速不超过系统计算出的过弯车速，则保持当前车速通过弯道。

4）通过弯道后，车辆应恢复到过弯前的车速行驶，加速过程应保持车速线性变化，避免较大的纵向加速度值，让用户有舒适感。

5）在弯道中，系统对车辆的横向控制应平稳，避免方向盘和车身的明显晃动，尤其是反复左右晃动。

（4）用户介入

用户对 LCC 的介入包括主动踩制动踏板干预、主动踩加速踏板干预、主动转动方向盘干预和接管车辆运动控制等情况。

1）当用户主动踩下制动踏板时，车辆处于制动状态，不满足 ODC，因此 LCC 应该完全退出且不可恢复，车辆的横向与纵向控制权都交给用户。

2）当用户主动踩下加速踏板时，此时相当于进入 ACC 中的超驰状态，LCC 暂时退出，并且根据用户介入的时长，决定 LCC 能否自动恢复。

3）如果用户踩下加速踏板，导致自车车速超过 LCC 工作车速的上限值 130km/h，则不满足 ODC，LCC 完全退出且不可恢复。

4）当用户主动转动方向盘，干预 LCC 对车辆的横向运动控制时，LCC 退出对车辆的横向控制，降级为 ACC，仅保留对车辆的纵向控制，车辆横向运动由用户控制。

5）当系统提示用户接管车辆，且用户及时接管时，LCC 应及时将车辆的控制权转移给用户，转移过程应流畅，无明显延迟和卡滞。

5. 功能设置

LCC 功能的设置主要包含功能的开关和参数的设置。由于 LCC 包含 ACC 功能，因此 LCC 的功能设置与 ACC 关联程度很高。

（1）LCC 开启与关闭

当满足 ODC 要求、LCC 进入待机状态时，用户可以通过某种交互方式开启 LCC 功能，使其进入激活状态；LCC 处于激活状态时，用户可以通过相同的交互方式关闭 LCC 功能，使其进入待机状态。

通常 LCC 的开关方式与 ACC 有关联，可以通过对同一硬开关的不同操作来区分 ACC 与 LCC 功能的开启。当使用拨杆方式时，拨动 1 次开启 ACC 功能，拨动 2 次即可开启 LCC 功能；当使用按键方式时，按下 1 次开启 ACC 功能，快速按下 2 次可开启 LCC 功能，类似鼠标的单击与双击操作。

（2）LCC 参数设置

LCC 的参数也是 ACC 的参数，与 ACC 的参数设置方式一致即可。

6. 信息显示与提示

LCC 的信息显示与提示内容包括 LCC 功能的状态、LCC 各项子功能的显示、用户介入的提示等。

（1）LCC 功能状态显示

LCC 的功能状态包括不可用状态、待机状态、激活状态和故障状态，LCC 功能状态图标见表 10-11。由于 LCC 是在 ACC 基础上实现的功能，因此 LCC 激活状态的图标显示时，会伴有 ACC 激活状态的图标。

表 10-11　LCC 功能状态图标

LCC 状态	图标效果
不可用状态	不显示
待机状态	
激活状态	
故障状态	车道居中控制系统故障

当 LCC 功能状态发生变化时也要有提示内容，告知用户 LCC 的状态已经改变，提示的内容和方式与 ACC 类似。例如，当 LCC 降级为 ACC 时，应在屏幕中显示"车道居中控制降级，当前为自适应巡航，请控制方向盘"，同时伴随明显的声音提示。

（2）纵向自适应巡航显示

纵向自适应巡航的显示内容和效果，与 ACC 一致。

（3）车道居中保持显示

LCC 控制车辆居中行驶时，应该突出显示本车道的车道线效果，在 TSI 界面中将车道线蓝色高亮显示，以突出车道居中的效果，如图 10-21 所示。

（4）减速过弯显示

LCC 控制车辆减速过弯时，应在 TSI 界面显示车辆减速的动画效果，同 ACC 中显示的减速效果，同时文字显示"正在减速通过弯道"，并伴有语音播报。

图 10-21　LCC 的车道居中显示效果

（5）用户干预提示

用户干预 LCC 时，应该及时发出提示，告知用户当前的车辆状态，以及用户需要执行的动作。当用户踩下制动踏板或加速踏板时，提示的内容与 ACC 类似，将其中的"自适应巡航"更换成"车道居中控制"即可。当用户转动方向盘干预横向控制时，LCC 降级为 ACC，此时屏幕应有文字提示"车道居中控制降级，当前为自适应巡航，请控制方向盘"，并可伴随电子提示音或语音播报。

（6）接管提示

LCC 激活状态下，如需用户紧急接管，应该采用与 ACC 类似的方式，给予用户必要的提示，让用户尽快接管车辆。如果只需要用户接管横向控制，则可以单独提示横向接管："请控制方向盘"。

10.2.4　智能变道

1. 传感器配置

ILC 需要感知车辆前方及相邻车道的交通环境，包括检测车辆前方物体、检测相邻车道的物体、识别车道线等，因此前视摄像头＋前毫米波雷达＋角毫米波雷达是必须配置；为了提高对相邻车道交通环境的感知效果，可以增加侧视摄像头，以提升 ILC 的性能。此外，激光雷达能够提升环境感知结果，如成本允许，也可以配置。

2. 设计运行条件

ILC 涉及对车辆的横向控制，因此需要系统已经获得对车辆的横向控制权，ILC 使用的前提条件是 LCC 功能已经激活，或包含 LCC 功能的更高阶功能（如 NOA 等）已经激活。ILC 的设计运行条件见表 10-12，与 LCC 相比，ILC 增加了对车速和道路曲率的要求：为了保障安全并减轻自车变道对目标车道交通流的影响，需要规定最低车速，只有当车速不低于最低车速时，系统才能控制车辆变道；由于弯道会影响对目标车道危险源的识别效果，因此为避免碰撞，需要规定最小的道路曲率半径，要求只能在小曲率弯道中变道。

表 10-12　ILC 的设计运行条件

ODC 项		ODC 范围
道路	地理区域	半开放道路、全开放道路、封闭场地道路
	道路结构	道路曲率半径不小于 250m
	车道特征	车道线清晰，车道宽度适中
	地面特征	地面无明显反光，不会大幅降低摄像头的检测效果
	附属物	无要求
	障碍物	无要求

（续）

ODC 项		ODC 范围
交通设施	固定交通设施	无要求
	可变交通设施	无要求
交通参与者	种类	机动车、非机动车、行人
	运动属性	无要求
	几何属性	无要求
气象条件	天气条件	好天气、轻度坏天气（阴天、小雨、小雪）
	光照条件	白天、夜晚有路灯
车辆状态	启动状态	车辆已启动，电动车上电、燃油车点火
	门盖状态	车辆的四门两盖（车门、前盖和后盖）关闭，充电口或加油口关闭
	制动状态	无制动
	车速	[30，130] km/h
	档位	D 档
	系统状态	LCC 系统的软件、硬件均正常工作，无故障和异常
	OTA 状态	不处于 OTA 升级状态
	关联功能	LCC 或 NOA 已激活
驾驶员状态	生理状态	无疲劳和注意力分散的情况，有随时接管车辆的能力
	驾驶行为	在座位上，系好安全带，不脱手

3. 功能逻辑

ILC 功能存在 4 种状态：关闭状态、待机状态、激活状态和故障状态。关闭状态是指用户未开启 ILC 的开关导致 ILC 功能关闭的状态；待机状态是指用户已经开启 ILC 的开关，但当前的条件不满足 ODC 要求的状态，或者没有变道指令（如用户没有拨动转向拨杆等）；激活状态是用户开启 ILC 开关，并且条件满足 ODC 要求，有变道指令，ILC 功能被触发激活，正常工作的状态；故障状态是系统的软件或硬件发生故障，功能无法使用的状态。ILC 功能状态的说明见表 10-13。

表 10-13 ILC 功能状态

ILC 功能状态	ODC+ 变道指令	开关状态	故障状态
关闭状态	—	关闭	—
待机状态	不满足	开启	正常
激活状态	满足	开启	正常
故障状态	—	—	异常

根据 ILC 能够实现的效果以及变道指令的不同来源（用户指令或系统判断），ILC 可以分为以下 3 个子功能：指令横向变道、自主横向变道和调节车速，ILC 的子功能见表 10-14。将指令横向变道与调节车速结合，可形成指令变道（CLC）功能；将自主横向变道与调节车速结合，可形成自主变道（ALC）功能，CLC 与 ALC 可以看作是 ILC 智能化程度不同的两级功能。

表 10-14　ILC 的子功能

子功能	指令来源	说明
指令横向变道	用户	用户发出变道指令，系统控制车辆向目标车道变道
自主横向变道	系统	系统发出变道指令，系统控制车辆向目标车道变道
调节车速	—	系统根据目标车道路况，自动加速、减速或保持匀速

根据 ILC 的功能状态和子功能，再考虑到用户介入的情况，可以整理出 ILC 的详细逻辑并画出 ILC 的功能流程图，如图 10-22 所示。

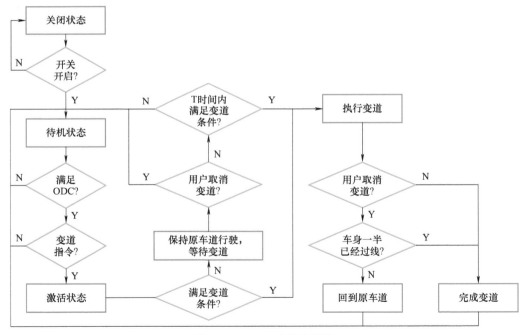

图 10-22　ILC 功能流程图

4. 详细需求

ILC 能够控制车辆自动变道，其详细需求主要体现在各子功能的效果以及用户介入时的表现。其中用户在变道过程中的介入，会显著影响变道的效果。

（1）指令横向变道

用户通过某种交互方式（通常是拨动转向灯拨杆），发出变道指令，当交通环境允许变道时，系统控制车辆执行变道动作。

1）系统接收用户发出的变道指令，并开启对应变道方向的转向灯（左或右）。

2）系统能够通过摄像头检测车道线，获取车道线的线型，并根据车道线的线型判断当前能否变道，虚线可以变道，实线不可以变道，如图 10-23 所示。同时，系统检测目标车道内的路况，包括各类交通参与者与障碍物等，判断交通环境是否允许安全变道。安全变道的前提是目标车道内无危险源，通过物体与自车的纵向时距来判断，当时距不超过 3s 时，认为目标车道有危险源，不适合变道；当时距超过 3s 时，认为目标车道安全，可以变道。

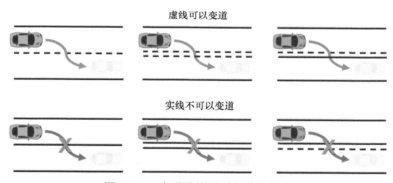

图 10-23　车道线线型对变道的影响

3）当交通环境允许变道时，系统控制车辆横向运动，进入目标车道，变道过程应保持平稳的横向控制，即小角度变道，方向盘无明显晃动，转动速度不宜过快。

4）当交通环境不允许变道时，自车保持在本车道内继续行驶，同时等待时机变道。如果 T 时间内交通环境变得允许变道，则继续执行变道；如果 T 时间内交通环境一直不允许变道，则本次变道指令自动取消，不再尝试变道。T 是一个时间阈值，建议定义为 1min。

（2）自主横向变道

如果交通环境满足变道的触发条件并且允许变道，则系统自动发起变道指令，控制车辆执行变道动作，无须用户发出任何指令，通常自主横向变道与 NOA 功能关联，即当 NOA 功能激活时，系统才会自主横向变道。

1）根据对前方交通环境的识别结果，系统判断是否需要变道，变道的触发条件主要有第 4 章图 4-44 和图 4-50 所示的几种情况，即超车变道、避障变道、地形变道和导航变道。

2）如系统判断环境满足触发条件，并且车道线、目标车道的路况等均允许变道，则发出变道指令，开启变道方向的转向灯（左或右）。

3）系统发起变道后，自动控制车辆横向运动，进入目标车道，变道过程应保持平稳的横向控制，即小角度变道，方向盘无明显晃动，转动速度不宜过快。变道完成后，系统应关闭转向灯。

（3）调节车速

变道过程中，系统应能根据目标车道的实时路况自动调节车速，提高变道的安全性和流畅性。

1）当目标车道前方有其他交通参与者并且距离较近时，系统控制车辆减速，须满足LCC设定的跟随时距要求，如图10-24a所示。

2）当目标车道后方有车辆正在快速接近时，系统控制车辆适当加速，拉开与后方车辆的距离，如图10-24b所示。

3）如果目标车道前、后方均无其他交通参与者或者距离很远时，保持匀速，如图10-24c所示。

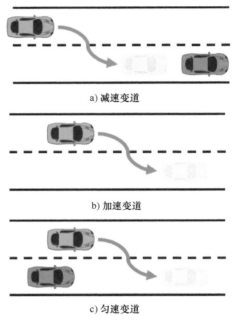

a）减速变道

b）加速变道

c）匀速变道

图10-24 变道过程的车速变化

4）变道过程中对车速的调节应保持车速线性变化，避免较大的纵向加速度值，让用户有舒适感。

（4）用户介入

用户对ILC的介入是指从发起变道指令直至完成变道的全过程中，用户出现的介入动作，包括主动踩制动踏板干预、主动踩加速踏板干预、主动转动方向盘干预、发出取消变道的指令和接管车辆运动控制等情况。

1）当用户主动踩下制动踏板时，此时车辆处于制动状态，不满足ODC，因此ILC退出，取消本次变道；同时LCC功能也退出，车辆的横向与纵向控制权都交给用户。

2）当用户主动踩下加速踏板时，此时由于LCC暂时退出，因此ILC也退出，取消本次变道。

3）当用户主动转动方向盘时，车辆横向运动由用户控制，此时ILC退出，取消本次变道；同时LCC功能也退出，仅保留对车辆的纵向控制。

4）车辆在等待变道的过程中，如果用户发出取消变道的指令，如反向拨动转向拨杆，则取消本次变道。

5）车辆在执行变道的过程中，如果用户发出取消变道的指令，则系统根据此时的车身位姿，判断是否继续变道动作：如果车辆后轴中心点以上已经越过车道线，则继续变道，直至完成；如果车辆后轴中心点尚未越过车道线，则取消本次变道，自车回到原车道行驶。

6）当系统提示用户接管车辆，且用户及时接管时，ILC 应及时将车辆的控制权转移给用户，转移过程应流畅，无明显延迟和卡滞。

5. 功能设置

ILC 功能的设置是用户对 ILC 的开启与关闭，在中控屏中有 ILC 功能的虚拟开关，用户通过这种软开关的方式即可开启或关闭 ILC 功能。考虑到不同用户的喜好，可以在软开关中设置两级开关，如图 10-25 所示：第一级开关控制 ILC 功能整体的开启与关闭，第二级开关在 ILC 开启的前提下，分别控制 CLC、ALC 两个子功能的开启与关闭。

6. 信息显示与提示

ILC 的信息显示与提示内容主要是变道过程中的交通环境和车辆状态，包括 ILC 功能状态的显示、变道全过程中车辆状态与车道信息的显示与提示、用户介入的提示等。

（1）ILC 功能状态显示

ILC 的功能状态包括关闭状态、待机状态、激活状态和故障状态，除故障状态外，其余 3 种功能状态不需要专门的显示。故障状态则显示专门的 ILC 故障图标，如图 10-26 所示。

图 10-25　ILC 开关示例

图 10-26　ILC 故障图标

（2）变道指令的显示

当用户或系统发起变道指令时，转向灯开启的同时，屏幕应显示转向灯的闪烁效果（左侧或右侧转向灯），直至完成变道或取消变道后再停止，如图 10-27 所示。

图 10-27　ILC 的变道指令显示效果

（3）不允许变道的显示

用户发起变道指令后，如果变道侧的车道线为实线，不允许变道，则 TSI 界面中将变道侧的车道线红色高亮显示，如图 10-28 所示，并发出电子提示音。

（4）等待变道的显示

用户或系统发起变道指令后，如果交通规则允许变道，则 TSI 界面显示等待变道的效果：车辆前进方向的引导线闪烁，变道侧的车道线虚化，蓝色渲染目标车道，实时显示车辆变道后在目标车道中的位置，如图 10-29 所示。同时，文字提示"即将向左 / 向右变道"，伴随语音播报。

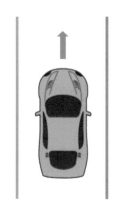

图 10-28　ILC 的不允许变道显示效果　　　　图 10-29　ILC 的等待变道显示效果

（5）执行变道的显示

执行变道过程中，在等待变道的显示效果基础上，车辆前进方向的引导线向目标车道弯曲，实时显示车辆的位置和姿态，如图 10-30 所示。同时，屏幕中文字提示"正在向左 / 向右变道"，伴随语音播报。如果加速变道，则显示车辆加速的动画效果；如果减速变道，则显示车辆减速的动画效果。

（6）完成变道的显示

车辆顺利完成变道，且已经恢复 LCC 行驶状态时，TSI 界面显示自车在目标车道中的 LCC 功能效果，停止转向灯在屏幕中的闪烁效果。同时，屏幕中文字提示"已完成变道"，伴随语音播报。

（7）变道失败的显示

在等待变道过程中，如果由于交通环境不允许导致变道指令取消，则恢复成原车道中的 LCC 效果，并停止转向灯闪烁效果。同时文字提示"当前不适合变道"，伴随语音播报。

（8）用户干预提示

用户干预 ILC 时应该及时发出提示，告知用户当前的车辆状态以及用户需要执行的动作。

当用户通过制动踏板、加速踏板或方向盘主动干预时，ILC 功能退出，屏幕中应有文字提示"本次变道终止，请注意控制车辆"，伴随电子提示音或语音播报。

正在向右变道

图 10-30　ILC 的执行变道显示效果

当用户通过转向灯拨杆发出取消变道的指令时，如果成功取消，则 TSI 界面显示原车道的 LCC 功能效果，文字提示"变道已取消"，伴随语音播报；如果未能取消，车辆继续执行变道，则 TSI 界面继续显示执行变道的效果，文字提示"当前无法取消变道"，伴随语音播报。

（9）接管提示

车辆执行变道过程中，如遇突发的危险事件，需用户紧急接管，应该采用与 ACC 类似的方式，给予用户必要的提示，让用户尽快接管车辆，如文字提示"危险，请接管车辆"，并发出高频的电子提示音或语音播报。

10.2.5　自动泊车

1. 传感器配置

APA 需要在低速时感知车辆周围全方位的交通环境，对传感器的探测距离要求不高，但对精度和范围有较高要求，因此需要配置环视摄像头 + 超声波雷达，实现对车辆周围停车位的识别以及对交通参与者、障碍物等的检测。

2. 设计运行条件

APA 是泊车功能，适用于泊车时的场景，其设计运行条件主要体现在对泊车场景要素的要求。APA 的设计运行条件见表 10-15，从表 10-15 可以看出，APA 适用的地理区域是停车位区域，并且对车位特征无明显要求。由于 APA 使用环视摄像头和超声波雷达感知环境，因此对地面特征和气象条件有一定要求，不能显著降低传感器的检测效果，尤其是对停车位的识别效果。

表 10-15　APA 的设计运行条件

ODC 项		ODC 范围
道路	地理区域	停车位
	道路结构	无要求
	车位特征	无要求
	地面特征	地面无明显反光，不会大幅降低摄像头的识别效果
	附属物	无要求
	障碍物	无要求
交通设施	固定交通设施	无要求
	可变交通设施	无要求
交通参与者	种类	机动车、非机动车、行人
	运动属性	无要求
	几何属性	无要求
气象条件	天气条件	室外：好天气、轻度坏天气（阴天、小雨、小雪） 室内：无要求
	光照条件	室外：白天、夜晚有路灯 室内：有灯光照明，光照强度不低于 50lux
车辆状态	启动状态	车辆已启动，电动车上电、燃油车点火
	门盖状态	车辆的四门两盖（车门、前盖和后盖）关闭，充电口或加油口关闭
	制动状态	无要求
	车速	[0, 30] km/h
	档位	无要求
	系统状态	APA 系统的软件、硬件均正常工作，无故障和异常
	OTA 状态	不处于 OTA 升级状态
	关联功能	无要求
驾驶员状态	生理状态	无疲劳和注意力分散的情况，有随时接管车辆的能力
	驾驶行为	在座位上，系好安全带，可以脱手

与行车功能不同的是，在车辆状态方面，APA 对车辆的制动状态和档位都不作要求；由于应用场景是低速的泊车场景，所以 APA 要求车速不超过 30km/h，并且在车辆静止即车速为 0km/h 时，也可以使用。在驾驶员状态方面，由于车速低且经常转动方向盘，因此允许驾驶员脱手以避免误干预。

3. 功能逻辑

APA 功能存在 4 种状态：不可用状态、待机状态、激活状态和故障状态。不可用状态是指当前的条件不满足 ODC 要求，APA 功能无法使用的状态；待机状态是指当前的条件满足 ODC 要求，但用户没有通过开关开启功能的状态；激活状态是指当前条件满足 ODC 要求，并且用户主动开启功能，APA 功能正常工作的状态；故障状态是系统的软件或硬件发生故障，功能无法使用的状态。APA 功能状态见表 10-16。

表 10-16　APA 功能状态

APA 功能状态	ODC	开关设置	故障状态
不可用状态	不满足	—	—
待机状态	满足	关闭	正常
激活状态	满足	开启	正常
故障状态	—	—	异常

根据 APA 能够实现的效果，APA 可以分为以下 3 个子功能：识别车位、泊入车位和泊出车位，APA 的子功能见表 10-17。

表 10-17　APA 的子功能

子功能	车辆控制权	说明
识别车位	用户	通过环视摄像头＋超声波雷达，识别车辆周围的可用车位，用户可以选择车位
泊入车位	系统	计算泊入车位的轨迹，控制车辆低速泊入目标车位，达到特定位姿效果
泊出车位	系统	计算泊出车位的轨迹，控制车辆低速泊出车位，达到特定的位姿效果

根据 APA 的功能状态和子功能，再考虑到用户介入的情况，可以整理出 APA 的详细逻辑，并画出 APA 的功能流程图，如图 10-31 所示。

4. 详细需求

APA 的应用场景是停车位区域的低速泊车场景，其详细需求主要体现各子功能的效果和用户介入时的表现，包括从开始准备泊车，到完成泊车的全过程。

（1）识别车位

识别车位是自动泊车的第一步，当 APA 功能激活后，系统识别自车周围一定范围内的可用车位，并确认目标车位。

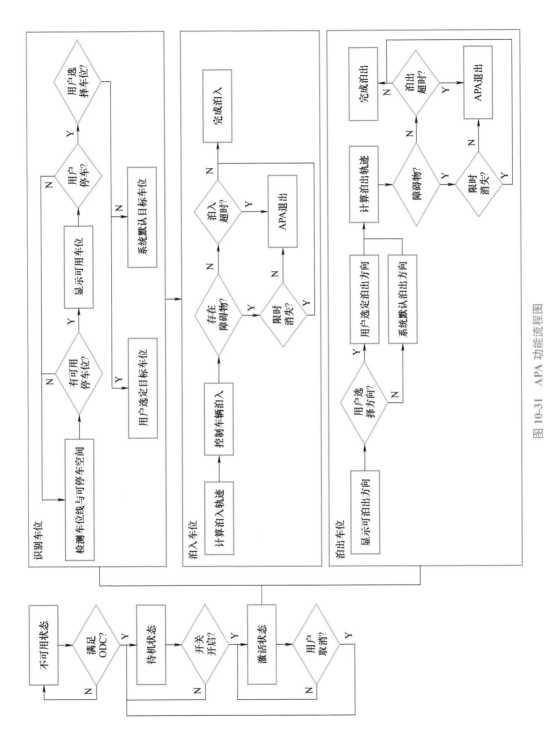

图 10-31 APA 功能流程图

1）车辆进入停车位区域，当满足 ODC 要求时，提示用户此时可以使用 APA 功能，用户开启后，系统开始通过环视摄像头与超声波雷达，实时检测车位线以及可停车空间，以识别自车周围一定范围内的停车位。系统的识别范围通常用长方形描述，如图 10-32 所示，其中 L 和 W 是可检测范围的长与宽，建议取值 L=20m，W=15m。

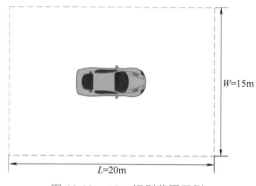

图 10-32　APA 识别范围示例

2）APA 应能识别出常见的停车位并显示在 TSI 界面，包括水平标线车位、水平空间车位、垂直标线车位、垂直空间车位、斜列标线车位、斜列空间车位等；同时，能够显示出停车位是否可用，即停车位中是否有其他车辆或障碍物如地锁等，以及是否有特定的停放规则如仅供电动车停放等。

3）对于标线车位，APA 应能识别出不同封闭程度、颜色、层数、线型的标线；对于空间车位，APA 应识别出由常见参照物形成的停车空间。另外，APA 应能识别出车位中的常见标识信息，并分析出标识信息表达的含义和停放规则。常见的参照物和常见的标识，可参考第 4 章中关于泊车场景的内容。

4）APA 识别出可用车位并显示在 TSI 界面后，应提示用户停车，并支持用户通过某种交互方式，如触屏点击或语音等，选择希望车辆停放的车位，即目标车位。如果用户不停车，则车辆继续行驶，继续检测新的可用车位；如果用户停车，但在 1min 内未做选择，则 APA 默认距离自车最近的停车位是目标车位。

（2）泊入车位

系统控制车辆按照计算好的泊车轨迹自动泊入到目标车位中，并满足一定的位置和车身姿态要求。

1）确认目标车位后，APA 根据自车相对目标车位的位置和姿态计算最优泊车轨迹。

2）系统综合控制车辆的横向与纵向运动，并能自动切换档位，让车辆按计算出的最优轨迹低速行驶，直至进入停车位中的预定位置停下并满足一定的位姿要求。

3）泊入过程中应控制车辆匀速行驶，车速保持在 2km/h，加速度不超过 $1m/s^2$，以满足纵向的舒适度要求；同时，控制方向盘的转动速度不宜过快，禁止原地转方向盘和频繁来回晃动方向盘的现象，以提升横、纵向联合控制的平稳性，满足横向的舒适度要求。

4）泊入过程中，如果在行驶轨迹上出现障碍物产生碰撞风险，则 APA 应控制车辆及时停车，待障碍物离开、碰撞风险解除后，再继续泊车。如果超过 1min，障碍物仍存在，则 APA 功能退出，本次泊车失败，系统提示用户接管。用户可以在停车状态下，通过某种交互方式，如虚拟按键，取消本次泊车。

5）如果 APA 超过 3min 未能完成泊入，即未能将车辆泊入停车位中的预定位置且满足一定的车身姿态要求，则认为本次泊车失败，APA 控制车辆停车，然后功能退出，提示用户接管。

6）完成泊入时，正常情况下应让车辆停放在车位的正中间位置，偏差不超过 10cm，但如果是图 10-4 所示的情况，则可以适当偏离车位中心线；同时，应保持车身姿态中正，无明显倾斜，如图 10-33 所示，其中角度 α 的上限值为 10°。完成泊入后，系统控制档位自动切换到 P 档，激活电子手刹，同时提示用户泊入车位已完成。

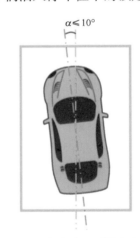

图 10-33　APA 完成泊入后的车身姿态要求

（3）泊出车位

系统控制车辆按照计算好的泊车轨迹，自动泊出车位，到达预定位置，并满足一定的姿态要求。

1）车辆在停车位中静止，从未起动状态进入起动状态，且满足 ODC 要求时，系统提示用户此时可以使用自动泊出车位功能。如果车辆一直处于起动状态，则不发出提示，但用户可以主动通过 APA 的开关，激活自动泊出车位的功能。

2）系统应能检测出自车周围的交通环境，判断车辆可以泊出的方向，即向左或向右泊出。

3）系统将可以泊出的方向显示在 TSI 界面，供用户选择。如果用户超过 1min 未选择方向，则当可泊出方向唯一时，系统默认按唯一的方向泊出；当可泊出方向不唯一时，系统默认向左泊出。

4）确认泊出方向后，APA 根据车辆周围的环境和预定的泊出终点位置计算最优泊车轨迹。对于不同布置形式的停车位，车辆完成泊车的终点位置和车身姿态有所不同，如图 10-34 所示：水平车位的泊出终点是前方车位的左侧或右侧，车身与车位平行；垂直车位的泊出终点是左侧或右侧车位的前方，车身与车位垂直；斜列车位的泊出终点是车身的一半沿车辆前进方向离开车位，车身保持原姿态，不涉及横向控制。

图 10-34　APA 完成泊出后的车辆位姿要求

5）系统综合控制车辆的横向与纵向运动并能自动切换档位，让车辆按计算出的最优轨迹低速泊出，直至达到预定终点，并满足预定的车身姿态要求。

6）泊出过程中对车速、加速度和方向盘转动的要求与泊入过程一致，需保证舒适性。

7）泊出过程中，如果在行驶轨迹上出现障碍物有碰撞风险，系统的处理方式与泊入过程一致。

8）如果超时未能完成泊出，则处理方式与泊入超时一致，判定超时的时长标准也与泊入一致。

9）完成泊出时，车辆应到达预定的终点位置，并且车身姿态中正，无明显倾斜。完成泊出后，系统控制档位自动切换到 P 档，激活电子手刹，同时提示用户泊出车位已完成。

（4）用户介入

用户对 APA 的介入，主要发生在泊入车位和泊出车位的过程中，包括主动踩制动踏板干预、主动踩加速踏板干预、主动转动方向盘干预和接管车辆运动控制等。

当用户通过制动踏板、加速踏板或方向盘主动干预泊车过程时，系统应及时响应用户的干预行为，暂停泊车，将车辆的控制权交给用户。用户停车后，系统应询问用户是否退出 APA 功能，如用户确认退出或 1min 内未做选择，则 APA 功能退出，回到待机状态；如用户确认不退出，则系统继续控制车辆自动泊车。

当系统提示用户接管车辆且用户及时接管时，APA 应及时退出，将车辆的控制权转移给用户，转移过程应流畅，无明显延迟和卡滞。

5. 功能设置

APA 功能的设置主要是 APA 的开启与关闭，用户可以通过功能设置界面的虚拟软开关，开启或关闭 APA 功能，如图 10-35a 所示。当满足 ODC 要求，APA 功能进入待机状态时，TSI 界面中会主动弹出开关图标，提示用户当前可以激活 APA，同时语音主动询问用户是否开启 APA；当 APA 功能处于激活状态时，用户可以在车辆静止状态下通过开关图标关闭 APA。TSI 界面中的开关图标应与设置界面的 APA 虚拟开关，保持统一联动，即两者同步开启或同步关闭。TSI 界面的开关图标如图 10-35b 所示，用户通过点击该图标控制 APA 的开启与关闭。开关图标为蓝色时，表示 APA 开启；开关图标为灰色，表示 APA 关闭。

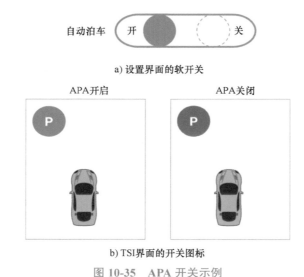

a) 设置界面的软开关

b) TSI界面的开关图标

图 10-35　APA 开关示例

6. 信息显示与提示

APA 的信息显示与提示内容包括 APA 功能的状态、APA 各项子功能的显示、泊车过程中异常情况的提示、用户介入的提示等。

（1）APA 功能状态显示

APA 的功能状态包括不可用状态、待机状态、激活状态和故障状态，通常用图标来表达不同的状态，APA 功能状态图标见表 10-18。APA 在不可用状态下不显示任何图标；待机状态显示灰色的 APA 开关图标，用户可点击该图标激活 APA 功能；激活状态下显示蓝色的 APA 开关图标，用户可点击该图标退出 APA 功能；故障状态显示专门的 APA 故障图标。

表 10-18　APA 功能状态图标

APA 状态	图标效果
不可用状态	不显示
待机状态	 P
激活状态	 P
故障状态	 自动泊车系统故障

（2）识别车位显示

APA 开始识别车位时，屏幕中应显示文字"正在识别车位，请保持低速行驶"，伴随语音播报。识别车位的过程中，在 TSI 界面显示停车位的特殊效果，对于可用车位，应用蓝色渲染整个车位，并用蓝色高亮显示车位边界线。其中标线车位的边界线是根据车位的实际标线，拟合出的边界线，该边界线无须体现实际标线的封闭程度、颜色、层数、线型等信息；空间车位的边界线是系统根据参照物计算出的可停车空间的边界。对于不可用车位，应用灰色渲染车位并灰色高亮显示车位边界线，同时显示车位上停放的车辆或其他物体。此外，停车位中如有车位标识也应显示出来。

识别到可用车位时，应文字提示"发现可用车位，请停车并确认车位"，伴随语音播报。如有多个可用车位，则在 TSI 界面中的车位上显示数字标记，最多显示 8 个可用车位，超过该上限后，应显示新检测到的可用车位，不再显示原先最初检测到的车位。同时，系统可推荐距离自车最近的车位为默认车位，显示"P"标记。识别车位的显示效果如图 10-36 所示。

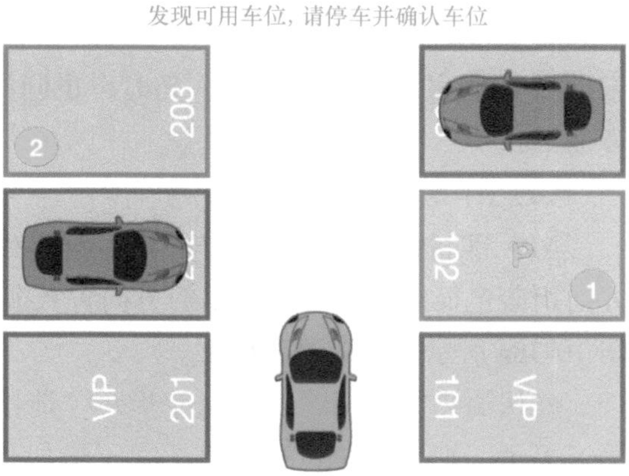

当用户点击或系统默认目标车位后，

发现可用车位,请停车并确认车位

图 10-36　APA 的识别车位显示效果

突出显示目标车位，隐去目标车位之外的其他车位，进入泊入车位的显示界面。

（3）泊入车位显示

进入泊入车位的显示界面后，屏幕中应文字提示"请松开方向盘，松开踏板，开始泊车"并伴随语音提示。泊入车位的过程中，应文字显示"正在泊入车位"，此时 TSI 界面中仅显示车辆和目标车位以及系统所规划的泊车轨迹线。除 TSI 界面外，为了更清晰地显示车辆周围环境，还应在屏幕中显示车辆的鸟瞰图以及前、后、左、右 4 个方位的交通环境，如图 10-37a 所示。完成泊入后，屏幕中应文字提示"泊车已完成"并伴随语音播报，此时屏幕中可将鸟瞰图放大显示，以突出自车在车位中的位置与车身姿态，如图 10-37b 所示。

如果因障碍物等原因导致泊入中断，则屏幕文字提示"泊车暂停"并伴随语音播报，红色高亮显示障碍物，同时弹出虚拟按键"取消本次泊车"，供用户选择。泊车恢复后，屏幕重新文字显示"泊入车位中"并伴随语音播报；如果泊车未能恢复，则提示"泊车失败，请接管车辆"并伴随语音播报，TSI 界面回到未激活 APA 的状态。如果泊入超时，也同样提示"泊车失败，请接管车辆"并伴随语音播报。

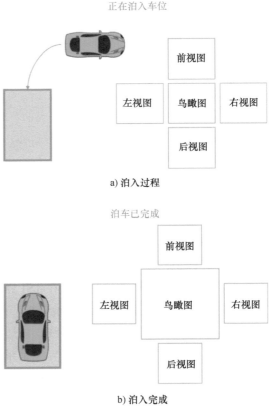

a) 泊入过程

b) 泊入完成

图 10-37　APA 的泊入车位显示效果

（4）泊出车位显示

APA 准备控制车辆泊出车位时，屏幕中应显示泊出方向供用户选择，可以泊出的方向用蓝色显示，不可以泊出的方向置灰显示，同时文字提示"请选择泊出方向"，如图 10-38a 所示，伴随语音播报。

确认泊出方向后，屏幕文字提示"请松开方向盘，松开踏板，开始泊车"并伴随语音提示。泊出车位过程的显示除了增加蓝色矩形框表示预定的终点位置外，其他与泊入车位的过程基本一致，如图 10-38b 所示。完成泊出后的显示内容和效果与完成泊入后的显示基本一致，如图 10-38c 所示。对于因障碍物导致的泊出中断、恢复、退出以及泊出超时等情况，显示与提示的内容与泊入过程一致。

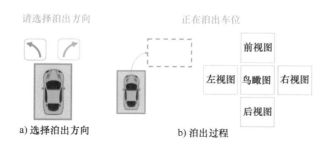

a) 选择泊出方向　　　　　　b) 泊出过程

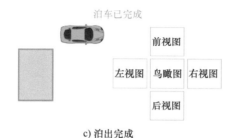

c) 泊出完成

图 10-38　APA 的泊出车位显示效果

（5）用户干预提示

用户干预 APA 时，应该及时发出提示，告知用户当前的泊车状态，以及需要用户执行的动作。在泊入与泊出车位的过程中，当用户用过制动踏板、加速踏板或方向盘主动干预时，泊车暂停，用户停车后，屏幕中应文字询问用户"是否结束本次自动泊车"并伴随语音播报，并提供虚拟按键"是"与"否"。如用户选择按键"是"或说出"是"，或者超时未作选择，则 APA 退出，屏幕显示 APA 功能未激活时的效果；如用户选择"否"或说出"否"，则继续自动泊车，屏幕继续显示自动泊车的效果。

（6）接管提示

泊入与泊出车位的过程中，如果 APA 退出，需要用户接管，则屏幕文字提示"自动泊车退出，请接管车辆"，伴随语音提示，同时屏幕显示 APA 功能未激活时的效果。

10.2.6　遥控泊车

遥控泊车是在自动泊车的基础上增加遥控操作的功能，其重点在于手机与车辆的连接与控制以及将自动泊车中的人机交互内容在手机 APP 端实现。除手机 APP 的遥控连接外，遥控泊车的功能定义与自动泊车基本一致，在此不展开赘述。

第 4 篇
智能驾驶产品评价

　　智能驾驶产品设计完成后，最终实现的效果如何？能否达到预期目标？我们需要通过产品评价来对智能驾驶产品的设计方案进行有效的验证。智能驾驶产品评价是新产品开发闭环流程的重要环节，也是新产品后续优化和迭代的重要依据。智能驾驶产品具有丰富的应用场景和多样的功能效果，因此智驾产品的评价是一项复杂的工作，需要基于一套系统完整的产品评价体系，综合考虑智驾产品在各类出行场景中的全面表现，包括行驶效果和人机交互效果等。

　　本篇将讲述智能驾驶产品评价的内容，首先解读智驾产品评价应有的理念，然后从出行场景和用户体验的层面，构建一套系统化的智能驾驶产品评价体系，形成完整的方法论，最后将该体系应用于市场现有的主流智驾产品，作为测试与评价案例，横向对比主流智驾产品的表现。

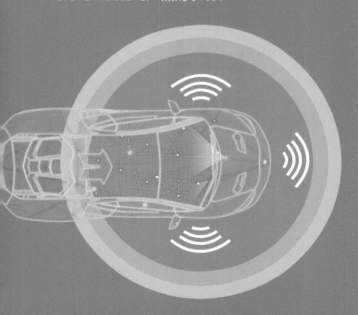

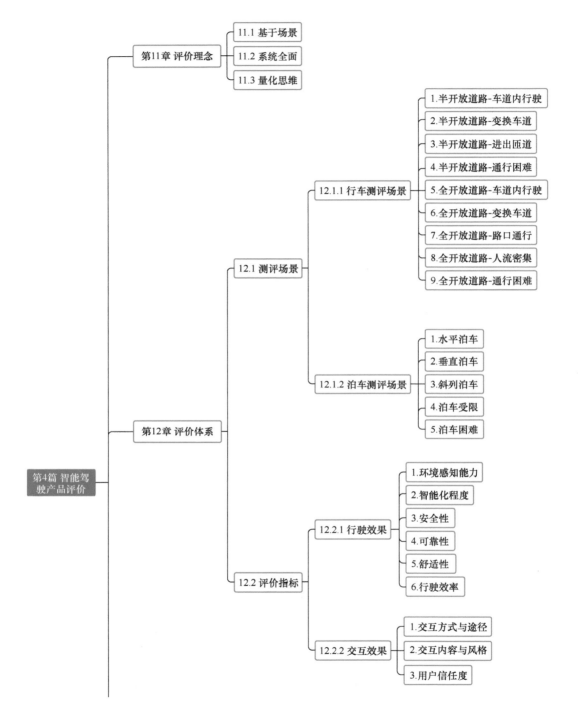

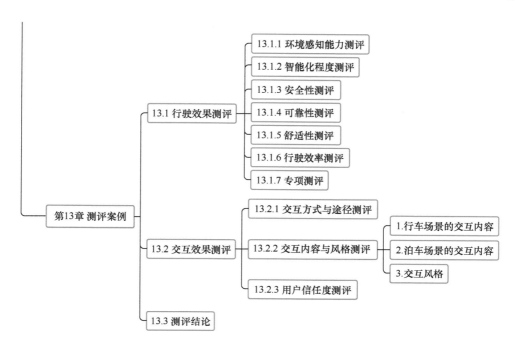

第 11 章　评价理念

　　产品评价理念是智驾产品评价的核心思想，其从根本上决定了产品评价工作能否有效发挥作用，能否直接用于改进产品特性、提升用户体验。优秀的产品评价理念应该让智驾产品的评价方案既逻辑合理、全面细致，又符合实际、容易实现。

　　在评价智能产品时，需要贯彻以下理念：从场景出发、系统全面、量化思维。基于场景，能够真正做到从用户出发、为用户考虑；系统全面，能够保证产品评价的体系化和规范化；量化思维，能够让评价结果客观真实，具有普遍意义。

11.1　基于场景

　　出行场景是用户需求的来源和智能驾驶应用的基础，在评价智驾产品时，应该从源头出发，基于场景展开，关注在各类出行场景中用户的需求是否真正得到了满足。

　　目前在智能驾驶的开发流程中，已经存在测试环节，通过各种测试用例（Test Case）实测智驾产品各方面的性能表现。但是这些测试用例没有把智能驾驶作为产品来看待，还停留在传统的技术导向思维，关注的是细节的工程化参数，忽略了产品满足用户需求的本质：一方面，基于单项功能来测评智能驾驶产品，容易浮于表面，测评方案局限于功能本身，不能落实到用户体验；另一方面，基于工程化参数和经验化的工况与真实的出行场景存在差异，既容易遗漏场景，也容易产生无意义的重复工作。

　　基于场景的智能驾驶测试与评价，将智能驾驶作为一款产品而不是功能的简单组合，更加接近用户的真实使用场景，更能从用户体验的角度来评价产品效果，也更有利于智驾产品效果的验证和优化。从出行场景出发，所有的测评工况都是真实有效的，是能够在车辆实际行驶中实现的，并且能做到系统、全面、不遗漏、不重复。聚焦出行场景、理解用户感受，比传统的测试用例能发现更多影响用户体验的关键点，也能从源头上提升产品上市后的口碑。

　　例如，目前针对各项智驾功能的工程化测试，都会把功能误退率作为一项重要的参数来评价功能的可靠性。但其实脱离场景来讨论功能误退率是意义不大的，同一台车的智驾功能，在畅通无阻的高速公路中与在行人密集的城区道路中，其误退率一定有所差别。如果不考虑具体的场景，而是简单地用单一数值来衡量功能可靠性，就会造成结果不准确。

车道居中度是体现智驾产品对车辆横向控制能力的重要参数，但车道居中度不仅取决于智驾产品自身的能力，也取决于道路结构等场景要素。如果要对比 A 和 B 两款车型的车道居中能力，应该基于场景，让两者在统一的场景中测试比较，否则没有意义。不能由于 A 车型在直道中的居中度高，B 车型在弯道中的居中度低，就认为 A 车型的车道居中能力优于 B 车型，而是应该对比两款车型在相同曲率道路中的居中度，再得出结论。

自动泊入车位的能力是智驾产品在泊车场景中的关键能力，但泊入车位的能力，与车位特征、车位周围障碍物等要素密切相关，对于不同布置形式、不同尺寸的停车位，智驾系统所规划的泊车轨迹都不相同，所表现出的泊车能力也不相同。在评价智驾产品的泊车能力时，必须综合考虑不同类型停车位的场景，而不能仅仅通过某几个停车位场景的简单测试就盲目地得出结论。

11.2　系统全面

一套有说服力的、标准化、可通用的产品评价方案，一定是系统而完整的，有严谨的逻辑且面面俱到的。评价方案的系统性和完整性，主要体现在两方面：测评场景的系统完整和评价内容的系统完整。

在智驾产品评价时，应该在第 4 章建立的场景体系基础上，根据对产品的具体关注点制定出智驾产品测评的场景方案。各测评场景之间应该存在严谨的逻辑性，并能突出场景的核心要素和评价目标，并且测评场景方案应该能覆盖所有具有现实意义和可复现的出行场景。

例如，直道定速巡航场景中的纵向控制效果可能会受到车速的影响，尤其是车速波动范围，因此对应的场景方案应该将直道定速巡航场景，进一步细分为半开放道路的中高速巡航（车速 ≥ 60km/h）和全开放道路的中低速巡航（车速 ≤ 80km/h）等两类不同车速的场景。

再如，评价泊车场景中的识别车位能力时，对于标线车位应该考虑对不同标线的识别能力，包括不同的封闭程度、颜色、层数、线型等，从而细化成更多更详细的标线车位场景，详见第 4 章中图 4-21 所示；对于空间车位，应该考虑对不同类型参照物的识别能力，包括常见的其他车辆、立柱、墙体、绿化带等，从而细化成更多更详细的空间车位场景，如图 11-1 所示。

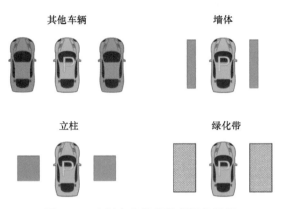

图 11-1　空间车位的常见参照物示例

智能驾驶连接人 - 车 - 路的闭环体系，因此车辆的行驶效果和人机交互效果都属于智驾产品评价应该包含的内容。

行驶效果即车辆在不同场景中行驶的表现，对行驶效果的评价既应该包含对安全性、可靠性、舒适性、行驶效率等共性化内容的评价，也应该包含对不同场景中对智驾产品的重点关注内容，即个性化内容的评价。例如在弯道巡航场景中，应重点关注车道居中度、弯道通过率和减速策略；在跟随行驶场景中，则应更多关注自车对前方目标物速度变化的响应能力。

人机交互作为用户体验不可分割的一部分，必须包含在智驾产品评价的内容中。应该从交互方式多样性、信息丰富度、交互的风格、操作便捷性等多个维度，综合评价智驾产品的人机交互效果，系统化地覆盖人机交互的完整内容。例如在变道场景中，TSI 界面是否清晰易读、显示的变道信息是否完善、变道过程中是否有及时准确的提示、提示方式包含哪些交互途径、用户设置 ILC 功能是否方便快捷等，都应该作为人机交互的评价内容。

11.3　量化思维

量化程度反映了评价方案的专业化程度，一套定性与定量相结合的智驾产品评价体系，才能有效地验证产品设计方案并提出可落地的优化方案。定性的评价通常主观性强，结论具有不确定性，所谓"一千个读者有一千个哈姆雷特"，难以统一；只有通过定量的评价，将评价结果量化，才能保证评价结果的客观性和确定性。

目前有很多媒体也在做智能驾驶的测评，通过试乘试驾的形式，能够简单地评价一款智能驾驶产品的基本效果。但是，由于媒体测评属于 To C（Customer）的业务，而不是 To B（Business）的专业评价，其目的在于增加流量，更需要轻松娱乐的氛围感。虽然媒体试乘试驾可以从用户体验的角度出发，但是以主观感受为主，并且场景的选取较为随意，几乎都是定性的结论，缺乏量化的评价结果，因此其测评结果的说服力有限，难以对智驾产品提出专业意见。

智驾产品评价的量化思维包含两方面：场景的量化和评价指标的量化。一方面，描述场景时，应该尽可能地将核心要素量化，定量地描述场景；另一方面，将智驾产品中影响用户体验的因素提炼出来，形成量化的评价指标，从而获取客观的产品数据。这样，不仅能确保评价结果客观准确，还能将量化数据作为重要参数，指导后续的产品优化和升级迭代。

场景的量化通过对场景核心要素的参数化定义来实现。以弯道巡航场景为例，根据道路曲率，可以分为小曲率弯道和大曲率弯道，但如果定性地停留在"小曲率""大曲率"的字面描述，那么每个人对"小"和"大"的理解不一样，会造成对弯道场景的划分标准不一，测评结果不准确；所以应该定义一个数值（例如曲率半径 250m），作为小曲率和大曲率的界限，例如这样就能对弯道的弯曲程度达成一致，保持测评结果的准确性和一致性。再如，在车道内行驶场景中，前方的危险源可能是相邻车道的车辆压线，侵入本车道，如果简单地用旁车侵入来描述这一场景，就会忽略不同程度地侵入对自车的影响；如果以量化的方式，按照旁车车身进入本车道的程度，分为 100%侵入、75% 侵入、50% 侵入、25% 侵入等场景，如图 11-2 所示，就能区分出自车在旁车不同侵入程度时的表现，测评结果更加准确。

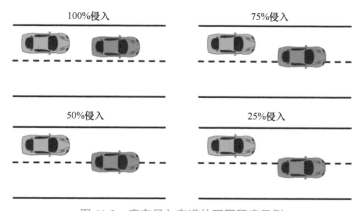

图 11-2　旁车侵入车道的不同程度示例

评价指标的量化是指将评价指标定义为确定性的数值，而非文字描述的内容。例如评价系统响应的及时性，不能仅通过"及时"或者"不及时"这种主观的判断来评价，因为每个人对"及时""不及时"的理解不一样，过于主观；而应该以响应时间的数值来界定，当响应时间小于某个阈值如 1s 时，认为响应及时，超出该时间阈值则认为响应不及时。再如评价泊入车位的效率，不能简单地通过"用时长""用时短"来评价，而应该记录泊车过程的用时，通过数据分析来准确地评价泊车能力。

另外，对于宏观层面的智驾产品评价的内容，量化的评价指标应该是基于大样本的统计结果。例如在评价车位检测能力时，应该选取大量车位作为样本（如 500 个车位），然后测试系统能够检测出的车位数量，将车位检出率 = 检测出的车位数量 /500，作为车位检测能力的评价结果，而不是仅通过对少数几个车位的测评就简单地得出结论。

第 12 章 评价体系

一套标准、完善的智驾产品评价体系，既能与产品设计方案关联、综合评价新产品的效果，又能用于竞品对标，横向分析市场竞品的性能与优劣势。可以说，建立一套产品评价体系，就意味着拥有新产品交付的标准、新产品验收的依据和竞品性能对标的通用方法。

智能驾驶产品评价体系是系统化的评价方案，应该能全面覆盖智能驾驶的场景以及各类场景中的产品表现。根据第 11 章的智驾产品评价理念，在构建评价体系时，应该"始于用户，但不止于用户"，即从出行场景和用户体验的层面出发，最终落实到开发层面的评价指标上。因此，本章所建立的智能驾驶产品评价体系包括系统、全面的出行场景和定性、定量相结合的评价指标，将测评场景与评价指标通过矩阵式的关联，形成一套兼顾行驶效果与人机交互的评价体系，能够从智能、安全、可靠、舒适、行驶效率、交互方式、交互内容与风格、用户信任度等多个方面，综合评价智能驾驶产品的表现。另外，本章所建立的智驾产品评价体系，在充分考虑用户体验的同时，也借鉴了行业内通用的智能驾驶测试评价标准和研究成果，如 i-VISTA、C-ICAP、CCRT等，尤其是典型场景和关键性能参数等内容。

需要说明的是，由于危险紧急场景中，智驾产品重点关注安全而弱化用户其他方面的体验，并且应用于紧急场景的主动安全功能，已经有多项专门的法规要求和测试方法，因此对于有强法规要求的智驾产品表现（即预警和紧急避险的效果），目前主要依据相关的法规开展测评，本书暂不纳入面向用户体验的评价体系中。

12.1 测评场景

在第 4 章中提到，行车场景与泊车场景中的车辆行驶任务不同，外部环境要素也相差甚远，因此智驾产品的测评场景应该区分成行车场景与泊车场景，在第 4 章汇总的各类行车与泊车场景的基础上，针对显著影响用户体验的场景要素以及用户日常出行容易遇到的高频路况，进一步细化场景，形成适用于产品评价的测评场景。

12.1.1　行车测评场景

根据第 4 章中建立的场景体系，行车场景分为半开放道路的场景和全开放道路的场景，在半开放道路中，主要存在车道内行驶、变换车道、进出匝道和通行困难等 4 类场景，在全开放道路中，主要存在车道内行驶、变换车道、路口通行、人流密集和通行困难等 5 类场景。下面分别展开和细化这些行车场景，形成用于智驾产品测评的行车场景库。

1. 半开放道路 - 车道内行驶

车道内行驶场景作为最基本和高频的场景，存在多项场景因素影响该场景中的用户体验，如车道前方目标物、相邻车道危险源、车道线等。根据第 4 章的内容，半开放道路的车道内行驶场景，分为中高速的直道定速巡航、不同曲率和形态的弯道巡航、不同车速变化的跟车行驶、不同风险程度的 Cut-in 以及 Cut-out 等。需要将这些细分场景作为测评的基础场景，并在基础场景中，改变某些场景要素，可以形成更多的变量场景；尤其是一些高频发生的、对用户体验影响较大的要素变量，应该尽可能多地识别出来，形成对应的变量场景，作为测评场景的重要组成部分。

半开放道路车道内行驶的测评场景及要素变量见表 12-1，包括基础场景以及基于基础场景形成的多种变量场景，其中要素变量标记为 "—" 的表示该测评场景属于基础场景。需要说明的是，表中各基础场景下的各变量场景只表示在测评方案中，该变量场景基于该基础场景实现，并不意味着只在该基础场景中才能形成该变量场景。例如，车道线模糊的变量场景，实际上在直道和弯道中都会存在，但我们在测评时，只需要在直道定速巡航场景中考察车道线模糊对智驾产品的影响，就可以得出车道线模糊这一变量对产品表现和用户体验的影响，不需要在弯道中重复测评。

表 12-1　半开放道路车道内行驶的测评场景及要素变量

测评场景		要素变量
中高速直道定速巡航	保持匀速	—
	提高目标车速	目标车速
	降低目标车速	目标车速
	固定限速标志	限速标志牌
	电子限速标志	电子限速信息
	车道线模糊	车道线
	车道线短暂缺失	车道线
	车道线长期缺失	车道线
	车道线新旧重叠	车道线

（续）

测评场景		要素变量
中高速直道定速巡航	车道线一分二	车道线
	车道线二合一	车道线
	旁车侵入 -100%	相邻车道的车辆
	旁车侵入 -75%	相邻车道的车辆
	旁车侵入 -50%	相邻车道的车辆
	旁车侵入 -25%	相邻车道的车辆
	旁车压线	相邻车道的车辆
	相邻车道有大车	相邻车道的大型车辆
	相邻车道有车贴近	相邻车道的车辆
	用户纵向干预	用户干预
	用户横向干预	用户干预
弯道巡航	小曲率弯道	—
	大曲率弯道	—
	急转弯	—
	连续弯道	—
跟车行驶	匀速跟车	—
	前车缓慢加速	前方目标物速度
	前车急加速	前方目标物速度
	前车缓慢减速	前方目标物速度
	前车急减速	前方目标物速度
	前车减速至静止	前方目标物速度
	前车保持静止	前方目标物速度
	前车起步	前方目标物速度
	增大跟随时距	跟随时距
	减小跟随时距	跟随时距
Cut-in	高风险 Cut-in	—
	中风险 Cut-in	—
	低风险 Cut-in	—
Cut-out	Cut-out	—

可以看出，在半开放道路的中高速定速巡航场景中，基础场景是保持车速超过60km/h 的匀速巡航场景。在匀速巡航场景的基础上，如果用户更改目标车速的值，则自车会加速或减速，这是以目标车速为变量的场景；如果识别到固定限速标志或电子限速标志，则系统会控制车辆按限速行驶，形成限速的变量场景；如果车道线不够清晰，出现模糊化、短暂或长期缺失、新旧车道线重叠等现象，则形成车道线异常的变量场景；如果车道分流或合流，则车道线会一分二或二合一，形成车道线变化的变量

场景。相邻车道的其他车辆也会产生变量，当相邻车道的车辆越过车道线，车身进入本车道骑线行驶时，会形成不同程度的旁车侵入场景；如果相邻车道的车辆刚好压线，车身没有越过车道线，则形成旁车压线的变量场景，可以算作 0% 的旁车侵入场景；如果相邻车道有大型车辆或贴近本车道的危险车辆，则此时旁车成为危险源，形成旁车风险场景。如果用户通过制动踏板、加速踏板或方向盘，主动干预车辆的纵向或横向运动，则会形成用户干预的变量场景。

在弯道巡航场景中，重点关注的是不同曲率与形态的弯道，包括小曲率弯道、大曲率弯道、急转弯、连续弯道等，都属于基础场景。

在跟车行驶场景中，基础场景是保持匀速跟车的场景。在匀速跟车的基础上，前车不同程度的加速或减速，会造成自车跟随加速或减速，形成以前车速度为变量的场景，其中前车减速至静止以及前车起步的场景，属于前车加、减速的特殊情况；如果用户更改跟随时距的值，自车也会对应地加速或减速，形成以跟随时距为变量的场景。

在 Cut-in 场景中，重点关注的是不同紧急程度形成不同风险程度的 Cut-in，包括高风险 Cut-in、中风险 Cut-in 和低风险 Cut-in 等，都属于基础场景。

Cut-out 场景没有更细分的场景或变量场景，前车离开本车道即作为基础场景。

2. 半开放道路 - 变换车道

第 5 章在解读智能变道功能时提到，变道的指令可以由用户发出，也可以由智驾系统自行发出。当变道指令由用户发出时，触发变道的原因与外部环境无关，只取决于用户，我们将这种场景作为一种测评的基础场景：指令变道。严格意义上说，指令变道不属于出行场景，只是由于现阶段存在用户主动发出指令控制车辆变道的情况，因此将其作为一种测评的工况场景。当变道指令由系统发出时，可以根据触发变道的原因，将变道场景分为超车变道、避障变道、地形变道和导航变道等 4 类基础场景。同样，基于这些变道的基础测评场景，并通过改变重点关注的场景要素，可以形成更多的变量场景。

半开放道路变道的测评场景及要素变量见表 12-2，包括基础场景以及基于基础场景形成的多种变量场景。可以看出，在指令变道场景中，基础场景是用户在直道中发出变道指令。如果车道线出现实线、模糊、短暂或长期缺失、新旧重叠、一分二、二分一等情况，则会对车辆变道效果产生影响，形成以车道线为变量的变道场景。如果目标车道有其他车辆影响自车变道，包括目标车道前方、后方的车辆，以及大的车流量等，则会形成以目标车道的车辆为变量的场景。如果道路形态改变，由直道变为弯道，则会形成以道路曲率为变量的小曲率弯道变道和大曲率弯道变道场景。如果用户干预，通过转向拨杆取消变道指令，或通过踏板、方向盘等干预变道，则会形成用户干预的变道场景。

表 12-2 半开放道路变道的测评场景及要素变量

测评场景		要素变量
指令变道	直道变道	—
	实线变道	车道线
	车道线模糊	车道线
	车道线短暂缺失	车道线
	车道线长期缺失	车道线
	车道线新旧重叠	车道线
	车道线一分二	车道线
	车道线二合一	车道线
	目标车道前方有车	目标车道的车辆
	目标车道后方有车	目标车道的车辆
	目标车道车流量大	目标车道的车辆
	小曲率弯道变道	道路曲率
	大曲率弯道变道	道路曲率
	用户取消变道	用户干预
	用户干预变道	用户干预
超车变道		—
避障变道	单个障碍物	—
	连续障碍物引导	多个障碍物
地形变道	车道分流	—
	车道合流	—
导航变道	进入匝道前的变道	—
	汇入主路前的变道	—

　　超车变道没有更细分的场景或变量场景。避障变道场景以车道中存在单个障碍物，作为基础测评场景；在此基础上，如果障碍物连成一排，引导车辆变道，则形成多个连续障碍物引导的变量场景，通常发生在施工路段，如图 12-1 所示。地形变道可以根据地形的具体变化情况，细分为分流变道场景和合流变道场景。导航变道可以根据行驶路径，分为车辆即将进入匝道前，在主路中的变道，以及车辆即将离开匝道、汇入主路前，在匝道中的变道。

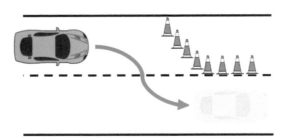

图 12-1　多个障碍物引导的变道场景

3. 半开放道路 - 进出匝道

匝道作为半开放道路的特有场景，存在多种情况，如缓冲路段匝道、多车道匝道、Y 形分岔匝道等。当车辆进入匝道或离开匝道时，这些道路拓扑、车道数等要素会对进出匝道的效果产生影响。基于进出匝道的基础测评场景，通过改变影响匝道形态的重点要素，形成更多的进出匝道变量场景。

半开放道路进出匝道的测评场景及要素变量见表 12-3，包括基础场景，以及基于基础场景形成的多种变量场景。可以看出，进入匝道的基础场景是单车道且没有缓冲车道的匝道。当匝道内存在多条车道时，车辆进入匝道需要选择车道会影响进入匝道的效果，形成多车道的匝道场景，如图 12-2a 所示；当匝道与主路之间存在缓冲车道时，车辆会在缓冲车道内过渡，形成以缓冲车道为变量的匝道场景，如图 12-2b 所示；当匝道内存在继续分岔的匝道，会呈现 Y 形拓扑结构，此时车辆需要连续选择匝道进入，形成 Y 形分岔的匝道场景，如图 12-2c 所示。

表 12-3　半开放道路进出匝道的测评场景及要素变量

测评场景		要素变量
进入匝道	单车道无缓冲	—
	多车道	车道数目
	有缓冲车道	缓冲车道
	Y 形分岔匝道	匝道内再分岔
离开匝道	无缓冲	—
	有缓冲车道	缓冲车道

离开匝道的场景比进入匝道需要考虑的要素变量少，车辆离开匝道汇入主路时，匝道的车道数目不会产生影响，也不存在 Y 形分岔的情况，因此离开匝道的基础场景是无缓冲车道的匝道，变量场景是有缓冲车道的匝道，如图 12-2d 所示。

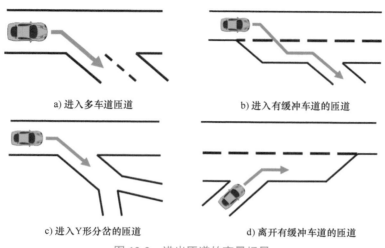

a) 进入多车道匝道   b) 进入有缓冲车道的匝道

c) 进入Y形分岔的匝道   d) 离开有缓冲车道的匝道

图 12-2　进出匝道的变量场景

4. 半开放道路 - 通行困难

半开放道路的通行困难场景主要是交通拥堵和恶劣气象条件，其中恶劣气象条件可以细分为恶劣天气与恶劣光照条件，见表 12-4。由于大雪和大雾等极端天气需要特定的季节和气候条件，因此可以选择大雨天气作为恶劣天气条件的测评场景；极弱光照的夜晚无路灯场景和极强光照的强逆光场景都属于恶劣光照条件的测评场景。另外，我们仅通过车辆在中高速直道定速巡航的过程中遇到恶劣气象条件时的表现，来评价恶劣气象条件对智驾产品效果的影响，不再重复其他测评场景。

表 12-4　半开放道路通行困难的测评场景及要素变量

测评场景		要素变量
交通拥堵		—
恶劣气象条件	大雨	—
	夜晚无路灯	—
	强逆光	—

5. 全开放道路 - 车道内行驶

全开放道路的车道内行驶场景与半开放道路的车道内行驶场景存在相似性，但仍有一些区别：全开放道路中的车速较低，车辆只能保持车速不超过 80km/h 的中低速行驶；全开放道路存在更多类型的弯道，如直角弯道和 U 形弯道等；全开放道路中车辆跟随行驶的目标物不仅限于机动车，还可能是非机动车，甚至行人；全开放道路中不仅存在机动车 Cut-in 的场景，还存在非机动车与行人 Cut-in，甚至横穿的场景。

全开放道路车道内行驶的测评场景及要素变量见表 12-5，可以看出，与半开放道路车道内行驶的测评场景相比，直道定速巡航的车速降低为中低速（≤ 80km/h），同时更加关注非机动车与行人的影响，另外弯道巡航场景中考虑了更多的弯道种类。除此之外，其他测评场景与半开放道路中对应的场景一致。

表 12-5　全开放道路车道内行驶的测评场景及要素变量

测评场景		要素变量
中低速直道定速巡航	保持匀速	—
	提高目标车速	目标车速
	降低目标车速	目标车速
	固定限速标志	限速标志牌
	电子限速标志	电子限速信息
	车道线模糊	车道线
	车道线短暂缺失	车道线
	车道线长期缺失	车道线
	车道线新旧重叠	车道线
	车道线一分二	车道线
	车道线二合一	车道线
	旁车侵入 -100%	相邻车道的机动车
	旁车侵入 -75%	相邻车道的机动车
	旁车侵入 -50%	相邻车道的机动车
	旁车侵入 -25%	相邻车道的机动车
	非机动车部分侵入	相邻车道的非机动车
	行人部分侵入	相邻车道的行人
	旁车压线	相邻车道的机动车
	非机动车压线	相邻车道的非机动车
	行人压线	相邻车道的行人
	相邻车道有大车	相邻车道的大型机动车
	相邻车道有车贴近	相邻车道的机动车
	相邻车道有非机动车贴近	相邻车道的非机动车
	相邻车道有行人贴近	相邻车道的行人
	用户纵向干预	用户干预
	用户横向干预	用户干预

（续）

测评场景		要素变量
弯道巡航	小曲率弯道	—
	大曲率弯道	—
	急转弯	—
	直角弯道	—
	U 形弯道	—
	连续弯道	—
跟随行驶	匀速跟随机动车	—
	匀速跟随非机动车	前方目标物种类
	前车缓慢加速	前方目标物速度
	前车急加速	前方目标物速度
	前车缓慢减速	前方目标物速度
	前车急减速	前方目标物速度
	前车保持静止	前方目标物速度
	前车减速至静止	前方目标物速度
	前车起步	前方目标物速度
	增大跟随时距	跟随时距
	减小跟随时距	跟随时距
Cut-in	高风险 Cut-in	—
	中风险 Cut-in	—
	低风险 Cut-in	—
	非机动车 Cut-in	—
	行人 Cut-in	—
Cut-out		—

6. 全开放道路－变换车道

全开放道路的变道场景与半开放道路的变道场景也存在相似性，但也有一些区别，主要体现在系统自动发出指令的变道场景：超车变道时，前方被超越的不仅限于机动车，还可能是非机动车与行人；全开放道路区域引发导航变道的场景是主路与辅路切换、路口等全开放道路的特有场景。

全开放道路变道的测评场景及要素变量见表 12-6，可以看出，指令变道的测评场景与半开放道路中的场景一致；超车变道进一步细分为前方机动车、前方非机动车和前方行人的场景；避障变道和地形变道的测评场景与半开放道路中的场景一致；导航变道进一步细分为进入辅路前的变道、进入主路前的变道和进入路口前的变道等场景。

表 12-6   全开放道路变道的测评场景及要素变量

测评场景		要素变量
指令变道	直道变道	—
	实线变道	车道线
	车道线模糊	车道线
	车道线短暂缺失	车道线
	车道线长期缺失	车道线
	车道线新旧重叠	车道线
	车道线一分二	车道线
	车道线二合一	车道线
	目标车道前方有车	目标车道的车辆
	目标车道后方有车	目标车道的车辆
	目标车道车流量大	目标车道的车辆
	小曲率弯道变道	道路曲率
	大曲率弯道变道	道路曲率
	用户取消变道	用户干预
	用户干预变道	用户干预
超车变道	前方机动车	—
	前方非机动车	—
	前方行人	—
避障变道	单个障碍物	—
	连续障碍物引导	多个障碍物
地形变道	车道分流	—
	车道合流	—
导航变道	进入辅路前的变道	—
	进入主路前的变道	—
	进入路口前的变道	—

7. 全开放道路 - 路口通行

路口作为全开放道路的特有场景，存在多种情况，不同的道路拓扑、不同的交通设施、不同的行驶方向都会形成路口通行的细分场景。此外，复杂多变的交通参与者会形成路口通行的变量场景。

全开放道路路口通行的测评场景及要素变量见表 12-7，可以看出，根据道路拓扑、交通设施和车辆在路口的行驶方向，可以形成各种不同的细分场景。在路口直行的基础场景中，如果自车前方有机动车，则自车跟车通过路口时，会形成跟车过路口的变量场景；如果自车前方有非机动车与行人横穿路口时，则会形成非机动车与行人在路口穿行的变量场景，如图 12-3 所示。

表 12-7　全开放道路路口通行的测评场景及要素变量

测评场景		要素变量
不同道路拓扑	十字路口	—
	Y 形路口	—
	T 形路口	—
	X 形路口	—
	错位路口	—
	环形路口	—
不同交通设施	有交警路口	—
	有信号灯路口	—
	无指挥路口	—
不同行驶方向	直行	—
	直行 - 跟车过路口	前方机动车
	直行 - 非机动车横穿路口	非机动车穿行
	直行 - 行人横穿路口	行人穿行
	左转	—
	右转	—
	掉头	—
	逆时针绕行	—

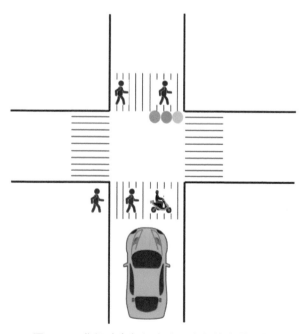

图 12-3　非机动车与行人路口穿行的变量场景

8. 全开放道路 - 人流密集

人流密集场景是全开放道路的重点测评场景，它极大地挑战智能驾驶的环境感知与决策规划能力，因此通过智驾产品在人流密集场景中的表现能够直观地评价智驾产品的安全程度和智能化水平。人流密集的测评场景主要是公交站台、学校门口和园区门口等 3 类细分场景，没有变量场景，见表 12-8。

表 12-8　全开放道路人流密集的测评场景及要素变量

测评场景	要素变量
公交站台	—
学校门口	—
园区门口	—

9. 全开放道路 - 通行困难

全开放道路的通行困难场景，在半开放道路通行困难场景的基础上增加了狭窄巷道、狭窄乡村小路和危险山路等 3 类场景，见表 12-9，考验车辆应对多种复杂障碍物和通过窄路的能力，是评价智驾产品智能化水平的代表性测评场景。

表 12-9　全开放道路通行困难的测评场景及要素变量

测评场景		要素变量
交通拥堵		—
恶劣气象条件	大雨	—
	夜晚无路灯	—
	强逆光	—
狭窄巷道		—
狭窄乡村小路		—
危险山路		—

12.1.2　泊车测评场景

根据第 4 章中建立的场景体系，泊车场景分为水平泊车、垂直泊车、斜列泊车、泊车受限和泊车困难等 5 类场景。下面分别展开和细化这些泊车场景，形成用于智驾产品测评的泊车场景库。

1. 水平泊车

水平泊车场景是水平车位区域的泊车场景，根据有无车位线，可以分为水平标线车位和水平空间车位，水平标线车位存在多种类型的车位标线，水平空间车位存在多种类型的参照物，可以在基础测评场景的基础上，根据车位标线和参照物的变化形成更多的变量场景。此外，改变停车位区域的地面材质，也会形成新的变量场景；停车位区域的坡度改变也会对泊车效果产生影响。

表 12-10 是水平泊车的测评场景及要素变量，可以看出，水平标线车位的基础测评场景是全封闭型的黄色单层实标线车位，地面材质是水泥地面且无明显坡度，当改变车位标线的封闭程度、颜色、层数、线型、地面材质、坡度等要素时，可以分别形成水平标线车位的不同变量场景。水平空间车位的基础测评场景是车与车形成的停车位，当改变参照物时，可以分别形成水平空间车位的不同变量场景，由于在水平标线车位场景中已经考虑了地面材质和坡度，因此在水平空间车位中不再重复展开。

表 12-10 水平泊车的测评场景及要素变量

测评场景		要素变量
水平标线车位	全封闭型标线	—
	半封闭型标线	标线封闭程度
	开口型标线	标线封闭程度
	角点型标线	标线封闭程度
	黄色标线	
	白色标线	标线颜色
	蓝色标线	标线颜色
	绿色标线	标线颜色
	单层实标线	—
	双层实标线	标线层数
	单层虚标线	标线线型
	双层虚标线	标线层数、线型
	双层虚 / 实标线	标线层数、线型
	水泥地面	—
	沥青地面	地面材质
	柏油地面	地面材质
	石板地面	地面材质
	碎石地面	地面材质
	泥土地面	地面材质
	地坪漆	地面材质
	塑胶	地面材质
	砖块	地面材质
	草坪	地面材质
	斜坡（坡度 >12°）	坡度

（续）

测评场景		要素变量
水平空间车位	车 - 车	—
	车 - 立柱	参照物
	车 - 墙体	参照物
	车 - 绿化带	参照物
	立柱 - 立柱	参照物
	立柱 - 墙体	参照物
	立柱 - 绿化带	参照物
	墙体 - 墙体	参照物
	墙体 - 绿化带	参照物
	绿化带 - 绿化带	参照物

2. 垂直泊车

垂直泊车场景是垂直车位区域的泊车场景，与水平泊车场景一样，垂直泊车场景也可以在基础测评场景的基础上，根据车位标线、参照物、地面材质、坡度等要素的变化，形成更多的变量场景。垂直泊车的测评场景及要素变量见表12-11，可以看出，与水平泊车的测评场景基本一致。

表 12-11　垂直泊车的测评场景及要素变量

测评场景		要素变量
垂直标线车位	全封闭型标线	—
	半封闭型标线	标线封闭程度
	开口型标线	标线封闭程度
	角点型标线	标线封闭程度
	黄色标线	—
	白色标线	标线颜色
	蓝色标线	标线颜色
	绿色标线	标线颜色
	单层实标线	—
	双层实标线	标线层数
	单层虚标线	标线线型
	双层虚标线	标线层数、线型

（续）

测评场景		要素变量
垂直标线车位	双层虚/实标线	标线层数、线型
	水泥地面	—
	沥青地面	地面材质
	柏油地面	地面材质
	石板地面	地面材质
	碎石地面	地面材质
	泥土地面	地面材质
	地坪漆	地面材质
	塑胶	地面材质
	砖块	地面材质
	草坪	地面材质
	斜坡（坡度 >12°）	坡度
垂直空间车位	车 - 车	—
	车 - 立柱	参照物
	车 - 墙体	参照物
	车 - 绿化带	参照物
	立柱 - 立柱	参照物
	立柱 - 墙体	参照物
	立柱 - 绿化带	参照物
	墙体 - 墙体	参照物
	墙体 - 绿化带	参照物
	绿化带 - 绿化带	参照物

3. 斜列泊车

斜列泊车场景是斜列车位区域的泊车场景，除了以车位标线、参照物、地面材质和坡度作为变量要素形成变量场景外，斜列泊车还可以根据车位倾斜角和车身姿态的变化，形成更多的变量场景。斜列泊车的测评场景及要素变量见表 12-12，与水平泊车、垂直泊车的测评场景大部分一致；不过，斜列泊车的测评场景增加了不同车位倾斜角和车身姿态（正向泊车与反向泊车，如图 12-4 所示）的变量场景。

表 12-12　斜列泊车的测评场景及要素变量

测评场景		要素变量
斜列标线车位	全封闭型标线	—
	半封闭型标线	标线封闭程度
	开口型标线	标线封闭程度
	角点型标线	标线封闭程度
	黄色标线	—
	白色标线	标线颜色
	蓝色标线	标线颜色
	绿色标线	标线颜色
	单层实标线	—
	双层实标线	标线层数
	单层虚标线	标线线型
	双层虚标线	标线层数、线型
	双层虚 - 实标线	标线层数、线型
	水泥地面	—
	沥青地面	地面材质
	柏油地面	地面材质
	石板地面	地面材质
	碎石地面	地面材质
	泥土地面	地面材质
	地坪漆	地面材质
	塑胶	地面材质
	砖块	地面材质
	草坪	地面材质
	30° 斜列车位	车位倾斜角
	45° 斜列车位	—
	60° 斜列车位	车位倾斜角
	正向泊车	—
	反向泊车	车身姿态
	斜坡（坡度 >12°）	坡度
斜列空间车位	车 - 车	—
	车 - 立柱	参照物
	车 - 墙体	参照物

（续）

测评场景		要素变量
斜列空间车位	车 - 绿化带	参照物
	立柱 - 立柱	参照物
	立柱 - 墙体	参照物
	立柱 - 绿化带	参照物
	墙体 - 墙体	参照物
	墙体 - 绿化带	参照物
	绿化带 - 绿化带	参照物

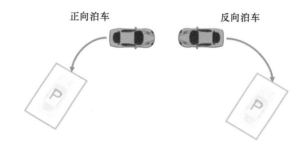

图 12-4　斜列车位的正向泊车与反向泊车

4. 泊车受限

泊车受限场景是指识别到停车位不可用的场景，包括特殊标识的停车位和有障碍物的停车位。泊车受限场景可以根据不同的车位标识以及不同类型的障碍物，进一步细分为更多的基础测评场景，见表 12-13。

表 12-13　泊车受限的测评场景及要素变量

测评场景		要素变量
车位有特殊标识	限时停放	—
	充电专用	—
	出租车专用	—
	VIP 专用	—
	女士专用	—
	残疾人专用	—
车位有障碍物	停放的车辆	—
	地锁	—
	禁停标志牌	—
	锥桶	—
	其他临时占位的物体	—

5. 泊车困难

泊车困难场景是指车辆移动困难、泊车难度大的场景，主要由泊车空间狭小、大量人车穿行和恶劣气象条件等要素导致，其中恶劣气象条件的影响发生在室外停车位区域。泊车困难场景是对智驾产品泊车能力的挑战，能够体现智驾产品的智能化水平。根据导致泊车困难的原因，泊车困难的测评场景可以进一步细分为更多的基础测评场景，见表 12-14。

表 12-14　泊车困难的测评场景及要素变量

测评场景		要素变量
空间狭小	狭小车位	—
	车位周围空间太小	—
人车穿行	机动车干扰	—
	非机动车干扰	—
	行人干扰	—
恶劣气象条件	大雨	—
	夜晚无路灯	—
	强逆光	—

12.2　评价指标

智能产品的评价指标是用于评价智驾产品效果的一系列详细参数，是评价智驾产品表现的具体标准。根据"系统全面"的评价理念，智驾系统控制车辆行驶的效果与对应的人机交互效果，都属于智驾产品评价的内容，因此评价指标应该覆盖车辆行驶的效果和人机交互的效果，全方位地评价智驾产品的综合表现。根据"量化思维"的评价理念，评价指标应该不仅包含主观的定性指标，也要包含客观的定量指标，能够通过量化的数据得出具有说服力的专业结论。

12.2.1　行驶效果

在不同的场景中，车辆的行驶任务与轨迹各不相同，其行驶的效果也不能一概而论。因此，对车辆行驶效果的评价指标与场景强相关，需要从不同的维度，结合测评场景来制定。根据智能驾驶的实现原理，结合第 10 章中提到的功能原则以及用户体验的核心影响因素，本书从环境感知能力、智能化程度、安全性、可靠性、舒适性、行驶效率等多个维度,综合评价智驾产品的行驶效果。由于篇幅限制,本节将 12.1 节中的各类测评场景根据层级关系和重要程度,归纳成车道内行驶、变道、进出匝道、路口通行、泊车场景、风险场景等 6 大类,与各项评价指标分别作对应。

1. 环境感知能力

环境感知是智能驾驶实现的前提,智驾产品的环境感知能力是影响车辆行驶效果的关键能力。因此,环境感知能力是首先要考虑的维度。环境感知能力取决于智驾系统的感知硬件与软件,也就是摄像头、雷达等传感器的数量、分布和性能以及感知算法的能力。

智驾产品的环境感知能力主要通过能够识别的场景要素种类和识别的精准度来体现,能够识别的要素种类越多、识别结果越精准,则环境感知能力越强。其中,识别的精准度主要通过识别准确率、误识别率和漏识别率来体现,三者的定义可举例说明:假设存在 100 个物体,识别到的物体数量是 90 个,其中识别正确的物体数量是 85 个,那么识别准确率 =85/100=85%,误识别率 =5/90=5.6%,漏识别率 =15/100=15%。

此外,气象条件能够显著影响传感器的感知效果,进而影响智驾产品的环境感知能力,因此在评价智驾产品的环境感知能力时,不仅要考察晴好天气和正常光照条件下对物体的识别效果,也要考察在恶劣天气和恶劣光照条件下的情况。

智驾系统在行车场景和泊车场景中,需要识别的常见场景要素见表 12-15,包括车道特征、车位特征、附属物、障碍物、交通设施、交通参与者等。其中,通常需识别的车道特征主要是车道线信息,包括车道线的线型、颜色和突变(一分二、二合一)等;需识别的车位特征包括停车位的布置形式、车位标线信息以及常见的车位标识,其中对布置形式和车位标线信息的识别能力主要根据对不同特征车位的识别准确率来评价;需识别的附属物主要有立柱、墙体、绿化带和路肩等;需识别的障碍物主要是常见的锥桶、栏杆、停放的车辆、地锁和禁停标志牌等;需识别的交通设施主要包括常见的地面交通标识如停止线、斑马线、导流线、禁停区域标识等,以及限速标志牌和交通信号灯;需识别的交通参与者包括常见的各类机动车、非机动车和行人。

表 12-15　智驾系统需识别的常见场景要素

场景要素			行车场景	泊车场景
车道特征	车道线信息	车道线线型	√	
		车道线颜色	√	
		车道线突变	√	

（续）

场景要素			行车场景	泊车场景
车位特征	布置形式 + 车位线的有无	水平标线车位		√
		水平空间车位		√
		垂直标线车位		√
		垂直空间车位		√
		斜列标线车位		√
		斜列空间车位		√
	车位标线其他信息	封闭程度		√
		颜色		√
		层数		√
		线型		√
	车位标识信息	车位号		√
		定向停放		√
		限时停放		√
		充电车位		√
		出租车位		√
		VIP 车位		√
		女士车位		√
		残疾人车位		√
附属物	附属物	立柱		√
		墙体		√
		隔离带	√	
		绿化带		√
		路肩	√	√
障碍物	障碍物	锥桶	√	√
		栏杆	√	√
		停放的车辆		√
		地锁		√
		禁停标志牌		√

（续）

场景要素			行车场景	泊车场景
交通设施	地面交通标识	停止线	√	
		斑马线	√	
		导流线	√	
		禁停区域	√	
	限速标志牌	限速标志牌	√	
	交通信号灯	交通信号灯	√	
交通参与者	交通参与者	轿车	√	√
		SUV	√	√
		MPV	√	√
		小货车	√	√
		大货车	√	√
		大客车	√	√
		特种车辆	√	√
		三轮车	√	√
		两轮车	√	√
		行人	√	√

2. 智能化程度

智能化是智能驾驶的主题，也是核心价值所在，智驾产品的智能化程度体现了产品的先进性和自动化水平。智能化程度的评价指标主要有产品所实现的功能、覆盖的场景、使用限制条件和对危险场景的处理能力等。

在目前的人机共驾阶段，智驾产品通过各项智驾功能来满足用户在各类场景中的需求，因此智驾产品所实现的功能体现了产品对场景的覆盖度以及满足用户需求的程度。一般来说，一款智驾产品所能实现的功能种类越多，说明所覆盖的场景越多、智能化程度越高。可以根据第 2 篇中建立的功能体系和场景体系，来系统性地分析一款智驾产品所实现的功能和覆盖的场景。

以小鹏 P7 和 G9 为例，两者的大部分功能相同，都有 L2+ 级的 H-NOA 功能，但 C-NOA 功能在 G9 车型实现，未在 P7 车型实现，说明 G9 车型实现了在高速公路、城市快速路和城区道路中点到点按导航自动行驶的效果，而 P7 只能在高速公路、城市快速路中点到点行驶，因此 G9 的智能化程度高于 P7。

另外，同一项功能在不同的产品中，也会覆盖不同的场景。以小鹏的记忆泊车功能为例，在 2022 年之前，只能实现停车场单层的记忆泊车，2022 年 6 月后，不仅能实现单层记忆泊车，还能实现停车场内跨层的记忆泊车，产品的智能化程度得到提高。再以 APA 功能为例，市场早期车型的 APA 功能对于泊车困难场景束手无策、基本无法顺利泊车，而目前市场上已经出现能够在空间非常有限的老旧小区中轻松完成泊车的智驾产品，虽然都是自动泊车，但智能化程度是完全不同的。

使用限制条件是体现智驾产品智能化程度的一项重要指标，可以通过产品的 ODC 范围来评价。ODC 范围越广，说明智驾产品使用的限制因素越少、智能化程度越高。

危险场景中智驾系统的应对能力也是智能化程度的重要指标，尤其是避开障碍物的策略和成功率。避障策略越人性化、越流畅，成功率越高，智驾产品的智能化程度越高。

3. 安全性

安全性是智驾功能定义时的最重要原则，也是用户在现阶段最关注的需求，因此在评价智驾产品时，需要重点考察其安全维度的表现。安全性的评价指标与场景的关联度很高，在不同的场景中，智驾产品的安全性评价指标有所不同，需要结合具体的场景，有针对性地制定。

一套智驾产品安全性的评价指标见表 12-16，可以看出，安全性的评价覆盖几乎所有的出行场景，包括车道内行驶、变道、进出匝道、路口通行、泊车场景以及各种存在安全风险的场景如 Cut-in 场景等。其中，响应及时性是普遍适用于所有场景的评价指标，响应及时性是指在场景发生变化或功能状态发生变化时智驾系统控制车辆响应的及时性，通常响应越及时，车辆行驶越安全。例如当车辆前方出现目标物时，系统响应越及时，就能越早地从定速巡航状态进入跟随行驶状态，从而越早地与前车保持合理的距离。除响应及时性外，其他评价指标都只适用于某一类或某几类场景。

表 12-16　安全性评价指标

评价指标	车道内行驶	变道	进出匝道	路口通行	泊车场景	风险场景
响应及时性	√	√	√	√	√	√
车速范围	√				√	
跟随时距范围	√					
跟停距离	√					
自动起停时长	√					
车道居中度	√					
超速时自动控速时机	√					
默认车道	√					

（续）

评价指标	车道内行驶	变道	进出匝道	路口通行	泊车场景	风险场景
纵向极限距离		√				
车速变化策略		√				
会车策略				√		
避障策略						√
避障成功率						√

在车道内行驶场景中，安全性指标还包括车速范围、跟随时距范围、跟停距离、自动起停时长、车道居中度、超速时自动控速时机和默认车道。车速范围和跟随时距范围是指用户可以设定的范围，如果用户可设定的车速最高值过大，则容易超速行驶，如果跟随时距的最小值过小，则与前车的距离太小，容易发生碰撞。跟停距离是跟随前方目标物停车时自车与目标物的距离，跟停距离过小时，容易与前方目标物发生碰撞。自动起停时长是指自车可以跟随前方目标物自动起步而无须用户操作的停车时长，如果自动起停时长过长，则交通环境发生变化的可能性很大，尤其车辆前方容易出现新的交通参与者如行人等，此时如果前车自动起步，则容易引发安全风险，应该让用户执行某种操作（如确认）后再起步，以避免长时间停车导致场景变化而造成碰撞事故。车道居中度反映了车辆距离两侧车道线的横向距离，居中度越高、距离车道线越远，偏出车道的概率越低，安全程度越高，通常通过车辆中心线偏离车道中心线的偏差值来表示。超速时的自动控速时机，是指识别到限速信息并且不满足限速要求时，系统控制车辆改变车速的时机，该时机不宜过晚，否则长时间超速行驶会降低安全性。默认车道是指当激活 NOA 功能，系统控制车辆按导航自动地点到点行驶时，默认选择的长时间行驶车道。在半开放道路中，默认车道应该根据车速和不同车道的道路限速要求，合理选择并尽可能地避免与大型车辆共用车道；在全开放道路中，应该避免长时间在最右侧车道行驶，降低非机动车或行人带来的影响。

在变道场景中，安全性指标还包括纵向极限距离和车速变化策略。纵向极限距离指的是目标车道有其他车辆时，自车能够完成变道的、与其他车辆的纵向最小距离，通常用 TTC 来表示。如果极限距离太近，则变道时容易发生碰撞，安全性低。车速变化策略是指变道过程中系统调节车速的策略，合理的车速变化策略，应该能根据目标车道的路况适当加速、减速或保持匀速，以保持与其他交通参与者的安全距离，避免碰撞。

路口通行场景的安全性指标还包括会车策略。会车策略是指在路口遇到其他车辆干扰自车行驶时自车的通行策略，以及与其他车辆的博弈逻辑。会车策略不宜过于激进，否则容易引发事故。

泊车场景中的车速低、交通参与者少，因此泊车场景的安全风险比行车场景小很多，但是，安全性作为一票否决项，在泊车场景中仍然应该重视。泊车场景的安全性指标除响应及时性外，还包括车速范围：在泊车场景中应该保持低速，以预留足够的时间应对突发事件，确保在停车场地内的安全性。

风险场景是指各类存在安全风险的场景，例如 Cut-in 场景、人流密集场景、通行困难场景中的危险场景等。风险场景是考验智驾产品安全性的最直观场景，此时系统的最主要任务是避免碰撞（尤其是避开障碍物），因此避障策略和避障成功率是风险场景的安全性指标。避障策略是指系统控制车辆避免碰撞的策略，包括提前减速、及时制动、及时转向、停车避让等；避障成功率是指车辆成功避免碰撞的次数与遇到碰撞风险总次数的比值。合理的避障策略和避障的高成功率是安全性的直观体现。

4. 可靠性

可靠性是智驾产品在不同的场景与工况中稳定地保持产品性能的能力。汽车作为工业级产品，其各个模块都必须性能稳定、不容易失效，智能驾驶也不例外。智驾产品可靠性的评价指标也与场景存在关联，具体见表 12-17。其中，误退率、接管率和平均接管里程（Miles per Intervention，MPI），是不限于场景的、宏观层面的整体评价指标，其他评价指标是与场景强相关的评价指标。

误退率是指在没有发生所定义的、导致智驾系统退出或降级的事件的情况下，系统发生意料之外的莫名退出或降级的概率，例如在用户没有介入也没有障碍物的情况下，偶发紧急制动导致系统退出的情况，或由于对交通环境的误识别，导致系统误以为不满足 ODC 要求而退出的情况。误退率越低，可靠性越高，在行车场景中，通常以特定里程内的误退次数来表示误退率，例如一款智驾产品在 100km 的高速公路里程中发生 5 次误退，则该产品在高速公路场景的误退率是百公里 5 次；在泊车场景中，通常以特定泊车次数内的误退概率来表示误退率，例如一款智驾产品在 100 次泊车过程中发生 3 次误退，则该产品在泊车场景的误退率是 3/100=3%。接管率是指系统不能自主应对场景、需要用户接管的概率，由于智驾系统退出或降级时，也需要人工接管，因此接管率不会低于误退率。接管率越低，可靠性越高，其定义方式与误退率类似，通过行车场景中特定里程内的接管次数，以及泊车场景中特定泊车次数内的接管概率来表示接管率。平均接管里程是指车辆在两次接管之间的平均里程数，适用于行车场景，与接管率存在对应关系。平均接管里程越大，可靠性越高，例如一款产品在城区场景的接管率是百公里 10 次，那么该产品在城区场景的平均接管里程是 100km/10=10km。

表 12-17 可靠性评价指标

评价指标	车道内行驶	变道	进出匝道	路口通行	泊车场景	风险场景
误退率	√	√	√	√	√	√
接管率	√	√	√	√	√	√
平均接管里程	√	√	√	√		√
弯道通过率	√					
指令变道成功率		√				
自主变道成功率		√				
进入匝道成功率			√			
汇入主路成功率			√			
匝道误入率			√			
路口通过率				√		
泊入车位成功率					√	
泊出车位成功率					√	
避障成功率						√

车道内行驶场景的可靠性指标还包括弯道通过率，即智驾系统控制车辆顺利通过弯道的成功率。由于弯道尤其是大曲率弯道，远比直道场景更考验系统横、纵向控制车辆运动的能力，因此弯道通过率能够代表车道内行驶场景中的产品可靠性。

变道场景的可靠性指标还包括变道成功率，这是指系统控制车辆顺利完成变道的概率，包括指令变道的成功率和自主变道的成功率。其中指令变道成功率可以评价系统仅执行用户指令来变道的可靠性，自主变道成功率可以评价系统自主判断变道条件并执行变道的可靠性。

进出匝道场景的可靠性指标还包括进入匝道成功率、汇入主路成功率与匝道误入率。进入匝道成功率是指系统控制车辆按导航规划的路径成功进入匝道的概率；汇入主路成功率是指系统控制车辆按导航规划的路径成功离开匝道、汇入主路的概率；匝道误入率是指系统控制车辆进入匝道，但实际上不应该进入匝道的概率，属于决策规划错误的一种情况。

路口通行场景的可靠性指标还包括路口通过率，这是指系统控制车辆顺利通过路口的成功率。如有必要，可以根据行驶方向进一步分为路口直行成功率、路口左转成功率、路口右转成功率、路口掉头成功率、逆时针绕行通过环岛成功率等更详细的评价指标。

泊车场景的可靠性指标还包括泊入车位成功率和泊出车位成功率。如有必要，可以根据车位标线的有无，进一步分为标线车位的泊入、泊出成功率与空间车位的泊入、泊出成功率，或根据车位布置形式进一步分为水平车位的泊入、泊出成功率，垂直车位的泊入、泊出成功率，以及斜列车位的泊入、泊出成功率。

风险场景的可靠性指标还包括避障成功率，这反映了智驾产品在面对安全风险尤其是紧急危险工况时的可靠性。避障成功率越高，产品能处理危险工况的能力越强，可靠程度越高。

5. 舒适性

舒适性作为智驾功能定义的一项原则，也是直接影响用户体验的重要因素。智驾产品的舒适性评价指标同样与场景密切相关。需要注意的是，舒适性与安全性往往是矛盾的，因此两者会存在重复的评价指标，并且对同一项评价指标的要求往往是相反的。

智驾产品舒适性的评价指标见表 12-18。其中，响应及时性、行驶流畅度、纵向加速度值、加减速的线性程度、方向盘转动速度和方向盘超调程度是普遍适用于所有场景的评价指标。响应及时性作为安全性指标，也同样影响用户体验的舒适度，智驾产品响应的时机应该与用户的预期一致。行驶流畅度是指系统控制车辆运动的顺滑程度，有无明显卡顿、停滞等，例如变道场景中车辆的变道过程不能一气呵成，泊车场景中存在原地转方向盘和方向盘反复晃动的现象，都属于流畅度低的情况。纵向加速度值和加减速的线性程度体现了系统控制车辆纵向运动的舒适性，纵向加速度值越小，线性程度越高，则加、减速的过程越平缓，驾乘体验越平稳，舒适性越高。方向盘转动速度和方向盘超调程度体现了系统控制车辆横向运动的舒适性，方向盘转动速度不宜过大，否则会有失控感和明显的偏离感，方向盘超调也不宜过大，否则车辆会左右晃动，造成横向不平稳，降低舒适性。

表 12-18　舒适性评价指标

评价指标	车道内行驶	变道	进出匝道	路口通行	泊车场景	风险场景
响应及时性	√	√	√	√	√	√
行驶流畅度	√	√	√	√	√	√
纵向加速度值	√	√	√	√	√	√
加减速线性程度	√	√	√	√	√	√

（续）

评价指标	车道内行驶	变道	进出匝道	路口通行	泊车场景	风险场景
方向盘转动速度	√	√	√	√	√	√
方向盘超调程度	√	√	√	√	√	√
车速波动范围	√				√	
自动起停时长	√					
车道居中度	√					
弯道减速策略	√					
方向盘转角		√				
进入匝道的减速策略			√			
汇入主路的加速策略			√			
会车策略				√		
车速范围					√	
车身位姿					√	
避障策略						√

　　车道内行驶场景的舒适性指标还包括车速波动范围、自动起停时长、车道居中度和弯道减速策略。车辆保持匀速行驶时车速波动范围不宜过大，否则会造成纵向不平稳、降低舒适性。自动起停时长如果太短，则需要用户频繁确认，会降低舒适性。车道居中度越高，用户会感觉行驶平稳性越好，舒适性越高。弯道减速策略是指系统控制车辆在过弯时的减速时机和幅度，合理的减速策略应该能综合考虑纵向与横向的舒适性，即减速与转向协同，控制车辆平稳过弯。

　　变道场景的舒适性指标还包括方向盘的转角，即变道过程中系统控制的方向盘转动角度。根据功能定义的舒适原则，变道过程的方向盘转角不宜过大，以避免侧向加速度过大，降低变道过程的舒适性。

　　进出匝道场景的舒适性指标还包括进入匝道的减速策略和汇入主路的加速策略。由于主路的限速值高于匝道限速值，因此当车辆从主路进入匝道时，应该降低车速，离开匝道汇入主路时，应该提高车速。进入匝道的减速策略是指车辆进入匝道前的减速时机和减速幅度，取决于匝道限速、实时车速、车辆与匝道入口的距离等，合理的减速策略能够让车辆平稳缓慢地减速至匝道限速，顺利进入匝道。汇入主路的加速策略是指车辆离开匝道后的加速时机和加速幅度，取决于主路限速、实时车速、车辆与匝道出口的距离等，系统应该在车辆离开匝道后，保持车辆平稳缓慢地加速至主路限速，顺利汇入主路的车流。

路口通行场景的舒适性指标还包括会车策略。在保障安全、文明礼让的前提下，应该避免频繁停车和长时间等待，尽可能地保持匀速通过路口。

泊车场景的舒适性指标还包括车速范围和车身位姿。在低速的泊车场景中，用户对舒适性的感受度很高，属于影响用户直观感受的评价维度。由于泊车时要求精准地控制车身姿态，并且车辆存在前进、后退、大幅转向等动作，因此应该保持足够低的车速，缓慢平稳地移动。车身位姿是指车身在泊入车位或泊出车位完成后的位置和姿态，不仅会影响用户后续的动作，如方便开门下车等，也会影响用户的感官体验，中正的车身位姿会比偏离的位置和歪斜的姿态更让人满意。

风险场景的舒适性指标还包括避障策略，在保障安全的前提下，应该在避障尽可能地保持平稳减速、转向，尽可能地避免剧烈的车速变化和方向调整，实现安全与舒适兼得。

6. 行驶效率

行驶效率是衡量智驾产品能否高效地完成行驶任务的重要维度，也显著地影响产品的用户体验。行驶效率与场景的关联性强，行驶效率在不同场景中的表现各不相同，例如行车场景中的行驶效率是车辆通过某一路段的通行效率，泊车场景中的行驶效率是完成泊车的效率。行驶效率与安全性往往也是矛盾的，两者对同一项评价指标的要求，往往是相反的。

智驾产品行驶效率的评价指标见表12-19。其中，行驶用时是最直观的行驶效率评价指标，行驶用时越短、效率越高。行驶用时既是不限场景的、宏观层面的整体评价指标（例如车辆从 A 点到 B 点的全路程的通行用时），也可以是不同的单项场景中的评价指标（如变道场景的变道用时），路口通行场景中通过路口的用时，泊车场景的识别车位用时、泊入车位用时、泊出车位用时等。

车道内行驶场景的行驶效率指标还包括车速范围、跟随时距范围、跟停距离、自动起停时长、超速时自动控速时机、弯道减速策略和默认车道。在保障安全的前提下，用户可设定的车速最高值越高、跟随时距越小，则行驶效率越高。跟停前方目标物时，与目标物的距离越短，则越不容易被加塞，行驶效率越高。自动起停时长越长，越容易自动跟随起步（减少用户确认的时间），行驶效率越高。当车辆超速时，如果提前减速的时机过早，会降低行驶效率。弯道场景中，减速的幅度越小，过弯速度越快，通过弯道的效率越高。激活 NOA 功能时，默认车道应该能让车辆高效通行，避免进入限速值过低的车道以及存在密集交通流或大型车辆的车道，以避免车速过低。

表 12-19 行驶效率评价指标

评价指标	车道内行驶	变道	进出匝道	路口通行	泊车场景	风险场景
行驶用时	√	√	√	√	√	√
车速范围	√	√			√	
跟随时距范围	√					
跟停距离	√					
自动起停时长	√					
超速时自动控速时机	√					
弯道减速策略	√					
默认车道	√					
道路曲率范围		√				
纵向极限距离		√				
车速变化策略		√				
车速差值		√				
优先车道		√				
有效变道率		√				
进入匝道的减速策略			√			
汇入主路的加速策略			√			
会车策略				√		
揉库次数					√	
避障策略						√
避障成功率						√

变道场景的行驶效率指标除了行驶用时外，还包括车速范围、道路曲率范围、纵向极限距离、车速变化策略、车速差值、优先车道、有效变道率。变道场景的行驶用时是指变道用时可以根据变道的具体过程，细分为从发出变道指令到开始执行的变道的用时，以及从开始执行变道到完成变道的用时。此处的车速范围是指允许自动变道的车速范围（尤其是最低车速），如果对最低车速的定义值过高，则很难满足自动变道的 ODC 要求，导致车辆长时间在不合理的车道内行驶，降低行驶效率。道路曲率范围是指变道时对道路曲率的要求（尤其是最小曲率半径），如果对最小曲率半径的定义值过大，则自动变道的条件变得苛刻，导致行驶效率低。纵向极限距离如果过大，则会导致车辆难以变道，降低行驶效率，因此应在保障安全的前提下减小纵向极限距离。

变道时增大车速会提高行驶效率，减小车速会降低行驶效率，因此变道的车速变化策略应该在保障安全的前提下，尽可能地加速变道，避免减速变道。车速差值是指自主变道时触发系统发出变道指令的自车与前车的速度差值，即前车多慢的时候自车才会变道，如果能够触发变道的速度差值太高，那么自车容易一直跟随前车低速行驶而不变道，降低行驶效率。优先车道是指自主变道时系统默认选择的车道，如能根据实时的交通流灵活选择向左或向右变道，则行驶效率会提高。有效变道率是指自主变道后的目标车道通畅无阻，车辆能保持高速行驶的概率，通过特定里程中的有效自主变道次数与总体自主变道次数的比值来表示。

进出匝道场景的行驶效率指标还包括进入匝道的减速策略和汇入主路的加速策略。减速和加速策略会影响车速，进而影响行驶效率。通常应该尽可能地保持高速状态，但同时也要兼顾安全性和舒适性，综合平衡考虑。

路口通行的行驶效率指标还包括会车策略，在保障安全的前提下，会车时越能保持较高的车速，行驶效率越高。

泊车场景的行驶效率指标除行驶用时外，还包括车速范围、揉库次数。行驶用时可以根据泊车的过程，细分为识别车位的用时、泊入车位的用时和泊出车位的用时。车速范围也可以分为识别车位的车速范围、泊入车位的车速范围和泊出车位的车速范围。揉库次数是指泊车过程尤其是泊入车位时，档位在 D 档和 R 档之间切换的次数，揉库次数越少，档次切换次数越少，车辆需要反复前进、后退的次数也就越少，泊车效率越高。

风险场景的行驶效率指标还包括避障策略和避障成功率。避障策略应该在避障过程中尽可能地保持较高的车速（例如绕行而不是简单的减速）。同时，应该提高避障能力，避障成功率越高，则受障碍物干扰的程度越小，行驶效率越高。

12.2.2　交互效果

人机交互是用户对智能驾驶高知高感的部分，直接影响用户对智驾产品的体验，因此是智驾产品评价时不可忽视的内容。在评价智驾的交互效果时，主要从交互方式与途径、交互内容与风格、用户信任度等维度展开。

1. 交互方式与途径

交互方式体现了智驾人机交互能够调用的交互资源，多样化的交互方式意味着智能驾驶能够通过多种感官渠道与用户交流互动，营造立体式的交互效果。在第 6 章中已经介绍过，目前主要的人机交互方式包括视觉、听觉、触觉与体感交互，每种交互方式又根据具体的座舱部件，分为多种不同的交互途径，汇总见表 12-20。在评价智驾产品的人机交互效果时，应该参考表 12-20，考察产品提供了多少种交互方式与途径，通常提供的交互方式与途径越多样化且合理，交互效果越好。

表 12-20　交互方式与途径汇总

交互方式	交互途径
视觉	数字仪表
	中控屏
	抬头显示（HUD）
	车内氛围灯
	车外交互灯
听觉	电子提示音
	车载语音助手
触觉	屏幕触控
	物理开关
	方向盘
	座椅
	安全带
体感	手势

2. 交互内容与风格

　　智驾产品的人机交互会涉及多方面的内容，在第 6 章中介绍过，其包括信息显示、状态提示、功能设置、人工介入等，汇总见表 12-21。人机交互的内容应该能向用户呈现实时的交通环境、车辆状态、用户状态等信息，也能在功能状态变化、危险场景和用户状态异常时发出必要的提示；同时，应该支持用户通过合理的方式设置相关的智驾功能，并在用户介入时及时响应并给予必要的提示。另外，智驾人机交互的内容也与功能相关，在不同的功能中，会呈现功能所特有的交互内容。

　　优秀的人机交互表现能够以合理的方式统筹多项交互内容，尤其是多样化的场景和复杂的行驶状态信息呈现出特有的交互风格，让用户既能获取智驾相关的必要信息，又能在极短的时间内抓住重点，不被大量信息干扰。通常来说，交互风格应该简洁而不简单，全面而不复杂，提升用户的直接感官体验。

　　在评价智驾产品的交互效果时，一方面应该考察所包含的交互内容是否完整全面，另一方面应该考察交互的风格是否能够层级清晰、重点突出，用合理的方式呈现复杂的内容。

表 12-21　交互内容汇总

类别	交互内容
信息显示	车辆状态
信息显示	交通环境
信息显示	用户状态
状态提示	功能状态变化
状态提示	危险场景
状态提示	用户状态异常
功能设置	开关
功能设置	参数
人工介入	用户干预
人工介入	用户接管

3. 用户信任度

用户信任度属于主观层面的评价维度，是用户对智驾产品的综合体验。用户的信任度越高，表明体验越好，评价越高。智驾产品通过高知高感的人机交互直接影响用户的主观感受，因此用户的信任程度也体现了人机交互的效果。用户信任度涉及的因素很多，人机交互给用户带来的安全感、舒适感、便捷感，以及交互内容的准确度、实时度、流畅度等，都会影响用户的信任程度。

第 13 章　测评案例

基于第 12 章建立的智驾产品评价体系，本章选取了目前市场上具有代表性的 3 款主流智驾产品，实车测评产品表现和用户体验，在横向对比产品表现的同时，也验证本书所建立的评价体系的有效性。

本次测评的对象是市场上的 3 款不同新势力品牌的主流车型，具有典型的代表意义，分别称为车型 A、车型 B 和车型 C。为保证智驾功能的全面性，每款车型均将软件版本升级到最新状态。从测评的结果来看，本书所建立的评价体系容易实施，可形成标准化的测评方案，并且测评结果所得出的结论准确度和可信度高，验证了本书建立的智驾产品评价体系的有效性和通用性。

13.1　行驶效果测评

本节分别在各类测评场景中，从环境感知能力、智能化程度、安全性、可靠性、舒适性、行驶效率等 6 个维度，综合评价 3 款产品的行驶效果。

13.1.1　环境感知能力测评

在各类测评场景中，观察系统能够识别的场景要素种类，并记录所识别场景要素的精准度，可以分别得出 3 款产品的环境感知能力。对于识别的精准度指标，重点关注的是识别准确率。由于在用户层面无法获取智驾系统的内部工程信号，因此难以直接测出系统是否识别出某场景要素；本书采用的方法是通过 TSI 界面的显示内容和效果，间接地判断系统对场景要素的识别结果，更加接近用户的真实体验。

3 款产品的环境感知能力测评结果见表 13-1，通过对场景要素识别的准确率来表征。其中准确率 100% 表示能够精准地识别遇到的所有同类场景要素，没有任何误识别和漏识别现象，准确率 0 表示完全不能识别该类场景要素，介于 0~100% 之间的数值表示能够识别该类场景要素，但存在误识别或漏识别。

从表 13-1 中可以看出，3 款产品都能够识别出车道线，对于车道线的线型和突变，识别准确率达到80%以上，存在一定程度的误识别与漏识别，但不能识别车道线的颜色。综合来看，车型 A 和车型 C 对车道线信息识别的准确率略高于车型 B。

表 13-1　环境感知能力的测评结果

场景要素			车型 A	车型 B	车型 C
车道特征	车道线信息	车道线线型	90%	80%	90%
		车道线颜色	0	0	0
		车道线突变	90%	80%	90%
车位特征	布置形式 + 车位线的有无	水平标线车位	0	94%	97%
		水平空间车位	90%	80%	0
		垂直标线车位	86%	98%	99%
		垂直空间车位	0	65%	69%
		斜列标线车位	0	86%	92%
		斜列空间车位	0	62%	61%
	车位标线其他信息	封闭程度 - 全封闭型	99%	99%	99%
		封闭程度 - 半封闭型	99%	99%	99%
		封闭程度 - 开口型	73%	0	0
		封闭程度 - 角点型	99%	99%	99%
		颜色	99%	99%	99%
		层数	99%	99%	99%
		线型	99%	99%	99%
	车位标识信息	车位号	0	0	0
		定向停放	0	0	0
		限时停放	0	0	0
		充电车位	0	0	0
		出租车位	0	0	0
		VIP 车位	0	0	0
		女士车位	0	0	0
		残疾人车位	0	0	0
附属物	附属物	立柱	0	95%	98%
		墙体	0	0	0
		隔离带	0	0	0
		绿化带	0	0	0
		路肩	0	0	0

（续）

场景要素			车型 A	车型 B	车型 C
障碍物	障碍物	锥桶	90%	80%	90%
		栏杆	90%	80%	85%
		停放的车辆	95%	99%	99%
		地锁	0	0	0
		禁停标志牌	0	0	0
交通设施	地面交通标识	停止线	80%	0	0
		斑马线	0	0	0
		导流线	0	0	0
		禁停区域	0	0	0
	限速标志牌	限速标志牌	90%	99%	99%
	交通信号灯	交通信号灯	85%	92%	95%
交通参与者	交通参与者	轿车	99%	99%	99%
		SUV	90%	70%	95%
		MPV	90%	70%	95%
		小货车	99%	99%	99%
		大货车	99%	99%	99%
		大客车	99%	99%	99%
		特种车辆	0	0	0
		三轮车	0	67%	75%
		两轮车	90%	80%	90%
		行人	80%	70%	95%

3 款产品对不同类型车位的识别能力存在明显差别：车型 A 只能识别出水平空间车位和垂直标线车位，对其他类型的常见车位则无法识别；车型 B 能够识别所有 6 种常见的车位，其中对标线车位的识别准确率明显高于空间车位；车型 C 能够识别出除水平空间车位外的其他 5 种常见车位，且识别准确率整体稍高于车型 B。在车位标线的其他信息中，封闭程度会影响 3 款产品对车位标线的识别效果，3 款产品对开口型车位标线的识别能力明显弱于对其他封闭程度的车位标线，车型 B 和车型 C 甚至不能识别开口型车位标线；3 款产品对不同颜色、层数和线型的车位标线的识别准确率都能达到99%。需要说明的是：此处对车位标线其他信息的识别准确率，考察的是 3 款产品对车位标线的识别，是否受到其他信息的影响，而不是 3 款产品能否识别出标线的具体信息，如标线颜色是白色还是黄色等。对于常见的各类车位标识信息如车位号、充电车

位等，3 款产品均无法识别。

　　除了车型 B 和车型 C 能识别出立柱外，3 款产品几乎都不能识别出常见的附属物。不过，虽然不能识别出附属物的类型，但 3 款产品都可以检测到附属物的存在，并通过特定的方式，简单地显示出来，如将墙体、路肩显示成车道线或车位标线，将隔离带、绿化带提示为障碍物。

　　对于常见的障碍物，3 款产品都能识别出锥桶、栏杆以及停放的车辆，尤其对于停放的车辆，3 款产品的识别准确率都能达到 99%。3 款产品对泊车场景中的地锁和禁停标志牌，都不能识别出具体的类型，不过可以检测到地锁和禁停标志牌的存在，并通过特定的方式显示出来，如车型 B 将地锁显示成停放的车辆，告知用户有地锁的车位不可用。

　　对于常见的交通设施，只有车型 A 可以识别停止线，车型 B 和车型 C 都无法识别地面交通标识（车型 C 虽然可以显示停车线、斑马线和导流线，但其实是高精地图的效果，不是感知的结果）；3 款产品都能识别限速标志牌和交通信号灯，并且识别准确率都超过 85%。

　　3 款产品对不同类型的交通参与者，识别效果相差较大：对轿车、货车和大客车的识别能力最强，3 款产品都能达到 99% 的识别准确率；对 SUV 和 MPV 的识别准确率低于轿车，尤其是车型 B，容易错误地将 SUV、MPV，识别成轿车或货车；对于特种车辆，3 款产品都不能识别出来，会错误地将特种车辆识别成大客车或货车；对于非机动车和行人，3 款产品能实现不同程度的识别效果，但准确率存在差异，会出现误识别和漏识别，尤其是车型 A 会将三轮车识别成两轮车。整体而言，车型 C 识别交通参与者的准确率明显高于车型 A 和车型 B。

　　此外，考虑到气象条件对智驾产品环境感知能力的影响，除了晴好天气的白天外，我们还分别测评了 3 款产品在阴雨天和夜晚的表现。结果表明，在阴雨天和夜晚场景，3 款产品对场景要素的识别能力明显下降，尤其是在大雨天气中，系统甚至会提示"传感器不可用"。

　　根据以上测评结果，可以得出对 3 款产品环境感知能力的评价：3 款产品对于基本的车道特征、车位特征、附属物、障碍物、交通设施、交通参与者等场景要素，都具有一定的识别能力，甚至对某些要素（如轿车等），能够实现接近 100% 的精准识别，但仍然存在对某一类要素完全无法识别的情况，如车位标识信息等；3 款产品都容易受到恶劣气象条件的影响。从整体的感知效果来看，3 款产品的环境感知能力相差不大，对各类场景要素的整体识别准确率都有待提高；车型 A 在行车场景中的感知效果略优于车型 B 和车型 C，在泊车场景中则相反。

13.1.2　智能化程度测评

基于第 2 篇中所建立的功能体系与场景体系，可以横向对比 3 款产品所实现的功能和覆盖的场景。考虑到同一项功能在不同产品中，所实现的效果和覆盖的场景会有差别，因此将对比的颗粒度细化到子功能层面。

表 13-2 汇总了 3 款产品所能实现的智驾功能（不包含预警和紧急避险功能），可以看出，3 款产品所实现的功能基本相同：都能实现 ACC、ISA、LCC、ILC、H-NOA 等行车功能，覆盖车道内行驶、变道、进出匝道等行车场景；都能实现 AVM、APA、RPA 等泊车功能，覆盖水平、垂直、斜列等多种车位的泊车场景；都不能实现 C-NOA 和 AVP 功能。

表 13-2　智能化程度的测评结果

功能			车型 A	车型 B	车型 C
行车功能	自适应巡航 ACC	定速巡航	√	√	√
		跟随行驶	√	√	√
		跟随起停 Stop&Go	√	√	√
	智能限速辅助 ISA	显示限速 SLIF	√	√	√
		提示超速 SLWF	√	√	√
		自动控速 SCF	√	√	√
	车道居中控制 LCC	纵向自适应巡航	√	√	√
		车道居中保持	√	√	√
		减速过弯	√	√	√
	智能变道 ILC	指令横向变道	√	√	√
		自主横向变道	√	√	√
		调节车速	√	√	√
	高速导航辅助驾驶 H-NOA	导航关联	√	√	√
		车道内行驶	√	√	√
		智能变道	√	√	√
		进出匝道	√	√	√
	城市导航辅助驾驶 C-NOA	导航关联	×	×	×
		车道内行驶	×	×	×
		智能变道	×	×	×
		路口通行	×	×	×
		提前减速	×	×	×

（续）

功能			车型 A	车型 B	车型 C
泊车功能	全景影像 AVM	检测环境	√ -	√	√
		全景显示	√ -	√	√
	自动泊车 APA	识别车位	√	√	√
		泊入车位	√	√	√
		泊出车位	×	√	×
	遥控泊车 RPA	遥控连接	√	√	√
		自动泊车	√ -	√	√
	记忆泊车 HPA	学习路线	×	√	×
		寻找车位	×	√	×
		泊入车位	×	√	×
	自主代客泊车 AVP	规划路线	×	×	×
		寻找车位	×	×	×
		泊入车位	×	×	×
	智能召唤 SS	规划路线	√	×	×
		泊出车位	√	×	×
		低速接驾	√	×	×

不过，在细化的子功能层面和覆盖场景方面，3 款产品有所不同：AVM 功能中，车型 A 只能显示行驶方向与侧方的影像，不能显示 360 度的全景影像；APA 功能中，车型 A 和车型 C 不能实现自动泊出车位；RPA 功能中，车型 A 只能实现不带横向控制的车辆前进与后退，不能让车辆自动实现 APA 的泊车效果。

另外，3 款产品所能实现的高阶泊车功能也有所不同，车型 A 可以实现智能召唤 SS，车型 B 可以实现记忆泊车 HPA，车型 C 不能实现高阶泊车功能。不过，车型 A 所实现的智能召唤，本质上是依赖 GPS 实现的短距离导航行驶，仅限于室外露天停车场区域，并且距离有限，与真正意义上的智能召唤还存在较大差距。

在使用限制条件方面，3 款产品各项功能的使用限制条件差别不大，ACC、ISA、LCC、ILC、H-NOA、AVM、APA、RPA 等功能的 ODC 要求基本一致，只有对车速的要求存在一点差别：对于 ACC、LCC、H-NOA 等行车功能，前方没有跟随目标时，车型 A 要求的车速范围是 $[15, 150]$ km/h，车型 B 要求的车速范围是 $[15, 120]$ km/h，车型 C 要求的车速范围是 $[0, 130]$ km/h，前方有跟随目标时，车型 A 和车型 B 的最低车速要求可以为 0；对于 APA、RPA 等泊车功能，车型 A 和车型 C 要求的车速范围都是 $[0, 21]$ km/h，车型 B 要求的车速范围是 $[0, 24]$ km/h。

在危险场景的应对能力方面，对于高风险的紧急 Cut-in、前方突然出现障碍物、前方有行人横穿等危险场景，3 款产品都通过紧急制动并提示用户接管的方式来避免碰撞，而不能流畅地自行绕过障碍，并且识别到风险的及时性有限。

根据以上测评结果，可以得出对 3 款产品智能化程度的评价：在行车场景中，3 款产品能够实现的功能和覆盖的场景基本相同，整体没有明显的差别；在泊车场景中，车型 B 能够实现的功能最多，覆盖的场景最全面，因此智能化程度最高，车型 C 没有高阶泊车功能，智能化程度低于车型 A 和车型 B；3 款产品的使用限制条件和危险场景的应对能力相差不大。

13.1.3 安全性测评

通过在不同的测评场景中，激活对应的各项智驾功能，并记录安全性维度的评价指标数据，可以综合分析 3 款产品的安全性水平，并能针对所关注的某项具体评价指标，展开详细的研究和对比。

3 款产品安全性的测评结果见表 13-3，可以看出，当场景或功能状态发生变化时，3 款产品的智驾系统都能控制车辆及时响应，表现出高响应及时性。

表 13-3 安全性的测评结果

评价指标	车型 A	车型 B	车型 C
响应及时性	高	高	高
车速范围 - 车道内行驶	[30, 150] km/h	[30, 120] km/h	[30, 130] km/h
车速范围 - 识别车位	[0, 21] km/h	[0, 24] km/h	[0, 21] km/h
车速范围 - 泊车	[1, 3] km/h	2km/h	[1, 3] km/h
跟随时距范围	1~7 级，1 级太近	1~5 级，1 级太近	1~5 级，1 级太近
跟停距离	4~5.5m	2~3m	2~3m
自动起停时长	5min	90s	5min
车道居中度 - 直道	偏差 <10cm	偏差 <10cm	偏差 <10cm
车道居中度 - 弯道	偏差 <20cm	偏差 <30cm	偏差 <20cm
超速时自动控速时机	<1s	<1s	<1s
默认车道	最左侧	最左侧	最左侧
纵向极限距离	TTC>1s	TTC>1s	TTC>1s
车速变化策略 - 指令变道	前方无车匀速，前方有车减速	前方无车匀速，前方有车减速	前方无车匀速，前方有车减速
车速变化策略 - 自主变道	加速	加速	加速
会车策略	—	—	—
避障策略	紧急制动，提示接管	紧急制动，提示接管	紧急制动，提示接管
避障成功率	50%	70%	70%

3款产品的车速范围有所不同，车道内行驶场景中，用户可设定的车型A车速范围是 [30,150] km/h，车速上限值过高，明显超出国内交通法规定的最高车速120km/h，存在安全隐患，而车型B的车速范围是 [30,120] km/h，完全符合交通法的要求，车型C的车速范围是 [30,130] km/h，上限值仅略高于120km/h，安全性也有保障。泊车场景中，3款产品识别车位时的车速范围分别是 [0,21] km/h、[0,24] km/h、[0,21] km/h，泊入车位或泊出车位（仅车型B）的车速分别是 [1,3] km/h、2km/h、[1,3] km/h，都符合泊车场景中的安全车速要求，有足够的时间应对突发事件。

车道内行驶的跟随行驶场景中，跟随时距范围在车辆高速行驶状态下难以直接测出，但可以通过3款产品对跟随时距的分级做出大致判断：其中，车型B和车型C的跟随时距都分为5个等级，车型A的跟随时距分为7个等级；3款产品的跟随时距为1级时，可以主观感受到距离前方目标物太近，安全性不足，通常需要将跟随时距设置到2级以上。3款产品跟停前方目标物的距离都超过2m，其中车型A的跟停距离范围是4m~5.5m，车型B和车型C的跟停距离在2m~3m范围内，安全性能够满足。车型A和车型C的跟随起停时长都是5min，安全性不够，因为在全开放道路尤其是城区场景中，5min内的交通环境容易发生较大变化，可能出现新的障碍物或交通参与者，产生新的碰撞风险，应该由用户操作后再跟随起步，而不能自动起步；车型B的跟随起停时长是90s，交通环境的变化相对不大，安全性可以满足。

3款产品在直道中，都能将车道居中度的偏差值控制在10cm以内，安全性高；在弯道中，3款产品会及时减速，也能将偏差控制在安全范围内，不会发生明显偏离车道的现象。当识别到当前车速超出道路最高限速值时，3款产品都能在1s内开始减速，满足安全要求，但当车速低于最低限速值时，不会自动加速。

在半开放道路中，当H-NOA功能激活时，3款产品默认选择的长时间行驶车道，都是最左侧车道。在10.1.2节中已经分析过，长时间占据最左侧车道行驶，存在安全风险；最佳方案是能够根据用户的设定和道路环境，选择最合适的车道行驶。

变道场景中，3款产品的纵向极限距离TTC都大于1s，基本能够满足安全性，但如果后车突然加速，仍存在一定的安全风险。3款产品的车速变化策略也相同：指令变道时，3款产品都会根据目标车道前方的路况，在前方无车时匀速变道，在前方有车时减速变道，与前方车辆保持安全距离；自主变道时，3款产品都会加速变道，这是由于通常在自主变道前，尤其是超车变道场景，车速会低于目标车速，因此在变道过程中，系统会同步将车速提高，恢复到目标车速。

由于没有C-NOA功能，因此无法测评路口自动通行时的会车策略。在风险场景中，3款产品都不能像人类驾驶员一样绕行或躲避，只能采用简单的紧急制动方式来避障，同时提示用户接管。并且 3 款产品避障的成功率都不高，车型 A 甚至只能达到 50% 的避障成功率，经常需要人工紧急介入。

根据以上测评结果，3 款产品的安全性评价结论如下：3 款产品能够满足基本的行驶安全要求，但在风险场景中的避障表现不足，对用户接管的依赖度高。整体来看，车型 B 和车型 C 的安全性高于车型 A，车型 A 的智驾系统与国内的驾驶习惯和交通法规要求存在一定差异，且避障成功率低，安全性有待加强。

13.1.4 可靠性测评

通过在不同的测评场景中，分别记录 3 款产品的可靠性评价指标数据，并计算评价指标的统计学分析结果，得出的可靠性测评结果见表 13-4。考虑到 3 款产品都能实现 H-NOA 功能，并且 H-NOA 功能包含了 ACC、ISA、LCC、ILC 等各项基础功能的效果，因此可以在半开放道路场景中，通过 H-NOA 功能的数据，来得出 3 款产品在行车场景中的可靠性指标。而在全开放道路场景中，仍需要分别通过各项单独的基础功能来获得测评结果。

从表 13-4 中可以看出，在行车场景中，3 款产品的误退率分别是百公里 1 次、百公里 1 次和百公里 2 次，车型 C 的误退率稍高；在泊车场景中，3 款产品的误退率分别是 5%、2% 和 2%，车型 A 的误退率明显高于车型 B 和车型 C。3 款产品在行车场景中的接管率分别是百公里 6 次、百公里 3 次和百公里 4 次，对应的平均接管里程分别是 16.7km、33.3km 和 25km，车型 A 的接管率最高，车型 B 的接管率最低；在泊车场景中的接管率分别是 10%、5% 和 3%，车型 A 的接管率最高，车型 C 的接管率最低。对比 3 款产品的误退率和接管率，可以发现：3 款产品都存在一定概率的误退出和需要用户接管的情况；在行车场景中，3 款产品的误退率都不高，但车型 A 的接管率明显高于车型 B 和车型 C，说明车型 A 对交通场景的应对能力最弱，导致经常需要人工介入，可靠性低；在泊车场景中，车型 A 的误退率和接管率都明显高于车型 B 和车型 C，说明车型 A 在泊车场景中的可靠性低；车型 B 的误退率和接管率在行车场景中都稍低于车型 C，而在泊车场景中都稍高于车型 C，但相差不大。

表 13-4 可靠性的测评结果

评价指标	车型 A	车型 B	车型 C
误退率 - 行车场景	百公里 1 次	百公里 1 次	百公里 2 次
误退率 - 泊车场景	5%	2%	2%
接管率 - 行车场景	百公里 6 次	百公里 3 次	百公里 4 次
接管率 - 泊车场景	10%	5%	3%

（续）

评价指标	车型 A	车型 B	车型 C
平均接管里程	16.7km	33.3km	25km
弯道通过率	85%	72%	75%
指令变道成功率	75%	71%	80%
自主变道成功率	90%	95%	92%
进入匝道成功率	88%	92%	95%
汇入主路成功率	83%	95%	95%
匝道误入率	0	0	0
路口通过率 - 直行	65%	53%	62%
泊入车位成功率	91%	96%	97%
泊出车位成功率	—	97%	—
避障成功率	50%	70%	70%

　　在弯道场景中，3 款产品顺利过弯的成功率分别是 85%、72% 和 75%，可见车型 A 过弯的可靠性最高，车型 B 和车型 C 的过弯可靠性有待加强。

　　指令变道场景中，3 款产品成功变道、不被中断的概率分别是 75%、71% 和 80%；自主变道场景中，3 款产品的变道成功率分别是 90%、95% 和 92%。3 款产品的整体变道成功率相差不大，但能发现自主变道的成功率明显高于指令变道，这是由于系统是经过对交通环境的判断后才发出的变道指令，而用户发出变道指令时，对环境的判断不够合理和全面，因此系统自主变道比用户发出指令的变道成功率高。

　　在匝道场景中，3 款产品进入匝道的成功率分别是 88%、92% 和 95%。离开匝道汇入主路的成功率分别是 83%、95% 和 95%，并且都没有出现误入匝道的情况。可见，车型 C 在匝道场景的可靠性最高，车型 A 的可靠性最低。

　　由于 3 款产品都没有 C-NOA 功能，因此对于路口通过率只能考察 3 款产品在 LCC 功能激活时直行通过路口的成功率。结果表明，3 款产品的路口通过率都偏低，表现最好的车型 A 也只能达到 65% 的通过率，车型 B 甚至有接近一半的概率无法通过路口。测评过程中发现，路口通过率与路口的大小（即车道线缺失的长度）以及是否跟随行驶有关：当路口过大，车道线长时间缺失时，则难以通过路口，反之车道线的短暂缺失，不影响系统控制车辆通过路口的能力；当车辆前方有目标物，跟随目标物通过路口时，自车能够沿着目标物的行驶轨迹，提高通过路口的成功率。

　　3 款产品都能识别出的车位类型是垂直标线车位，因此让 3 款产品分别在 200 个垂直标线车位区域，完成自动泊车，可以得出 3 款产品泊入车位的成功率分别是 91%、96% 和 97%，车型 B 泊出车位的成功率是 97%（车型 A 和车型 C 都不能自动泊出车位）。可见，车型 A 泊车的可靠性低于车型 B 和车型 C，车型 C 的泊车可靠性最高。

3 款产品在风险场景中的避障成功率都不高，导致面对风险场景时，可靠性偏低，对用户接管的依赖程度高。

根据以上测评结果，3 款产品的可靠性评价结论如下：从整体来看，车型 B 和车型 C 的可靠性相差不大且都高于车型 A，车型 A 的可靠性偏低，但在弯道场景中有优势；在风险场景中，3 款产品的可靠性都不够，需要用户注意随时接管。

13.1.5 舒适性测评

3 款产品的舒适性测评结果见表 13-5。可以看出，3 款产品的响应及时性和行车场景通行的流畅度都很高，表现出较高的舒适性；但泊车时的流畅度都低，主要体现在经常出现停车调整方向，以及原地转方向盘的情况，造成明显的卡滞和停顿。非紧急工况下，3 款产品的纵向加速度值都不高，都不超过 $2m/s^2$；3 款产品都能以固定的加速度线性加速或减速，表现出让人满意的纵向舒适性。3 款产品在行车场景中的方向盘转速适中，且基本没有明显的超调，横向运动平稳；在泊车过程中的方向盘转速太大，横、纵向的联动控制不协调，并且超调程度高，有明显的方向盘晃动现象，横向运动不平稳。

表 13-5 舒适性的测评结果

评价指标	车型 A	车型 B	车型 C
响应及时性	高	高	高
行驶流畅度 - 行车场景	高	高	高
行驶流畅度 - 泊车场景	低	低	低
纵向加速度值	$<2m/s^2$	$<2m/s^2$	$<2m/s^2$
加减速线性程度	高	高	高
方向盘转动速度 - 行车场景	适中	适中	适中
方向盘转动速度 - 泊车场景	快	快	快
方向盘超调程度 - 行车场景	低	低	低
方向盘超调程度 - 泊车场景	高	高	高
车速波动范围	≤ 2km/h	≤ 2km/h	≤ 2km/h
自动起停时长	5min	90s	5min

（续）

评价指标	车型 A	车型 B	车型 C
车道居中度 - 直道	偏差 <10cm	偏差 <10cm	偏差 <10cm
车道居中度 - 弯道	偏差 <20cm	偏差 <30cm	偏差 <20cm
弯道减速策略	减速幅度低	减速幅度合理	减速幅度合理
方向盘转角	适中	适中	适中
进入匝道的减速策略	提前 800m 减速至匝道限速	提前 500m 减速至 80km/h，匝道内减速至限速	提前 500m 减速至匝道限速
汇入主路的加速策略	不加速	立即加速至主路限速	立即加速至主路限速
会车策略	—	—	—
泊车车速	[1,3] km/h	2km/h	[1,3] km/h
车身位姿 - 泊入完成	良好	良好	良好
车身位姿 - 泊出完成	—	一般	—
避障策略	紧急制动，提示接管	紧急制动，提示接管	紧急制动，提示接管

在车道内行驶的场景中，3 款产品匀速行驶时的车速波动都不超过 2km/h，用户感觉不到车速的变化，可以认为几乎没有车速波动，纵向平稳性好。3 款产品的自动起停时长都达到 90s 以上，车型 A 和车型 C 甚至达到了 5min，可以在长时间跟停后，自动跟随前方目标物起步，无须用户操作，提升了使用的便捷程度。3 款产品的高车道居中度，能够让用户感受舒适，没有明显偏离感。通过弯道时，3 款产品都能根据弯道的曲率合理地减速过弯，不过车型 A 的减速幅度低，过弯风格偏激进，过弯的舒适性有待提高。

变道过程中，3 款产品都会根据当前车速和道路曲率，控制方向盘转角保持在合理的水平，保证变道过程的舒适性。

从主路进入匝道时，3 款产品都会提前减速，但减速时机和减速效果有所不同：车型 A 在进入匝道前 800m 开始减速，进入匝道时车速已经降为匝道的限速值；车型 B 在进入匝道前 500m 开始减速，进入匝道时车速降为 80km/h，在匝道内继续减速至匝道的限速值；车型 C 在进入匝道前 500m 开始减速，进入匝道时车速降为匝道的限速值。离开匝道汇入主路时，车型 A 不能主动加速，需要用户设置目标车速，额外增加了用户的操作负担，极大降低了舒适性；车型 B 和车型 C 可以立即加速，让车速尽快达到主路的限速值。由于 3 款产品都没有 C-NOA 功能，因此路口通行的会车策略无法测评。

自动泊入车位或泊出车位（仅车型 B）时，3 款产品的车速分别是 [1, 3] km/h、2km/h、[1, 3] km/h，都属于舒适度高的车速范围。泊入车位完成后，3 款产品都能让车辆与标线车位的车位线、空间车位的参照物的距离适中，虽然有时会出现距离某一侧车位线或某参照物偏近的情况，但整体来说居中度良好，并且车身与停车位朝向的角度一致，无明显夹角和偏差，整体位姿良好。车型 B 完成泊出车位后，对于垂直车位，系统只能让车辆泊出至车身的一半离开车位，如图 13-1 所示，即结束泊车，让用户继续完成剩余的泊车动作，此时的车身位姿舒适度一般，难以让用户满意。

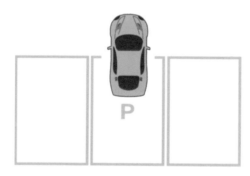

图 13-1　车型 B 泊出垂直车位的位姿

3 款产品在风险场景的避障策略过于简单，紧急制动的方式容易造成不平稳，频繁提示用户接管容易引起用户抱怨，降低产品的舒适性。

根据以上测评结果，3 款产品在行车场景的舒适性基本让人满意，在泊车场景中的纵向舒适性良好，但横向舒适性不足，需要进一步加强；整体对比来看，车型 B 和车型 C 的舒适性高于车型 A；在风险场景中，3 款产品都不能让用户感受舒适。

13.1.6　行驶效率测评

在行车场景和泊车场景中，分别记录行驶效率的各项评价指标数据，可以得出 3 款产品在不同场景中的行驶效率，见表 13-6。

表 13-6　行驶效率的测评结果

评价指标	车型 A	车型 B	车型 C
行驶用时 -100km 高速公路	68.3min	72.5min	70.1min
行驶用时 - 泊入垂直标线车位	44.8s	36.2s	41.8s

（续）

评价指标	车型 A	车型 B	车型 C
车速范围 - 车道内行驶	[30, 150] km/h	[30, 120] km/h	[30, 130] km/h
车速范围 - 指令变道最低要求	0	30km/h	30km/h
车速范围 - 识别车位	[0, 21] km/h	[0, 24] km/h	[0, 21] km/h
车速范围 - 泊车	[1, 3] km/h	2km/h	[1, 3] km/h
跟随时距范围	1~7 级，7 级太远	1~5 级，5 级太远	1~5 级，5 级太远
跟停距离	4m~5.5m	2m~3m	2m~3m
自动起停时长	5min	90s	5min
超速时自动控速时机	<1s	<1s	<1s
弯道减速策略	减速幅度低	减速幅度合理	减速幅度合理
默认车道	最左侧	最左侧	最左侧
道路曲率范围	最小曲率半径 <150m	最小曲率半径 <150m	最小曲率半径 <150m
纵向极限距离	TTC>1s	TTC>1s	TTC>1s
车速变化策略 - 指令变道	前方无车匀速，前方有车减速	前方无车匀速，前方有车减速	前方无车匀速，前方有车减速
车速变化策略 - 自主变道	加速	加速	加速
车速差值	>0	≥ 15km/h	≥ 10km/h
优先车道	无	无	左
有效变道率	85%	82%	88%
进入匝道的减速策略	提前 800m 减速至匝道限速	提前 500m 减速至 80km/h，匝道内减速至限速	提前 500m 减速至匝道限速
汇入主路的加速策略	不加速	立即加速至主路限速	立即加速至主路限速
会车策略	—	—	—
揉库次数	3.3	0.9	1.7
避障策略	紧急制动，提示接管	紧急制动，提示接管	紧急制动，提示接管
避障成功率	50%	70%	70%

可以看出，3 款产品的行驶用时接近，但存在一定差异。我们通过 3 款产品分别以 H-NOA 功能通行一段 100km 高速公路的用时，来评价 3 款产品在行车场景中的行驶效

率，结果表明，3 款产品的行驶用时相差不大，都在 70min 左右，接近人工驾驶在高速公路中的通行效率。通过 3 款产品分别泊入 200 次垂直标线车位（最常见的车位类型且 3 款产品都能识别）的平均用时，来评价 3 款产品在泊车场景中的行驶效率，结果表明，3 款产品的自动泊车平均用时都小于 1min，已经达到了人工泊车的水平，其中车型 B 的平均用时最短（36.2s），甚至超过人工泊车的效率。

3 款产品在行车场景中的车速范围存在差别。车道内行驶场景的可设定车速范围，车型 A 的车速上限值 150km/h，高于车型 B 的 120km/h 和车型 C 的 130km/h，行驶效率更高；对于指令变道的最低车速，车型 A 要求的最低车速值是 0，低于车型 B 和车型 C 的最低车速值 30km/h，更容易激活指令变道功能，提高行驶效率。

3 款产品在泊车场景中的车速范围基本一致。识别车位的车速范围，车型 A 和车型 C 都是 [0, 21] km/h，最高车速略低于车型 B 的 24km/h，但差别很小；泊入与泊出车位的车速，车型 A 和车型 C 都是 [1, 3] km/h，车型 B 是 2km/h，差别也很小。

车道内行驶场景中，3 款产品的跟随时距范围分级有所不同，但当 3 款产品的跟随时距为最远时，可以主观感受到距离前方目标物太远，非常容易被加塞，导致行驶效率降低，通常需要将跟随时距设置到次远等级以下，即车型 A 设置到 6 级以下，车型 B 和车型 C 设置到 4 级以下。3 款产品的跟停距离也有所不同，车型 A 的跟停距离较远，容易被加塞，车型 B 和车型 C 的跟停距离更加合理。3 款产品的自动起停时长都达到 90s 以上，可以在长时间跟停前车后，自动起步，不容易被加塞，提高了行驶效率。检测到自车超速时，3 款产品都会在 1s 内减速，虽然保证了安全性，但会降低行驶效率。通过弯道时，车型 A 的减速幅度低，能保持高速过弯，行驶效率高于车型 B 和车型 C。在 H-NOA 功能激活时，3 款产品都选择最左侧车道作为默认车道，行驶效率高。

变道场景中，3 款产品自动变道时对道路曲率范围的要求都不高，允许变道的最小曲率半径，都小于 150m，可以在大部分常见的弯道中自动变道。3 款产品自动变道时的纵向极限距离都是 TTC 大于 1s，只要目标车道内没有距离过近的物体，都可以实现自动变道，保证行驶效率。用户发起变道指令时，3 款产品都会根据目标车道前方的路况，匀速或减速变道，行驶效率接近；系统自主发起变道指令时，3 款产品都能加速变道。3 款产品能够触发自主变道的车速差值不同，车型 A 只要自车速度低于前车速度，就会主动发起变道，能够尽可能地保持车速不降低；车型 B 和车型 C 只有当自车速度低于前车速度达到一定阈值时，才会发起变道，行驶效率低于车型 A。不过，系统发起自主变道的影响因素较多，尤其容易受到路况的限制，因此触发自主变道的车速差值存在误差，只能作为参考。3 款产品自主变道时的优先车道也有差别，车型 A 和车型 B 能够根据实时的交通流情况，选择向左或向右变道，车型 C 会默认优先向左变道，车型 A 和车型 B 的优先车道选择方案，更能提高行驶效率，因为有时左侧车道的交通流效率，可能会低于右侧车道。3 款产品的有效变道率相差不大，都在 80% ~ 90% 之间，车型 C 表现稍好一些。

从主路进入匝道时，车型 B 提前 500m 开始减速，减速时机晚于车型 A，进入匝道时的车速为 80km/h，高于车型 A 和车型 C（匝道限速值通常不超过 60km/h），因此车型 B 的行驶效率略高于车型 A 和车型 C，但相差不大。离开匝道汇入主路时，由于车型 A 不能主动加速，需等待用户手动调节目标车速，增加了等待的时间和用户设置的时间，而车型 B 和车型 C 可以立即加速至主路限速值，因此车型 B 和车型 C 的行驶效率更高。

通过 3 款产品分别泊入 200 次垂直标线车位的平均揉库次数，可以发现揉库次数与泊入车位的用时正相关，车型 B 的平均揉库次数最少，用时最短，车型 A 的平均揉库次数最多，用时最长。不过，3 款产品的平均揉库次数都不超过 4 次，可以认为达到了人工泊车的水平。

在应对风险场景时，3 款产品都通过紧急制动的方式避障，容易造成频繁地停车，并需等待用户接管，降低了行驶效率。并且，3 款产品避障的成功率都不高，经常需要用户介入处理，甚至发生碰撞，更加影响行驶效率。

根据以上测评结果，在行车场景中，车型 A 的通行效率略高于车型 B 和车型 C，不过差距不大；在泊车场景中，车型 B 泊车效率最高，车型 A 的泊车效果最低，但都能达到人工泊车的水平。另外，3 款产品对风险场景的应对不足，会极大降低行驶效率。

13.1.7　专项测评

除了环境感知能力、智能化程度、安全性、可靠性、舒适性、行驶效率等 6 个评价维度外，对于用户或开发者所特别关注的内容，如 3 款产品在某些特定场景中的产品表现等，可以有针对性地开展专项测评，深入地研究产品在特定场景中的行驶效果。

以车道线的要素变量场景为例，我们通过车道线不同状态的直道场景中，3 款产品所表现出的车道居中度来评价车道线的状态变化对车道居中度的影响，测评结果见表 13-7。可以看出，在直道场景中，以车道线清晰完整时的车道居中度为基准，当车道线模糊和短暂缺失时，3 款产品都能识别并拟合出车道线，保持基准的车道居中度；当车道线长期缺失时，3 款产品的系统都会退出横向控制，此时车道居中度不受控，需用户接管横向控制；当同时存在新、旧车道线时，3 款产品都会受到干扰，识别到的车道线会发生跳变，引起车道居中度跳变，即无法稳定地按单一的车道线保持居中度；当发生车道分流或合流时，车道线会一分二或二合一，此时如果车速较低（40km/h 以下），系统能够控制车辆平稳地过渡到新车道，保持基准的车道居中度，如果车速较高（超过 40km/h），则系统难以保持基准的车道居中度，会出现大幅度偏离甚至压线的现象，有时也会在车道中横向晃动，表现出"画龙"的行驶轨迹。

表 13-7　车道居中度受车道线影响的测评结果

测评场景	车道居中度 - 直道		
	车型 A	车型 B	车型 C
车道线清晰完整	偏差 <20cm	偏差 <20cm	偏差 <10cm
车道线模糊	偏差 <20cm	偏差 <20cm	偏差 <10cm
车道线短暂缺失	偏差 <20cm	偏差 <20cm	偏差 <10cm
车道线长期缺失	功能退出，不受控	功能退出，不受控	功能退出，不受控
车道线新旧重叠	居中度跳变	居中度跳变	居中度跳变
车道线一分二	低速偏差 <10cm，高速会压线	低速偏差 <10cm，高速会压线	低速偏差 <10cm，高速会压线
车道线二合一	低速偏差 <10cm，高速会压线	低速偏差 <10cm，高速会压线	低速偏差 <10cm，高速会压线

此外，对于 3 款产品中某款产品所特有的功能，如记忆泊车、智能召唤等，虽然无法进行横向对比，但是可以单独针对该功能，制定测评方案，评价其能够达到的效果。

13.2　交互效果测评

在测评 3 款智驾产品行驶效果的同时，本节分别从交互方式与途径、交互内容与风格、用户信任度等 3 个维度，综合评价 3 款产品的人机交互效果。

13.2.1　交互方式与途径测评

通过各项智驾功能涉及的显示与提示方式以及用户能够操作的方式，可以记录并汇总 3 款产品所包含的人机交互方式与途径，见表 13-8。

表 13-8　交互方式与途径的测评结果

交互方式	交互途径	车型 A	车型 B	车型 C
视觉	数字仪表	×	√	√
	中控屏	√	√	√
	抬头显示 HUD	×	×	√
	车内氛围灯	×	√	×
	车外交互灯	√	√	√
听觉	电子提示音	√	√	√
	车载语音助手	×	√	√
触觉	屏幕触控	√	√	√
	物理开关	√	√	√
	方向盘	√	√	√
	座椅	×	×	×
	安全带	×	√	×
体感	手势	×	×	×

中控屏作为主要的视觉交互途径，3 款产品无一例外地将智驾相关的信息显示在中控屏上，车型 B 和车型 C 将仪表与中控屏结合，共同提供车辆状态、场景重构、地图导航等重要信息，而车型 A 则只有一块中控屏，没有仪表。另外，车型 C 还通过 HUD 显示简化的关键行驶信息。车型 B 将车内氛围灯用于开门预警功能，当用户打开车门侧存在危险源时，车门对应侧的氛围灯会闪烁。3 款产品都有车外灯光交互，主要是变道时亮起转向灯，以及自动制动时亮起制动灯。

听觉交互方式中，3 款产品都采用电子提示音，告知用户车辆状态变化和危险场景，并且在不同状态和场景中，电子提示音的频率与强度都不同，通常危险程度越高，提示音越急促、强烈。车载语音助手作为智能化水平较高的交互途径，在车型 B 和车型 C 上被采用，能通过实时语音对话，告知用户当前的场景状态，并接受用户通过语音发出的指令，而车型 A 没有语音交互。

触觉交互方式中，3 款产品都提供了物理开关和屏幕触控即虚拟开关，让用户可以设置智驾功能，如图 13-2 所示。当车辆偏离车道触发预警时，3 款产品都有方向盘振动的触觉交互途径，给予用户提示。3 款产品都没有座椅振动的交互途径。

车型A　　　　　　　车型B　　　　　　　车型C

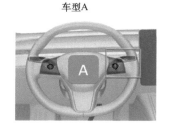

a) 物理开关

车型A　　　　　　　车型B　　　　　　　车型C

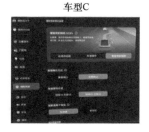

b) 虚拟开关

图 13-2　3 款产品的物理开关与虚拟开关

手势等体感交互方式以及其他多模交互方式，在 3 款产品中都没有应用。

根据以上分析，可以得出结论：3 款产品都涉及视觉、听觉与触觉等 3 类主要的人机交互方式。在主要的 13 种人机交互途径中，车型 A 采用了 6 种，车型 B 采用了 10 种，车型 C 采用了 9 种，可见车型 B 和车型 C 的交互途径更加多样化，尤其是显示与提示的途径更丰富，效果更好。

13.2.2　交互内容与风格测评

由于行车场景和泊车场景存在较大差异，通常智驾产品在运行行车功能和泊车功能时，其 TSI 界面也完全不同。因此分别在行车场景和泊车场景中测评 3 款产品的交互内容，并根据交互途径和交互内容，综合评价 3 款产品的交互风格。

1. 行车场景的交互内容

行车场景对应的行车功能种类多，会包含丰富多样的人机交互内容，见表 13-9。3 款产品的各项行车功能所包含的交互内容如下：

表 13-9　行车场景交互内容的测评结果

交互内容		车型 A	车型 B	车型 C
信息显示	车辆状态 - 功能参数	目标车速、跟随时距	目标车速、跟随时距	目标车速、跟随时距

（续）

交互内容		车型 A	车型 B	车型 C
信息显示	车辆状态 - 功能图标	ACC、ISA、LCC、H-NOA	ACC、ISA、LCC、H-NOA	ACC、ISA、LCC、H-NOA
	车辆状态 - 功能激活效果	ACC、LCC、ILC、H-NOA	ACC、LCC、ILC、H-NOA	ACC、LCC、ILC、H-NOA
	交通环境 - 车道信息	车道线 - 分虚实	车道线 - 分虚实	车道线 - 分虚实
	交通环境 - 道路限速信息	限速标志效果	限速标志效果	限速标志效果
	交通环境 - 机动车	轿车、SUV、MPV、大客车、货车	轿车、SUV、MPV、大客车、货车	轿车、SUV、MPV、大客车、货车
	交通环境 - 非机动车	电瓶车、自行车、摩托车	电瓶车、自行车、三轮车	电瓶车、自行车、三轮车
	交通环境 - 行人	成年人	成年人	成年人
	交通环境 - 障碍物	锥桶、栏杆	锥桶、栏杆	锥桶、栏杆
	交通环境 - 导航信息	文言 + 全局路径	文言 + 全局路径 + 实时局部轨迹	文言 + 全局路径 + 实时局部轨迹
	用户状态	无	无	无
状态提示	功能状态变化	功能激活 / 退出 / 降级	功能激活 / 退出 / 降级	功能激活 / 退出 / 降级
	危险场景	危险源红色高亮显示	危险源红色高亮显示	危险源红色高亮显示
	用户状态异常	脱手提示	脱手提示、分心提示、疲劳提示	脱手提示、分心提示、疲劳提示
功能设置	开关	功能开关：物理 + 虚拟	功能开关：物理 + 虚拟	功能开关：物理 + 虚拟
	参数	目标车速、跟随时距	目标车速、跟随时距	目标车速、跟随时距
人工介入	用户干预	加速踏板 + 制动踏板 + 方向盘	加速踏板 + 制动踏板 + 方向盘	加速踏板 + 制动踏板 + 方向盘
	用户接管	加速踏板 + 制动踏板 + 方向盘	加速踏板 + 制动踏板 + 方向盘	加速踏板 + 制动踏板 + 方向盘

1）信息显示 - 车辆状态：3 款产品都会在屏幕中显示与行车功能相关的车辆状态，包括功能设置的参数、功能特有的图标以及特有的显示效果等，并且 3 款产品的显示方案相似。功能参数主要是目标车速和跟随时距，功能图标主要是ACC、ISA、LCC、H-NOA 的专属图标，功能显示效果主要是 ACC、LCC、ILC、H-NOA 的特殊动画与渲染效果，如图 13-3 所示。

图 13-3　3 款产品的行车功能显示效果

2）信息显示 - 交通环境：交通环境的信息显示（即虚拟场景重构的内容）是占比最多、最能体现交互风格与能力的部分。3 款产品显示的交通场景要素主要包括车道信息、道路限速、不同类型的交通参与者、障碍物等，另外导航信息也属于广义的交通环境信息。车道信息和道路限速信息可以参考图 13-3，3 款产品显示的车道线效果，都能够区分虚线与实线；道路限速信息在 3 款产品中都是统一的显示效果，即道路限速标志牌的效果。3 款产品都能显示常见的交通参与者，包括机动车、非机动车与行人：显示机动车时，3 款产品都能区分显示轿车、SUV、MPV、大客车与货车；显示非机动车时，3 款产品都能区分显示电瓶车与自行车，车型 A 还能显示摩托车，车型 B 和车型 C 则可以显示三轮车；显示行人时，3 款产品都只能显示成年人的效果。3 款产品能够显示的障碍物种类有限，主要是常见的锥桶和栏杆。当用户使用导航时，3 款都会实时显示导航信息，不过车型 A 只能显示文字的导航信息与全局导航路径，车型 B 和车型 C 除文字和全局路径外，还能显示当前的实时局部轨迹，导航信息更丰富、完整。

3）信息显示 - 用户状态：用户状态正常时，3 款产品都不显示相关信息。

4）状态提示 - 功能状态变化：3 款产品都可以在行车功能的状态发生变化时，通过文字、声音等方式，提示用户功能发生激活、退出或降级等变化。

5）状态提示 - 危险场景：3 款产品都可以在遇到碰撞风险时，通过在 TSI 界面中红色高亮显示危险源的方式向用户发出提示；当危险程度高时，还会伴随高频的电子提示音。

6）状态提示 - 用户状态异常：当检测到用户脱手时，3 款产品都通过文字、图标或动画等方式提示用户，并伴随电子提示音。车型 B 和车型 C 都配置有 DMS，可以实时监测用户的疲劳与分心状态，当检测到异常时，发出提示。

7）功能设置 - 开关：3 款产品都有物理开关和虚拟开关，实现各项行车功能的开启与关闭；对于 ACC、LCC、H-NOA 等功能的开关，车型 A 和车型 B 通过方向盘右侧的拨杆实现，车型 C 通过方向盘左侧的按键实现（可在中控屏切换方向盘按键所激活的功能：ACC/LCC/NOA），详见图 13-2；对于 ISA 和 ILC 功能，3 款产品都通过屏幕中的虚拟开关控制。

8）功能设置 - 参数：行车功能的参数主要是车道内行驶时的目标车速与跟随时距，3 款产品都通过物理开关来设置，详见图 13-2。其中，车型 A 通过方向盘右侧的滚轮来调节，车型 B 和车型 C 通过方向盘左侧的按键来调节。

9）人工介入 - 用户干预：对于 3 款产品，用户都有多种方式干预智驾系统对车辆的控制，从而令功能退出或暂停。用户踩下加速踏板时，3 款产品的表现相同，车辆都将加速行驶，不再受智驾系统控制。用户踩下制动踏板时，3 款产品的智驾系统将完全退出，将车辆交由用户控制。用户转动方向盘时，3 款产品将保留纵向控制功能，退出横向控制功能，不过车型 B 和车型 C 可以在用户停止干预后，自动恢复横向控制。

10）人工介入 - 用户接管：当遇到危险场景或异常状况时，3 款产品都会提示用户接管，用户接管的方式相同，都是通过加速踏板、制动踏板与方向盘接管车辆，进入人工驾驶状态。

根据以上分析可以发现：3 款产品在行车场景中的交互内容相似，尤其是车辆功能状态和交通环境的显示内容与效果，存在较高的相似度；只有少数细节存在细微差异，如显示的非机动车类型等，但整体的交互内容可以认为是基本一致的。

2. 泊车场景的交互内容

APA 作为 3 款产品都具有的 L2 级功能，包含了 PDC、AVM 等功能，同时也是典型的泊车功能，其涉及的交互内容是泊车场景中关注的重点。APA 涉及的交互内容主要集中在车辆的泊车状态与泊车环境信息的显示，场景、状态变化和异常的提示以及用户对泊车功能的控制等方面，见表 13-10。

表 13-10　泊车场景交互内容的测评结果

	交互内容	车型 A	车型 B	车型 C
信息显示	车辆状态 - 功能状态	识别车位、泊入车位	识别车位、泊入车位、泊出车位	识别车位、泊入车位
	车辆状态 - 行驶状态	轨迹线	档位 + 继续行驶距离 + 轨迹线	档位 + 继续行驶距离 + 轨迹线
	交通环境 - 实时影像	行驶方向影像 + 左右侧视影像	行驶方向影像 + 俯视图	行驶方向影像 + 俯视图
	交通环境 - 可用车位	图标 "P"	字符 "P" + 蓝色口形边界线 / 数字编号 + 蓝色口形边界线	字符 "P" + 白色口形边界线 / 数字编号 + 白色口形边界线 + 灰色渲染
	交通环境 - 不可用车位	不显示	灰色 / 白色口形边界线	灰色渲染
	交通环境 - 目标车位	图标 "P" + 蓝色 U 形边界线 + 白色渲染	心形图标 "√" + 蓝色口形边界线 / 蓝色 U 形边界线	数字编号 + 绿色口形边界线 + 绿色渲染 / 绿色 U 形边界线 + 灰色渲染
	交通环境 - 静止车辆	灰色	灰色	灰色
	交通环境 - 参照物	不显示	灰色	不显示
	用户状态	无	无	无
状态提示	功能状态变化	功能激活 / 退出 / 暂停	功能激活 / 退出 / 暂停	功能激活 / 退出 / 暂停
	危险场景	不同颜色圆弧线 + 提示音	不同颜色圆弧线 + 提示音	不同颜色圆弧线 + 提示音
	用户状态异常	无	无	无
功能设置	开关	无，自动开启	虚拟开关 + 语音唤醒	虚拟开关 + 语音唤醒
	指令	虚拟按键	虚拟按键	虚拟按键
人工介入	用户干预	加速踏板 + 制动踏板 + 方向盘	加速踏板 + 制动踏板 + 方向盘	加速踏板 + 制动踏板 + 方向盘
	用户接管	加速踏板 + 制动踏板 + 方向盘	加速踏板 + 制动踏板 + 方向盘	加速踏板 + 制动踏板 + 方向盘

1）信息显示 - 车辆状态：自动泊车时显示的车辆状态，包括泊车的功能状态和车辆行驶状态。其中，功能状态主要以文字的方式显示，车型 A 和车型 C 的功能状态包含识

别车位和泊入车位，车型 B 的功能状态包含识别车位、泊入车位和泊出车位。车辆行驶状态是系统控制车辆行驶的状态，车型 A 只显示车辆行驶的轨迹线，车型 B 和车型 C 同时显示车辆的档位、泊车过程需继续行驶的距离和行驶轨迹线等信息。

2）信息显示 - 交通环境：泊车场景的交通环境主要与停车位相关。3 款产品都会显示行驶方向（前进或后退）的场景画面，车型 B 和车型 C 还能显示俯视图的画面，而车型 A 只能再显示车辆左侧和右侧的画面。

识别到可用车位时，车型 A 会显示图标"P"告知用户有可用车位，车型 B 通过字符"P"+ 蓝色口型边界线的方式显示可用车位，车型 C 通过字符"P"+ 蓝色口型边界线的方式显示可用车位；当用户刹停车辆准备泊入车位时，车型 B 和车型 C 显示的字符"P"，会变成数字编号，通过数字按顺序显示可用车位，并且车型 C 还有灰色的车位渲染效果；车型 B 最多可同时显示 6 个可用车位，车型 C 最多可同时显示 8 个可用车位。对于不可用车位，车型 A 不特别显示，车型 B 根据 TSI 界面背景色的不同，通过深灰色（TSI 背景浅灰色）或白色（TSI 背景黑色）口形边界线的方式显示，车型 C 会有灰色的车位渲染效果。

用户选定目标车位，车型 A 会继续用图标"P"表示目标车位，并增加蓝色 U 形边界线和白色渲染效果（TSI 背景灰色），车型 B 通过心形图标"√"和蓝色口型边界线表示目标车位，车型 C 保留绿色数字编号，同时用绿色口形边界线和绿色渲染效果表示目标车位；车辆泊车过程中，车型 A 的目标车位显示效果保持不变，车型 B 通过蓝色 U 形边界线表示目标车位，车型 C 通过绿色 U 形边界线和灰色渲染效果表示目标车位。

对于其他车位上停放的车辆，3 款产品都会将其显示出来并渲染成灰色。对于泊车场景的立柱等参照物，车型 A 和车型 C 都不显示，车型 B 将其渲染成灰色显示。

3 款产品在泊车场景中的车辆状态和交通环境显示效果如图 13-4 所示。

3）信息显示 - 用户状态：用户状态正常时，3 款产品都不显示相关信息。

4）状态提示 - 功能状态变化：当自动泊车的功能状态发生变化时，3 款产品都会通过文字、声音等方式，提示用户功能发生变化；与行车功能不同的是，自动泊车的功能状态除激活与退出外，还有暂停状态，不存在降级。

5）状态提示 - 危险场景：当遇到碰撞风险时，3 款产品都会显示障碍物与自车的距离，并根据远近程度，在屏幕中以不同颜色的圆弧线提示不同程度的碰撞风险，同时发出不同频率的电子提示音。其中车型 A 以灰色表示碰撞风险小，黄色表示碰撞风险中等，红色表示碰撞风险大；车型 B 和车型 C 都以白色表示碰撞风险小，黄色表示碰撞风险中等，红色表示碰撞风险大。

6）状态提示 - 用户状态异常：由于泊车场景属于低速场景，安全程度相对较高，并且需用户脱手，因此对于用户的脱手、疲劳、分心等状态，3 款产品均不做提示。

7）功能设置 - 开关：自动泊车功能没有物理开关，车型 A 低速行驶时，车辆自动开始识别周围可用的停车位，无须用户手动开启；车型 B 和车型 C 需用户通过虚拟开关开启自动泊车，或通过语音唤醒。

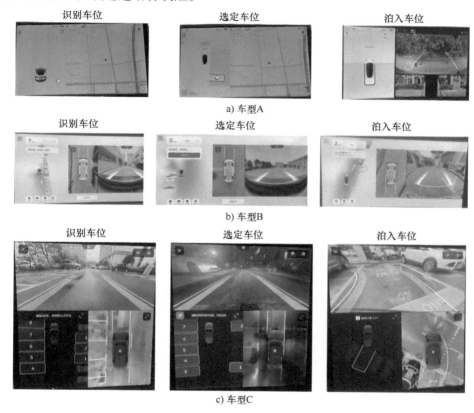

图 13-4　3 款产品的泊车功能显示效果

8）功能设置 - 指令：指令是一种广义上的开关，自动泊车功能运行时，经常需用户通过指令确认车辆的下一步工作，如确认目标车位、功能暂停后恢复泊车等。3 款车型都通过在屏幕中弹出虚拟按键的方式，供用户发出指令。

9）人工介入 - 用户干预：泊车场景中用户对智驾系统的干预，也是通过加速踏板、制动踏板和方向盘。当用户干预横向控制或纵向控制时，3 款产品的自动泊车功能会暂停退出，车辆交由用户控制。

10）人工介入 - 用户接管：当遇到危险场景或异常状况时，3 款产品都会提示用户接管，用户接管的方式相同，都是通过加速踏板、制动踏板与方向盘接管车辆，进入人工泊车状态。

根据以上分析可以发现：3 款产品在泊车场景中的交互内容存在差异，尤其是对交通环境的显示，3 款产品呈现出不同的内容和效果，其中车型 B 和车型 C 显示的内容丰富、信息全面，车型 A 显示的内容较少且效果偏简单。

3. 交互风格

综合比较 3 款产品在行车场景和泊车场景中的交互途径、交互内容以及 TSI 界面显示的效果，可以从主观层面认为：车型 A 的人机交互风格最为简洁，但信息显示的全面性有所欠缺；车型 B 和车型 C 的信息显示更全面，但屏幕显示的画面稍显杂乱，硬件开关偏传统，整体界面的简洁度有待提高。

13.2.3 用户信任度测评

用户信任度是完全主观层面的评价，根据测评过程中的主观感受，从安全感、舒适感、便捷感、准确度、实时度、流畅度等方面，分别评价用户对 3 款产品的信任程度，测评结果见表 13-11。

表 13-11   用户信任度的测评结果

信任度指标	车型 A	车型 B	车型 C
安全感	低	高	高
舒适感	中	高	高
便捷感	高	高	高
准确度	高	高	高
实时度	高	中	中
流畅度	高	高	高
整体信任度	中	高	高

在安全感方面，由于车型 A 让用户感受到的整体行驶风格偏激进，并且不能提供足够的信息，有时会出现用户对车辆状态了解不清楚的情况，因此车型 A 带给用户的安全感偏低，而车型 B 和车型 C 则可以给用户带来高安全感。在舒适感方面，车型 A 同样由于激进的行驶风格，会造成驾驶习惯保守的用户感到不舒适，车型 B 和车型 C 带给用户的舒适感则较高。在便捷感和准确度方面，3 款产品都能让用户满意，提供方便快捷、准确无误的交互效果。在实时度方面，车型 B 和车型 C 的表现不如车型 A，尤其车型 C 在泊车场景中，经常出现车辆开始移动 1~2s 后才发出语音提示，用户能感受到明显的延时，主观体验不佳。在流畅度方面，3 款产品都能提供流畅的交互效果，没有明显的停顿或卡滞。

综合来看，用户对车型 A 的整体信任度不足，只能达到中等水平；车型 B 和车型 C 能够让用户满意，信任度高。

13.3　测评结论

根据上述对 3 款产品的行驶效果和交互效果，在不同维度的测评结果，可以得出对 3 款产品的综合评价，并按 10 分制评分，结果见表 13-12。可以看出，车型 A 的行驶效果与交互效果都有较大的提升空间，尤其是交互效果的表现难以让用户满意；车型 B 与车型 C 的表现相差不大，车型 B 的行驶效果略优于车型 C。

从整体来看，3 款产品都能满足基本的要求，达到及格线以上，但都有待加强，补足各维度的短板，才能不断迭代，进化成真正让用户惊喜的智驾产品。

需要说明的是，本章对 3 款产品的测评结果，难免存在一定的主观性和偶然性，尤其是涉及主观体验的指标，另外，由于车型 OTA 的原因，少数指标的测评结果可能会有更新，但整体而言，95% 以上的测评结果都是准确无误的。

表 13-12　3 款产品的综合评分结果

评价维度	车型 A	车型 B	车型 C
行驶效果	**7**	**8**	7.7
环境感知能力	8	8	8
智能化程度	7	8	6
安全性	7	8	8
可靠性	6	8	8
舒适性	6	7	7
行驶效率	8	9	9
交互效果	**6.7**	**8.3**	**8.3**
交互方式与途径	5	8	8
交互内容与风格	7	8	8
用户信任度	8	9	9
整体评价[①]	**6.9**	**8**	**7.9**

① 对 3 款产品的整体评分，是根据行驶效果与交互效果的得分加权计算的结果，权重系数的依据是行驶效果与交互效果对智能驾驶整体表现的贡献程度，以及目前行业内的关注焦点：整体评价得分 = 0.7 × 行驶效果得分 + 0.3 × 交互效果得分。

附　录

附录 A　SAE 分级标准

　　SAE 分级标准是国际自动机工程师学会（Society of Automotive Engineers，SAE）在 2014 年发布的一项智能驾驶的智能化程度分级标准，该标准的编号是 J3016，所以也称为 SAE J 3016 标准。SAE J3016 标准依据智能化程度，把智能驾驶划分成 6 个等级，从 L0 到 L5，表示自动驾驶的等级逐渐提升。SAE J3016 标准是目前行业内广泛应用的标准，其对于 L0 到 L5 的定义，具有权威性和普遍适用性。在 2014 年首次发布后，SAE 又陆续在 2016 年、2018 年和 2021 年对 J3016 标准进行了更新，目前对智能驾驶的最新分级标准如图 A-1 所示。

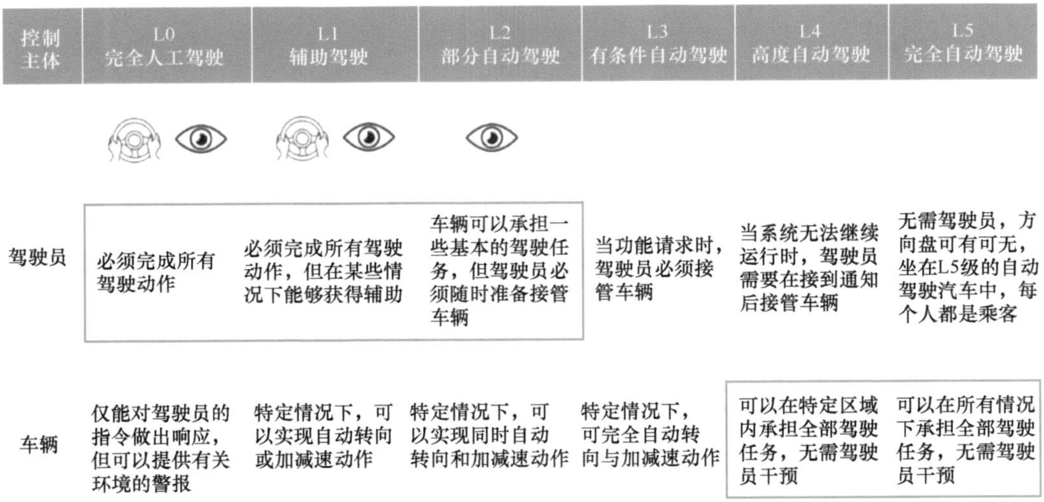

控制主体	L0 完全人工驾驶	L1 辅助驾驶	L2 部分自动驾驶	L3 有条件自动驾驶	L4 高度自动驾驶	L5 完全自动驾驶
驾驶员	必须完成所有驾驶动作	必须完成所有驾驶动作，但在某些情况下能够获得辅助	车辆可以承担一些基本的驾驶任务，但驾驶员必须随时准备接管车辆	当功能请求时，驾驶员必须接管车辆	当系统无法继续运行时，驾驶员需要在接到通知后接管车辆	无需驾驶员，方向盘可有可无，坐在L5级的自动驾驶汽车中，每个人都是乘客
车辆	仅能对驾驶员的指令做出响应，但可以提供有关环境的警报	特定情况下，可以实现自动转向或加减速动作	特定情况下，可以实现同时自动转向和加减速动作	特定情况下，可完全自动转向与加减速动作	可以在特定区域内承担全部驾驶任务，无需驾驶员干预	可以在所有情况下承担全部驾驶任务，无需驾驶员干预

图 A-1　智能驾驶的 SAE 分级标准

　　L0~L2 级别的智驾系统属于"先进驾驶辅助系统"（Advanced Driver Assistance System，ADAS），而 L3~L5 级别的智驾系统属于"自动驾驶系统"（Autonomous

Driving System，ADS）。

L0 级是完全人工驾驶，即完全没有智能驾驶，车辆完全需要驾驶员来操控，智驾系统本身可以提供一些危险状况时的警报信号或瞬时紧急协助，但是它不会主动进行持续的横向或纵向的控制。

L1 级属于辅助驾驶，智驾系统可以辅助驾驶员提供一定的持续主动控制。但是，L1 级系统只能在同一时间，提供横向或者纵向某一个方向的辅助控制，比如单独的转向或者单独的加速、减速，因此驾驶员仍需要控制另一个方向的车辆运动，即操控加速、制动踏板或方向盘。

L2 级属于部分自动驾驶，智驾系统可以同时提供持续的横向和纵向的联动控制，而不需要驾驶员进行任何操控。驾驶员可以解放双手、双脚，但必须时刻保持对周围环境的关注，随时准备主动接管车辆，因此 L2 级仍属于辅助驾驶。

L3 级属于有条件的自动驾驶，此时驾驶员不仅可以放开双手、双脚，把驾驶任务交给智驾系统，还可以解放双眼，把注意力从驾驶转移到其他事情上。但是，当系统发出请求接管的信号时，驾驶员必须能立刻接管车辆。因此，驾驶员需要保持能随时接管车辆的状态，不能过度放松。

L4 和 L5 级别属于高级别的智能驾驶，驾驶员不再需要关注任何与驾驶有关的事情，包括操纵车辆和观察环境，此时驾驶员其实已经成为乘客。其中 L4 级是在特定区域内实现自动驾驶，在特定区域外，仍需要驾驶员接管车辆；L5 在任何区域都可以自动驾驶，称为完全自动驾驶，是真正意义上的自动驾驶。不过，受限于当前的技术水平和法规政策，L4 和 L5 的大规模量产落地，距离我们还很遥远。目前在一些特定路段和封闭区域，已有 L4 级别的智能驾驶出现，比如北京、上海、广州等城市的无人驾驶示范区内的自动驾驶出租车（Robotaxi）和自动驾驶小巴车（Robobus），以及一些港口和园区里的无人运输车等。

在讨论智能驾驶的等级时，有一个问题需要明确，那就是安全责任问题。在 L0、L1 和 L2 级别，驾驶员承担着驾驶任务，智驾系统仅起辅助作用，因此毋庸置疑，驾驶员需要对车辆的行驶安全承担全部的责任。到了 L4 和 L5 级别，驾驶任务由智驾系统完成，在智驾系统可用的区域内，驾驶员可有可无，安全责任理所应当地由系统来承担。但是，对于 L3 级别的智能驾驶来说，安全责任很难划分，很难界定安全责任属于驾驶员还是智驾系统，更进一步说，是属于用户还是车企。因为 L3 级别的定义是智驾系统在控制车辆完成驾驶行为，同时又要求用户能够随时接管车辆，那么，一旦发生事故，是由于系统的不合理控制导致，还是由于用户没能及时接管导致呢？这是很难判定的。站在用户的角度，既然系统在控制车辆，那么事故当然应该车企负责；而站在车企的角度，虽然是系统在控制车辆，但是驾驶员有随时接管车辆的责任，所以用户也应该对事故负责。

基于这一矛盾，现在很多车企以及智能驾驶的开发者，即使其技术水平已经达到 L3 级，也很少宣传自家的智能驾驶属于 L3 级别。因此市场上出现了诸如 L2+、L2++、L2.5、L2.9 之类的说法，原因就是相关的企业想要突显其智能化水平，但是又不想牵扯 L3 的责任问题。

附录 B　ODC 与 ODD

在开发智能驾驶时，需要明确智能驾驶适用的条件和范围，进而明确智能驾驶能够实现的效果以及局限性。运行设计条件（Operational Design Condition，ODC）和运行设计域（Operational Design Domain，ODD）正是用来描述智能驾驶正常运行的条件与范围的概念。

ODC 是在智驾系统设计时确定的、适用于其功能运行的各类条件的总称，包括设计运行范围、车辆状态、驾乘人员状态及其他必要条件。智能驾驶开发的第一步就是定义 ODC，即智能驾驶可以启动和安全执行动态行驶任务的条件。通过定义 ODC，能够明确智能驾驶的功能和局限性：在既定条件内，智驾系统可以安全启动和运行，在 ODC 范围外，智能驾驶则会存在风险。

ODD 又叫运行设计范围，是智驾系统设计时确定的、适用于其功能运行的外部环境条件，典型的外部环境条件包括道路、交通、天气、光照等。ODD 决定了智能驾驶功能所能满足的场景范围，比如适用于高速公路的智能驾驶，在高速公路场景中能够正常运行，但无法满足城区道路的场景。由于目前的智能驾驶还没有达到 L5 级别的完全自动驾驶水平，因此不能保证在任何天气条件下和任何道路环境中都可以正常使用，所以要提前设定好 ODD，通过限制行驶环境和行驶方法，杜绝因超出系统能力而导致的安全风险。

从上面的定义可以看出，ODD 是 ODC 的子集，ODD 更关注智能驾驶功能运行时所需要的外部环境，而 ODC 的核心是描述智能驾驶功能运行所需要的条件，除了外部环境 ODD 外，还涉及内部条件，包括车辆状态、驾乘人员状态以及其他必要条件等。

图 B-1 是全国标准化汽车技术委员会发布的《自动驾驶系统设计运行条件白皮书》中提出的 ODC 与 ODD 包含内容，可以作为参考。在实际的开发过程中，不同开发者对智能驾驶 ODC 和 ODD 的具体定义会存在一定的差别。

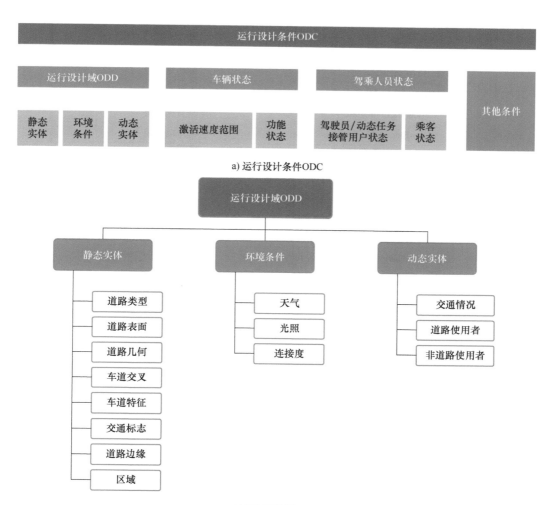

a) 运行设计条件ODC

b) 运行设计域ODD

图 B-1　ODC 与 ODD 包含内容

附录 C　缩写词汇总

表 C-1 汇总了本书出现的英文缩写词，并说明各缩写词的中英文全称。

表 C-1　缩写词汇总

缩写词	英文全称	中文全称
V2X	Vehicle to X（Everything）	车联万物
USS	Ultrasonar Sensor System	超声波雷达

（续）

缩写词	英文全称	中文全称
FOV	Field of View	视场角
H-FOV	Horizontal Field of View	水平视场角
V-FOV	Vertical Field of View	垂直视场角
MEMS	Micro-Electro-Mechanical-System	微机电系统
LRR	Long Range Radar	远程毫米波雷达
MRR	Middle Range Radar	中程毫米波雷达
SRR	Short Range Radar	短程毫米波雷达
UPAS	Ultrasonic Parking Assistant Sensor	超声波驻车辅助传感器
APAS	Automatic Parking Assistant Sensor	自动泊车辅助传感器
GNSS	Global Navigation Satellite System	全球导航卫星系统
INS	Inertial Navigation System	惯性导航系统
GPS	Global Positioning System	全球定位系统
BDS	BeiDou Navigation Satellite System	北斗卫星导航系统
IMU	Inertial Measurement Unit	惯性测量单元
EEA	Electrical/Electronic Architecture	电子电气架构
ECU	Electronic Control Unit	电子控制单元
ECM	Engine Control Module	发动机控制模块
TCM	Transmission Control Module	传动系统控制模块
BCM	Body Control Module	车身控制模块
CAN	Controller Area Network	控制器局域网
LIN	Local Interconnect Network	局部互联网络
DCU	Domain Control Unit	域控制器
CANFD	Controller Area Network with Flexible Data-rate	数据波特率可变的控制器局域网
VCC	Vehicle Central Computer	中央计算平台
ZCU	Zonal Control Unit	区域控制器
CPU	Central Processing Unit	中央处理器
SoC	System on Chip	系统级芯片
MCU	Micro Controller Unit	微控制单元
GPU	Graphics Processing Unit	图形处理器
ASIC	Application Specific Integrated Circuit	专用集成电路
DSP	Digital Signal Processing	数字信号处理器
NPU	Neural-network Processing Unit	神经网络处理器

（续）

缩写词	英文全称	中文全称
AI	Artificial Intelligence	人工智能
TOPS	Tera Operations Per Second	每秒一万亿次操作
FSD	Full Self Drive	完全自动驾驶
XBW	X-By-Wire	线控底盘
SBW	Steering-By-Wire	线控转向
BBW	Brake-By-Wire	线控制动
DBW	Drive-By-Wire	线控驱动
SBW	Shift-By-Wire	线控换档
HPS	Hydraulic Power Steering	机械液压助力转向系统
EHPS	Electric-Hydraulic Power Steering	电液助力转向系统
EPS	Electric Power Steering	电动助力转向系统
EHB	Electro-Hydraulic Brake	电子液压制动系统
EMB	Electro-Mechanical Brake	电子机械制动系统
HCU	Hydraulic Control Unit	液压力控制单元
ESC	Electronic Stability Controller	车身电子稳定控制系统
TBW	Throttle By Wire	线控油门
TCU	Transmission Control Unit	变速器控制单元
OS	Operating System	操作系统
SD-Map	Standard Definition Map	标精地图
HD-Map	High Definition Map	高精地图
RTOS	Real Time Operating System	实时操作系统
RAS	Reliability&Accessibility&Serviceability	可靠性、可用性、可服务性
AUTOSAR	Automotive Open System Architecture	汽车开放系统架构
ROS	Robot Operating System	机器人操作系统
DDS	Data Distribution Service	数据分发服务
OMG	Object Management Group	对象管理组织
API	Application Program Interface	应用程序接口
DCPS	Data-Centric Publish-Subscribe	以数据为中心的发布/订阅模型
QoS	Quality of Service	服务品质
MOT	Multiple Object Tracking	多目标跟踪
NN	Neural Networks	神经网络
R-CNN	Region-Convolutional Neural Networks	区域卷积神经网络

（续）

缩写词	英文全称	中文全称
YOLO	You Only Look Once	—
CNN	Region-Convolutional Neural Networks	卷积神经网络
R-FCN	Region-based Fully Convolutional Networks	基于区域的全卷积网络
BEV	Bird's Eye View	鸟瞰视角
OCC	Occupancy Network	占用网络
MSIF	Multi-Sensor Information Fusion	多传感器信息融合算法
VO	Visual Odometry	视觉里程计
SLAM	Simultaneous Localization and Mapping	同步定位与建图技术
VSLAM	Visual Simultaneous Localization and Mapping	视觉同步定位与建图技术
LSLAM	Lidar Simultaneous Localization and Mapping	激光同步定位与建图技术
PID	Proportional-Integral-Differential	比例 - 积分 - 微分
MPC	Model Predictive Control	模型预测控制
km/h	kilometers per hour	千米每小时
C-NCAP	China-New Car Assessment Programme	中国新车评价规程
i-VISTA	Intelligent Vehicle Integrated Systems Test Area	中国智能汽车指数管理办法
C-ICAP	China Intelligent-connected Car Assessment Programme	中国智能网联汽车技术规程
CCRT	China Car Consumer Research and Testing Programme	中国汽车消费者研究与评价规程
GB	Guo Biao	中华人民共和国国家标准
E-NCAP	The European New Car Assessment Programme	欧盟新车安全评鉴协会
ECE	Economic Commission of Europe	欧洲经济委员会
SAE	Society of Automotive Engineers	国际自动机工程师学会
FMVSS	Federal Motor Vehicle Safety Standards	联邦机动车安全标准
ISO	International Organization for Standardization	国际标准化组织
SOTIF	Safety of The Intended Functionality	预期功能安全
PAS	Publicly Available Specification	公共可用规范
NAIS	National Automobile Accident In-Depth Investigation System	国家车辆事故深度调查体系
SUV	Sport Utility Vehicle	运动型多用途车
MPV	Multi-Purpose Vehicles	多用途汽车
VIP	Very Important Person	贵宾
ODC	Operational Design Condition	设计运行条件

（续）

缩写词	英文全称	中文全称
ACC	Adaptive Cruise Control	自适应巡航
ISA	Intelligent Speed Assistance	智能限速辅助
LSS	Lane Support System	车道偏离辅助
LCC	Lane Centering Control	车道居中控制
LCW	Lane Changing Warning	变道预警
ILC	Intelligent Lane Change	智能变道
H-NOA	Highway Navigate on Autopilot	高速导航辅助驾驶
C-NOA	City Navigate on Autopilot	城市导航辅助驾驶
NOA	Navigate on Autopilot	导航辅助驾驶
PDC	Parking Distance Control	泊车雷达辅助
AVM	Around View Monitor	全景影像
APA	Auto Parking Assist	自动泊车
RPA	Remote Parking Assist	遥控泊车
HPA	Home-zone Parking Assist	记忆泊车
AVP	Automated Valet Parking	自主代客泊车
SS	Smart Summon	智能召唤
APP	Application	第三方应用程序
FCW	Front Collision Warning	前向碰撞预警
AEB	Autonomous Emergency Braking	自动紧急制动
AES	Autonomous Emergency Steering	自动紧急转向
FCTA	Front Crossing Traffic Alert	前方横穿预警
FCTB	Front Crossing Traffic Braking	前方横穿辅助制动
RCTA	Rear Crossing Traffic Alert	后方横穿预警
RCTB	Rear Crossing Traffic Braking	后方横穿辅助制动
RCW	Rear Collision Warning	后向碰撞预警
BSD	Blind Spot Detection	盲区监测
DOW	Door Open Warning	开门预警
TSR	Traffic Sign Recognition	交通标志识别
ISLI	Intelligent Speed Limit Information	智能限速提示
SAS	Speed Assist System	车速辅助
LDW	Lane Departure Warning	车道偏离预警
LKA	Lane Keeping Assist	车道保持辅助

（续）

缩写词	英文全称	中文全称
ELK	Emergency Lane Keeping	紧急车道保持
TJA	Traffic Jam Assist	交通拥堵辅助
ICA	Integrated Cruise Assist	智能巡航辅助
HWA	Highway Assist	高速驾驶辅助
NGP	Navigation Guided Pilot	导航辅助驾驶（小鹏）
NOP	Navigate on Pilot	导航辅助驾驶（蔚来）
VPA	Valet Parking Assist	停车场记忆泊车（小鹏）
CLC	Command Lane Change	指令变道
ALC	Auto Lane Change	自主变道
TTC	Time-to-Collision	碰撞时间
HMI	Human-Machine Interaction	人机交互
HUD	Head-Up Display	抬头显示
CD	Compact Disc	光盘
C-HUD	Combiner Head-Up Display	组合式抬头显示
W-HUD	Windshield Head-Up Display	直投挡风玻璃抬头显示
AR-HUD	Augmented Reality Head-Up Display	增强现实抬头显示
AR	Augmented Reality	增强现实
LED	Light Emitting Diode	发光二极管
PML	Programmable Matrix Lighting	可编程智能大灯
ISD	Intelligent Signal Display	智能交互灯组
CMS	Camera Monitor System	电子外后视镜
TSI	Traffic Status Indication	交通场景重构
DMS	Driver Monitoring System	驾驶员监测系统
VR	Virtual Reality	虚拟现实
UI	User Interface	用户界面
PRD	Product Requirement Document	产品需求文档
F-NOA	Full-Navigate on Autopilot	全场景导航辅助驾驶
OTA	Over The Air	空中下载技术
AI4M	Artificial Intelligence for Mobility	人工智能变革智能出行
D.L.P	Deep Learning Planning	基于深度学习的规划算法
GOD	General Obstacle Detection	通用障碍物检测
RLHF	Reinforcement Learning from Human Feedback	人类反馈强化学习

（续）

缩写词	英文全称	中文全称
NOH	Navigation on HI-Pilot	导航辅助驾驶（毫末）
GPT	Generative Pre-trained Transformer	生成式预训练模型
PCW	Pedestrian Collision Warning	行人碰撞预警
LDP	Lane Departure Prevention	车辆偏离预防系统
VRU	Vulnerable Road-Users	弱势道路使用者
SA	Safety Assist	安全辅助
NHTSA	National Highway Traffic Safety Administration	美国公路交通安全管理局
SLIF	Speed Limit Information Function	显示限速功能
SLWF	Speed Limit Warning Function	提示超速功能
SCF	Speed Control Function	自动控速功能
MPI	Miles per Intervention	平均接管里程
ADAS	Advanced Driver Assistance System	先进驾驶辅助系统
ADS	Autonomous Driving System	自动驾驶系统
ODD	Operational Design Domain	运行设计域

参 考 文 献

［1］ 陈慧岩，熊光明，龚建伟，等.无人驾驶汽车概论［M］.北京：北京理工大学出版社，2014.

［2］ 胡迪·利普森，梅尔芭·库曼.无人驾驶［M］.林露荫，金阳，译.上海：文汇出版社，2017.

［3］ 中国汽车工程学会，国家智能网联汽车创新中心.中国智能网联汽车产业发展报告（2021）［M］.
北京：社会科学文献出版社，2022.

［4］ 中国汽车技术研究中心有限公司数据资源中心.智能网联汽车技术［M］.北京：社会科学文献出
版社，2019.

［5］ 张锐.无人驾驶感知智能［M］.北京：电子工业出版社，2023.

［6］ 甄先通，黄坚，王亮，等.自动驾驶汽车环境感知［M］.北京：清华大学出版社，2021.

［7］ 崔胜民，卞合善.智能网联汽车导航定位技术［M］.北京：人民邮电出版社，2021.

［8］ 侯旭光.智能汽车：电子电气架构详解［M］.北京：机械工业出版社，2023.

［9］ 杨胜兵，唐亮，程干，等.图说智能汽车域控制器技术［M］.北京：化学工业出版社，2023.

［10］ 中国汽车工程学会.电动汽车智能底盘技术路线图［M］.北京：机械工业出版社，2023.

［11］ 袁泉，罗贵阳，李静林，等.基于5G的智能驾驶技术与应用［M］.北京：电子工业出版社，
2021.

［12］ 米罗斯拉夫·斯塔隆.汽车软件架构［M］.王驷通，欧阳紫洲，译.北京：机械工业出版社，
2020.

［13］ 胡寿松，姜斌，张邵杰.自动控制原理［M］.北京：科学出版社，2023.

［14］ 李柏，张友民，彭晓燕，等.自动驾驶决策规划技术理论与实践［M］.北京：中国铁道出版社，
2021.

［15］ 龚建伟，姜岩，徐威.无人驾驶车辆模型预测控制［M］.北京：北京理工大学出版社，2014.

［16］ 冯屹，王兆.自动驾驶测试场景技术发展与应用［M］.北京：机械工业出版社，2020.

［17］ 朱向雷，杜志彬.自动驾驶场景仿真与 ASAM OpenX 标准应用［M］.北京：机械工业出版社，
2023.

［18］ 崔胜民.智能网联汽车自动驾驶仿真技术［M］.北京：化学工业出版社，2020.

［19］ 阿奇姆·伊斯坎达里安.智能车辆手册［M］.李克强，等译.北京：机械工业出版社，2016.

［20］ 亿欧智库.2022中国智能驾驶功能量产应用研究报告［R/OL］.（2022-10-17）[2023-01-15].https：//
www.iyiou.com/research/202210171068.

［21］ 九章智驾.详解智能驾驶的功能与场景体系［EB/OL］.（2022-04-11）[2022-05-12].http：//
jiuzhang-ai.com/nd.jsp？ id=105.

［22］陈芳，雅克·特肯.以人为本的智能汽车交互设计（HMI）［M］.北京：机械工业出版社，2021.

［23］郭钢.智能网联汽车人机交互理论与技术［M］.重庆：重庆大学出版社，2022.

［24］张鹏飞.图说汽车智能座舱［M］.北京：化学工业出版社，2023.

［25］九章智驾.谈谈智能驾驶的人机交互［EB/OL］.(2022-02-21)［2023-02-28］. https：//mp.weixin. qq.com/s？___biz=MzkwNjI0MDY4OA==&mid=2247489797&idx=1&sn=28aa245f9bb5354578bafdb0b 3389034&chksm=c0ea2edaf79da7cc21e40e3367d76b8e4293ce2130d15fde4d82515bc4d6e2826211c1- 18552b&scene=21#wechat_redirect.

［26］苏杰.人人都是产品经理［M］.北京：电子工业出版社，2017.

［27］张晓亮，雷霆生.体验驱动变革 汽车产品战略中的用户体验管理［M］.北京：中国建筑工业 出版社，2020.

［28］九章智驾.从第一性原理谈谈如何做好智驾产品［EB/OL］.(2022-08-11)［2023-02-28］. http：// jiuzhang-ai.com/nd.jsp？id=146.

［29］熊光明，高利，吴绍斌，等.无人驾驶车辆智能行为及其测试与评价［M］.北京：北京理工大 学出版社，2015.

［30］秦孔建，吴志新，陈虹.智能网联汽车测试与评价技术［M］.北京：机械工业出版社，2022.

［31］龚在研，马钧.汽车人机交互评价方法［M］.北京：机械工业出版社，2022.